PREDICTABLY
IRRATIONAL

怪诞行为学
可预测的非理性

[美]丹·艾瑞里 / 著　　赵德亮　夏蓓洁 / 译

The Hidden
Forces
That Shape Our
Decisions

Dan Ariely

中信出版集团·北京

图书在版编目（CIP）数据

怪诞行为学：可预测的非理性/（美）丹·艾瑞里著；赵德亮，夏蓓洁译. -- 2 版. -- 北京：中信出版社，2017.11（2023.2 重印）

书名原文：PREDICTABLY IRRATIONAL（REVISED AND EAPANDED EDITION）

ISBN 978-7-5086-8096-5

Ⅰ.①怪… Ⅱ.①丹…②赵…③夏… Ⅲ.①行为经济学 – 通俗读物 Ⅳ.①F069.9-49

中国版本图书馆CIP数据核字（2017）第 211422 号

PREDICTABLY IRRATIONAL by Dan Ariely
Copyright © 2009 by Dan Ariely
Published by arrangement with the Ariely Family LLC c/o Levine Greenberg Literary Agency, Inc.
Simplified Chinese translation copyright © 2017 by CITIC Press Corporation
ALL RIGHTS RESERVED.
本书仅限于中国大陆地区发行销售

怪诞行为学——可预测的非理性

著　　者：[美]丹·艾瑞里
译　　者：赵德亮　夏蓓洁
出版发行：中信出版集团股份有限公司
　　　　　（北京市朝阳区东三环路27号嘉铭中心　邮编　100020）
承 印 者：北京诚信伟业印刷有限公司

开　　本：880mm×1230mm　1/32　　印　张：11.25　　字　数：272 千字
版　　次：2017 年 11 月第 2 版　　　　印　次：2023 年 2 月第49次印刷
京权图字：01-2015-6583
书　　号：ISBN 978-7-5086-8096-5
定　　价：48.00 元

版权所有·侵权必究
如有印刷、装订问题，本公司负责调换。
服务热线：400-600-8099
投稿邮箱：author@citicpub.com

献给我的导师、同事和学生，
感谢你们使我的研究如此有趣

目 录

推荐序 // VII
作者序 // XI
引 言 // XIX

第一章 相对论的真相：
为什么我们喜欢比较和攀比？

我们生活中的价格"诱饵" // 003
巴黎和罗马，你选择去哪里度蜜月？ // 009
三个人中，你想跟哪一个约会？ // 012
富人嫉妒比自己更富有的人 // 016
打破相对论的怪圈 // 020

第二章 供求关系的失衡：
为什么珍珠无价？

黑珍珠如何从无人问津变为稀世珍宝？ // 025

"幼鹅效应"与"锚定" // 027
"羊群效应"与星巴克咖啡 // 037
"任意的一致"与消费习惯 // 040
自由市场与宏观调控 // 046

第三章 免费的代价：
为什么赠品反而让我们花费更多？

"零"的历史与传奇 // 051
免费的诱惑不可抵挡 // 052
我们为什么疯抢根本不需要的东西？ // 056
买书免运费与免费换机油 // 057
政府可以尝试推出免费的政策 // 062
是什么导致结果大相径庭？ // 064

第四章 社会规范的成本：
为什么我们乐于做义工，干活儿赚钱时反而不高兴？

你需要向你的岳母支付晚餐费用吗？ // 069
社会规范vs市场规范 // 070
不要向你的约会对象提钱 // 076
罚款对杜绝迟到有效吗？ // 077
极易被打破的微妙平衡 // 078
涨工资可以解决"血汗工厂"的痼疾吗？ // 080
金钱买不来优质的教育 // 084
"火人节"：纯社会规范的回归 // 086

第五章　性兴奋的影响：
为什么"热烈"比我们想的还热？

两个"我"：杰基尔博士与海德先生　// 091
"你只需说不"vs"没问题"　// 100
预防青少年发生驾驶事故的干预措施　// 101
了解情绪的两面性——冷静与激情　// 103
性兴奋实验的问题清单　// 104

第六章　拖沓的恶习与自我控制：
为什么我们信誓旦旦的事情却总是做不到？

过度消费是明智之举吗？　// 109
设定自我控制的底线　// 111
让全身检查像买份麦当劳套餐一样简单　// 116
拥有"自我控制"功能的智能信用卡　// 120

第七章　所有权的个性：
为什么我们会依恋自己拥有的一切？

为什么卖主的估价总比买主高？　// 127
人类本性中的三大非理性怪癖　// 132
宜家效应与虚拟所有权　// 134
如何治疗所有权依恋症？　// 136

第八章　多种选择的困境：
为什么我们希望所有的门都开着？

留有余地的"傻瓜游戏" // 141
新欢与旧爱，应该选择哪一个？ // 143
让每个人都疲于奔命的"三扇门" // 144
果断地关上该关的门 // 149
饿死在谷堆间的驴子 // 152

第九章　预期的效应：
为什么我们可以心想事成？

费城老鹰队vs纽约巨人队 // 157
添加香醋的百威啤酒 // 159
特制咖啡味道如何？ // 161
赝品也可以卖出名画的价钱 // 163
美食不如美器，预期改变品位 // 166
你更喜欢百事可乐还是可口可乐？ // 168
偏见与第三方 // 170

第十章　价格的魔力：
为什么我们喜欢买贵的东西？

神奇的安慰疗法 // 177
价格越贵的药越有效吗？ // 183
安慰疗法的去与留 // 190
应该让烧伤病人穿紧身衣吗？ // 193

第十一章　人性的弱点：
为什么我们不诚实？

考试中你会作弊吗？　// 199
政府法令能杜绝不诚实吗？　// 205
道德准则和就职誓言的力量　// 208
各行各业中的"灰色地带"　// 211
世界上哪个国家最诚实？　// 214

第十二章　企业的特权：
为什么现金可以阻止我们作弊？

可乐不见了，现金还在　// 221
非现金引发的作弊现象　// 222
诚实与不诚实的临界点　// 226
"最终解释权"也是一种不诚实的表现吗？　// 230
现金时代的终结与舞弊行为的泛滥　// 232

第十三章　啤酒与免费午餐：
什么是行为经济学，哪里有免费午餐？

个人需求与群体属性的矛盾　// 237
"免费午餐"是可以实现的　// 242

附录1　// 249
附录2　// 279
致　谢　// 323

推荐序

解释非理性行为
梁小民

那是30多年前，我在东北林区工作。有一天，当地商店的经理来找我说："咱们店里的白糖卖不出去，眼看快到夏天了，再卖不出去就变质了。你是学经济的，能不能给我想个办法？"我知道，虽然当年物资短缺"要嘛没嘛"，但林业局用木材换了不少白糖，然而当地人吃糖不多，糖并不紧缺。我想了想，告诉他，你在商店门口贴个告示，写上："本店新进白糖一批，每户限购两斤，凭本购买，欲购从速，过期不候"。告示贴上后不久，白糖就卖完了，甚至还有人求这位商店经理多批几斤。

读完《怪诞行为学》我才知道，其实我是进行了一个行为经济学的实验。在不缺白糖的情况下，于入夏前买白糖的行为并不理性。但在物资短缺的环境下，人们总喜欢储备物品（当时我管家，各种短缺的物品，如白糖、肥皂、洗衣粉等都有为数不少的储备）。讲自由购买，人们会觉得供给多，不购买；讲凭本限购，人们就会觉得供给有限，即使不需要也要买。何况凭本购买是一种权利，放弃这种权利是一种损失。把滞销的东西作为限量购买的东西，人们就会有这种非理性的购买行为。本书也提到了类似的事例。

经济学总是假设人是理性的，会不自觉地依此行事。绝大多数情况也的确如此，但这个世界上还有大量用理性经济学原理无法解释的现象。例如，一个青年人原本希望三年内年薪能达到10万元，结果三年内年薪达到了30万元，而当他知道他的同学年薪为31万元时，为什么又对自己的年薪不满意了？一种无人过问的黑珍珠为什么与其他价格高昂的珠宝放在一起时，身价高出数十倍？人们为什么愿意接受对自己毫无用处的赠品，甚至为此花很大力气去疯抢或者排队？为什么人们对义务干活儿帮助他人感到很高兴，而对干活儿挣钱反而感到不高兴？为什么人在性兴奋时会选择一些极危险的行为？为什么我们总是"言而无信"，做不到许多该做或承诺要做的事情？为什么我们会高估自己？为什么面临多种选择时，我们反而会迷失主要目标？相同的阿司匹林，为什么50美分的管用，5美分的就不管用？诸如此类。

行为经济学正是要解释这些问题的。行为经济学是从心理学的角度来解释人的行为，是心理学与经济学的结合。它对人类各种行为的解释比传统经济学更微妙、更复杂，也更现实。经济学的成本—收益原理解释不了上述各种奇怪的现象，但行为经济学却能给出令人满意的答案。行为经济学需要通过大量的实验来证明自己的结论，因此又被称为"实验经济学",对这门学科做出贡献的马修·拉宾获得了2001年美国经济学会颁发的克拉克奖,而对这门学科做出开拓性贡献的美国普林斯顿大学教授丹尼尔·卡尼曼和乔治·梅森大学教授弗农·史密斯则因此获得了2002年诺贝尔经济学奖(他们已逾越40岁以下者可获得克拉克奖的年龄限制)。诺贝尔奖委员会对他们的评价是:"把心理学研究和经济学研究有效地结合,从而解释了人们在不确定条件下如何决策""发展了一整套实验研究方法,尤其是在实验室里研究市场机制的选择性方面"。

现实生活中存在大量非理性现象,尤其在不确定的转型时期,这种现象更多。如股市的暴涨和暴跌,深圳房市的暴涨和暴跌,自杀人数的增多等。因此,行为经济学对转型中的中国不仅有理论意义,而且有更多的现实意义。但是,要让普通人去读卡尼曼和史密斯的原著和论文,还是太难了,甚至连有的中国学者写的介绍行为经济学的著作,也很难读下去。但是,每一个人都可以轻松读完本书。

这本书书名的英文原文是"Predictably Irrational: The Hidden Forces That Shape Our Decisions",直译出来是"可预期的非理性:形成我们决策的背后力量",能更确切地反映出这本书的内容,当然改译之后也不失原意,且更能吸引眼球。这本书用实验的方法解释了各种我们司空见惯而又不能解释的现象。它并不是一本介绍行为经济学的纯理论或学术著作,它从我们常见的一些现象入手,介绍了行为经济学的基础内容与方法,读起来妙趣横生。读完之后,你会觉得自己对人类行为的理解进入了一个认知的新领域。它兼备了畅销书的知识性和趣味性,译文也颇为准确、流畅。

许多人都喜欢在机场买一本闲书看。现在，我要建议你选择一本《怪诞行为学》这样的经济学普及作品，你一定会收获更大，而且这本书读起来比很多书更有趣。

作者序

亲爱的读者、朋友和社会科学爱好者，欢迎大家阅读《怪诞行为学》。

很久以前我在医院的烧伤科住院时[①]，就敏感地觉察到人们的行为和决策经常偏离理性，远非完美。多年来，我一直试图弄清大家都会犯的这些愚昧、蠢笨、奇怪、可笑，有时甚至是危险的错误，希望弄清这些非理性行为的来龙去脉，以便重新学习、提高决策能力。

我对非理性行为，无论是理论研究还是实际应用，都有着浓厚的兴趣，这把我引入了新兴的行为经济学领域。我认识到这些怪癖理所当然都是人类行为的基本元

---

① 参见本书的引言。

素。我在实验中，面对一系列的人性弱点，经常会提出这些问题：为什么免费的东西会让我们过度兴奋？情绪在我们的决策过程中起到什么作用？拖沓恶习如何作弄着我们？我们那些怪异的社会规范有什么作用？为什么有些信念已经被证明是错误的，但人们还死死地抓住不放？试图解答这些问题，给我带来长时间的无穷乐趣；不断地求索钻研，给我带来新的理解和认识，从而改变了我的职业和人生。

我和同事们进行的实验揭示了为什么我们的实验对象（人人都是如此，包括我们自己在内）不能正确地推理判断。努力搞清楚人们非理性行为方式的产生原因，使我感到惬意；能与那些当断难断、犹豫不决的人分享研究成果，我感到非常开心。

然而，2008年金融危机之前，我在试图推广我们的理念、实验和成果的过程中，总是遇到很多障碍。例如，我在一个会议上刚刚发完言准备离开时，某位老兄（我姑且把他称作"逻辑先生"，此人集我过去几年辩论对象的种种特点于一身）伸手硬拦住了我。

"你发言所列举的实验中那些有关非理性行为的例子，尽管是些鸡毛蒜皮的小事，但我喜欢听。"他一边说，一边递上了名片，"你讲得很有意思，作为鸡尾酒会的谈资是再好不过了。"他停顿了一下，接着说："但是，你不了解现实世界中的一切是如何运作的。大家都很清楚，在面临重要的决策时，你说的那些非理性现象都会消失，因为事关重大，人们会对各种选择仔细权衡，然后才会采取行动。股票市场当然更是如此，它的每一个决策都利益攸关，所有的那些非理性因素都会被排除，取而代之的是理性。"

持这种观点的绝不仅限于那些理性经济学理论的精英——芝加哥学派的经济学家。在没有专门学习过经济学的人中，持这种观点

（我冒昧地称之为宗教激进信条）的比例之高，令我莫名惊诧。不知道为什么，传统经济学的基本观点（每个人都是理性的），给我们的世界观打上了如此深刻的烙印，以致各行各业的人几乎都把这一观点奉为基本的自然法则。在股票市场中，理性人与经济学原理简直被视为最佳拍档，就像好莱坞的弗雷德·阿斯泰尔与金吉·罗杰丝那般配合默契。

每当遇到这种批评，我总是试图深入探究为什么只要面对股市中的决策，人们对理性的这种信念就会马上浮出水面。我的辩论对手总会耐心地企图说服我采取和他相同的思维方式。"你难道不懂得"，"逻辑先生"会说，"一旦涉及那么多钱，人们就会特别认真地考虑各种选择，竭尽全力去追求投资回报最大化。"

我总是反驳说："竭尽全力追求，与最终能不能做出最好的决策是两回事儿。就说那些个体投资者吧，他们把所有的钱都投到自己所在公司的股票上，而不去做多元化投资①，到头来，还不是把一大部分家当都赔进去了？还有些人，转眼就60岁了，却不参加401（k）养老保险计划，他们这是在白白扔掉马上到手的钱！因为用不了几天，他们不但能把自己的钱提出来，还可以拿回公司为他配套投保的那一部分。"

"好吧。"他不情愿地表示同意，"不错，个体投资者有时会犯错误，但职业投资人不同，他们的工作性质决定了他们的行为一定是理性的，因为他们管理着巨额资金，还因为只有最大化的投资回报才能

---

① 投资方面最主要的教训之一就是应当聚焦多元化的重要性。我们在某家公司工作，其实已经是在投资这家公司了，而且比例还不小，如果把更多的钱投进同一家公司，用投资多元化原则来衡量，就是非常不好的。

给他们带来更高的薪酬。最重要的是，他们在一个激烈竞争的环境里工作，必须时刻保持警惕，兢兢业业，以保证他们的一切决策都是规范和正确的。"

我眯起眼瞥了他一下，问道："你真的是要向我证明，仅仅因为他们为自身的利益工作，职业投资人就永远不会犯重大错误？"

"也不能说永远。""逻辑先生"平静地回答，"但是综合来看，他们的决策是规范的、正确的。某个人在这一方向上犯了个偶然性错误，另一个人又在相反方向上犯了个错误，负负得正，这些错误彼此抵消，就能使市场上的价格机制保持在理想状态。"

谈到这里，我不得不承认，我的耐心已经消失殆尽。我问道："你根据什么认为这些人——即使是职业投资人，他们所犯的错误仅仅是偶然性的？想一下安然公司的例子。安然公司的审计人员陷入巨大的利益冲突之中，这种利益冲突最终导致他们对公司里的一切都睁一只眼闭一只眼（或者说紧闭双眼、视而不见、充耳不闻，甚至连鼻子都塞起来，嗅也嗅不到了）。再看那些理财规划师的奖金提成吧，客户财运兴隆时，他们赚了个盆满钵满。但是，客户都赔得一分不剩了，他们少拿一点儿了吗？在这样的环境里，错位的激励机制加上利益冲突成了安然公司的多发病，那里的人们极有可能对于同样的错误一犯再犯，而这些错误不可能负负得正，彼此抵消。事实上，这些错误的最危险之处在于，它们根本不是什么偶然的孤立事件，它们会日积月累，越积越重，给整个经济带来灭顶之灾。"

话到这里，"逻辑先生"从他的思想武器库里拿出了最后一个武器，提醒我注意套利投机的威力——它的非凡魔力能够消除个体投资者的错误，使市场在整体上得以完全理性地运作。套利投机怎样纠正市场偏差呢？如果市场在无"摩擦"的状态下自由运作（即使大多数投资人是非理性的）也仍有一小部分特别聪明而且理性的投资人，他们能够利用其他人的错误获利（例如，他们会把我们某些人低估的股票买进），在竞争过程中取得蛋糕的更大份额，进而为自己带来巨大利益，同时把市场价位恢复到原本理性的水平上。"你的行为经济学的观念，错就错在没有考虑套利投机这个因素。""逻辑先生"得意扬扬地教导我。

可悲的是，套利投机这一概念无法用经验加以证实，因为我们无法把股市分成两种——一种由你我这样既无出众能力，又无特别地位的普通人运作；另一种由普通人和那些超级理性的投资人共同运作，这些克拉克·肯特一般的投资超人日复一日地拯救股市于危难之中，同时还要隐匿自己的超人身份。

我想说的是，我经常尽力说服我的辩论对手接受我的观点，但事实很清楚，我说服不了他们，他们也说服不了我。当然，对我来说最困难的还是与那些传统经济学家辩论有关非理性的问题。一方面，他们对我关于非理性的实验数据根本不屑一顾；另一方面，他们几乎把理性当成上帝（如果亚当·斯密的"无形之手"还不够像上帝，我不知道有什么能更像）来信奉，两方面的偏执如出一辙。芝加哥学派两位杰出的经济学家史蒂文·列维特和约翰·李斯特就这一基本观点做了非常简洁的表述，暗示行为经济学在现实中充其量只能起到某些补充作用：

> 行为经济学面临的最大挑战在于如何证明它在现实世界中的普遍适用性。几乎在所有的案例中，行为经济学最有利的实证证

据都是在实验室里得到的。但人们有很多理由来怀疑这些来自实验室的结果经不起真正的市场检验……例如，市场的竞争本质鼓励个人主义行为，并依据此种倾向在参与者中择优选取。因此与实验室行为相比，在日常市场运作中，市场力量与经验相结合使这些行为学特性显得并不那么重要。

面对这种回应，我经常感到迷惑不解，为什么这么多聪明人竟然坚信一旦面临金钱方面的重要决策，非理性就会不翼而飞？为什么他们想当然地断定制度、竞争，还有市场机制就能使人们免于犯错误？如果竞争足以战胜非理性，它是否也能消除运动场上的骚乱，或者职业运动员的非理性自我毁灭行为？在金钱与竞争同时存在的情况下，人们就会变得更理性，这是怎么一回事呢？那些理性捍卫者相信我们的大脑里存在不同机制，有的负责小事，有的负责大事，诸如此类，以此类推，还有一个机制专门负责股市吗？抑或有的人就是刻骨铭心地坚信，"无形之手"与市场智慧无论何时何地都能保证人们采取最理性的行动？

作为社会科学工作者，我无法确定到底哪个模式（传统经济学、行为经济学，或者什么其他模式）能最好地描述人类的市场行为，我希望我们能够设计一整套实验来把它搞得一清二楚。不幸的是，我们对股票市场根本无法进行真正意义上的实验，而人们对市场理性都深信不疑，这一直令我困惑不解。我不明白我们是否真的愿意在此基础上建立我们的金融制度、法律制度，以及方针政策。

正当我独自冥思苦想这些问题时，发生了一件大事。

《怪诞行为学》出版后不久，2008年年初，金融风暴呼啸而至，金融市场土崩瓦解，就像科幻电影里面的某个场面。当时备受崇拜的美联储主席艾伦·格林斯潘在 2008 年 10 月对美国国会说，他感到"震惊"！市场居然没有如预期那样运行，或者说没有像预期那样自动进行自我纠正。他说他犯了一个错误，他原以为企业团体为了自身利益（尤其是银行等企业为了自身利益）一定会顺理成章地保护它们自己的股东。

格林斯潘曾经不遗余力地鼓吹取消管制，坚信应该让市场力量自行其是。现在，这样一位人物竟然公开承认他对于市场理性的这一信念是错误的，这才令人感到震惊。我从来不曾想象这样的话会出自格林斯潘之口。除了感到自己幸亏是正确的，我还觉得格林斯潘认错是向前迈出了重要的一步。就像人们常说的，承认错误是改正错误的第一步。

尽管如此，付出丧失家园、丢掉工作的可怕代价，才让我们认识到自己并不像格林斯潘和其他传统经济学家所说的那么理性，这样的学费过于高昂。我们的教训是，单纯依赖传统经济学作为指导原则建立市场和制度，实际上可能很危险。惨痛的事实非常明确地表明，我们所犯的错误绝非偶然，它们是人类行为方式的重要组成部分。更糟糕的是，我们这些失误在市场中可能聚集起来，积重难返，最终引发像火山爆发那样可怕的局面，而大家还不明白是怎么回事。（哈佛经济学家艾尔·罗特——我所认识的最聪明的人之一，对此概括说："从理论上说，理论与实践没有不同，但是到了实践中，二者却有天壤之别。"）

在格林斯潘去美国国会做证的几天以后，《纽约时报》专栏作家戴维·布鲁克斯写道，格林斯潘承认错误"意味着会出现一个由行为经济学家等学者组成的学派,这些崭露头角的人能把新颖、精妙的心理学研究成果引入公共政策领域。为什么很多人冒着巨大风险却又浑然不觉?这些人对此种现象的解释起码听起来不无道理"。

刹那间,人们似乎开始明白了,对于鸡毛蒜皮的小错误进行实验研究,绝不仅仅是为晚会餐桌提供谈资趣闻。我的罪恶感消失了,觉得心中轻松起来。

对于整个经济形势而言,眼下这段时间令人沮丧,对于我们每个人自身也是如此。另一方面,格林斯潘的转变给行为经济学,也给希望反思和改正自己的思维与行为方式的人创造了机会。危机带来机遇,这一悲剧也可能使我们最终接受新的观念,而且我希望,可以推动我们开始重建观念。

在博客与电子邮件充斥的时代,写书绝对是一种享受,我不断从读者那里得到反馈,使我能够有机会对人类行为的各个方面不断学习、重新考虑、进行反思。我还有幸与读者进行一些有趣的讨论,比如,行为经济学与金融市场的关联、金融市场的问题出在哪里,以及交谈过程中随时提到的有关日常生活中非理性的其他题目。

我在本书的后面(《怪诞行为学》第一版的内容之后)添加了对本书某些篇章的一些反思及有关逸事,还有我对当下金融市场形势的看法——把我们拖进这一泥潭的是什么?如何从行为经济学角度理解它?我们怎样做才能走出这一困境?

不过,我们还是言归正传,先来探讨非理性行为吧。

引　言

飞来横祸让我与行为经济学结下不解之缘

很多人对我说，我观察世界的方式异乎寻常。人们在日常生活中，时时要做各种各样的决定。在我 20 多年的科研生涯里，乐此不疲的就是要搞清楚影响这些决定的真正（而不是人们想当然的那些）因素，这种探索给我带来了无穷的乐趣。

我们常常暗下决心节食减肥，但是只要看到卖甜点的小推车一过来，我们的决心就消失得无影无踪。你知道这是为什么吗？

我们有时候兴致勃勃地去购物，买回来一大堆东西，却放在家里用不上。这是为什么呢？

头痛的时候，我们花 5 美分买的阿司匹林吃了不见效，可是花 50 美分买的阿司匹林却能立竿见影。这又是为什么？

工作之前让员工背一下《圣经》十诫，大家就能比较诚实，起码在刚刚背完的时候是这样。如果没这样做，不诚实的现象会更多。这又是为什么呢？换言之，为什么荣辱规范可以减少工作中出现的不诚实现象？

读完这本书你们就可以知道这些问题的答案，还有其他很多问题的答案。这些问题既与你的个人生活、职场生活有关，也涉及你观察世界的方法。例如，上面讲的有关阿司匹林问题的答案，不仅与你如何选择药品有关，还可以用来观察我们整个社会所面临的最重要问题之一——保健产品的成本和效果。背诵《圣经》十诫可以有效地减少不诚实的现象，这给了我们一些启发，有利于帮助我们避免下一个类似安然事件的发生；懂得了冲动进食时的心理机制，就可以了解生活中其他形式的冲动决定，从而懂得，为什么"储蓄备缺，未雨绸缪"这个道理人人皆知，但实行起来却那么困难。

我希望这本书能够帮助你们从根本上重新思考使你们和周围其他人生生不息的动力是什么。我希望通过展示内容广泛的实验成果和趣闻逸事（其中很多是饶有趣味的）来达到这一目的。一旦你们看到某些错误的发生是系统的、有规律的，看到你们一犯再犯的原因，我想你们就会开始学习如何避免这些错误。

不过，在给你们讲述我对吃饭、购物、爱情、金钱、拖沓、啤酒、诚实，以及对生活中其他领域的研究之前，我觉得应该先给你们讲一下我的另类世界观，也就是我写作本书的初衷。尽管这些研究异常古怪，却普遍实用，且吸引眼球（有的妙趣横生），但不幸的是，真正把我带进这一领域的是多年前一起绝非好玩、绝非有趣的意外事故。

引　言

　　在一个18岁的以色列少年的生活中，这本来应该是一个普普通通的星期五下午。可是，天有不测风云，灾祸从天而降，短短的几秒钟，一切都无可逆转地发生了。一盏大型镁光灯（战场上用来照明的那种）发生了爆炸，导致我全身70%的皮肤遭受三度烧伤。

　　在以后的三年里，我被迫住在医院里，浑身上下全是绷带。偶尔在公共场合出现，身上也要穿着特制的合成纤维紧身衣，头戴面罩，样子活像一个"蜘蛛侠"。由于无法像朋友和家人那样参加日常活动，我感到自己已经与社会隔绝了，于是我像旁观者一样，开始观察曾经构成自己日常活动的各种行为。我好像一个来自不同文化（或不同星球）的人，开始反思各种不同行为的目的，既包括我的，也包括别人的。例如，我想弄清楚为什么我爱这个女孩而不是另一个；为什么我的日常活动要根据医生的安排来设定，而不是按我自己的；为什么我喜欢攀岩运动，而不喜欢学历史；为什么我非常在意人们对我的看法；不过，我想的最多的还是生活中人们的行为究竟受什么力量的驱动和促使我们行动的原因这两个问题。

　　在住院的三年时间里，我经历了各种各样的疼痛。在理疗和手术的间隙，我有非常多的时间进行反思。在这漫长的几年里，每天最大的苦难总随着"浸泡治疗"结束才算完结。所谓"浸泡治疗"就是每天一次，全身泡在消毒溶液里，然后除去绷带，把皮肤上的坏死组织刮掉。皮肤完好的时候，接触到消毒液只会稍稍有点儿痛感，绷带一般也能顺利解下来。可是如果仅仅残存一点儿皮肤或者根本没有皮肤，就像我这样的严重烧伤，绷带直接粘在肉上，遇上消毒液的刺激，那种撕心裂肺的剧痛是无法用语言形容的。

　　早些时候，在烧伤科里，我与每天给我做"浸泡治疗"的护士进行交谈，了解他们治疗的方法和步骤。护士们通用的方法是，揭起绷带的一角，快速撕下来，让我的剧痛时间尽量缩短。就这样一条一条地撕，大约要一个小时才能把所有绷带除去。之后再往身上涂一层药膏，换上新绷带，第二天一切照旧。

我很快了解到，护士们这样做的理论依据是，快速地用力扯去绷带，确实会给病人带来瞬间的剧烈疼痛，但比一点一点慢慢揭要好，因为那样做虽然疼痛程度会减轻，但病人疼痛的时间会延长，病人疼痛的程度从总体上来说会加大。护士们还得出一个结论，即先从疼痛最重的部位下手再逐步处理较轻的部位，与先从疼痛最轻的部位下手再到最重的部位，两种处理方法没有区别。

由于我饱受撕扯绷带过程的疼痛，对他们的理论我无法认同（他们的理论和做法从未经过科学的测试）。而且，他们的理论根本就没有从病人的角度进行考虑：病人在等待治疗的过程中内心的恐惧，病人长时间应对不同程度的疼痛，病人对疼痛何时开始何时减轻一无所知，经过长时间疼痛后也没人提醒病人何时疼痛会减轻、消失，从而得到安慰。处在当时的无助地位，无论他们怎样为我治疗，我都只能默默忍受。

我一出院（当然，在随后的5年里，我还必须不时地回医院接受手术和治疗）就去了特拉维夫大学。我第一学期修的一门课深深地改变了我对研究的看法，而且在很大程度上决定了我的前途。这就是哈南·弗伦克教授的人脑生理学。除了弗伦克教授在课堂上展示的关于人脑活动的引人入胜的讲授资料，令我感触最大的是他对质疑和不同见解的态度。有很多次，我在课堂上或者到他的办公室提出我对他研究结论的不同诠释，他总是回答说，我的论点的确也是一种可能（看起来未必成立，但终究是一种可能），并要求我采用实验的方法，找出它与传统理论的不同。

完成这样的实验谈何容易，但是科学本身就是一连串艰苦的实验，所有的参与者包括像我这样的大学新生，只要找到实验方法对理论进行检验，就能找到替代的理论，这一信念给我开启了一个崭新的世界。有一次，我去弗伦克教授的办公室，提出了一个关于某一阶段癫痫症状如何发展的理论，包括如何将其在老鼠身上实验的设想。

弗伦克教授很支持这一想法，在其后的三个月里，我给大约50只老鼠做了手术，在它们的脊髓里植入导管，注入不同物质来造成和降低癫痫的发作概率。采取这种实验方式，我有一个实际困难——因为烧伤，手的活动受到限制，因此给老鼠做手术就非常困难。幸运的是，我最要好的朋友——容·威斯伯格（坚定的素食主义者和动物爱好者），勉为其难地同意花几个周末和我一起到实验室为老鼠做手术——如果有什么事情可以真正考验友谊，就是这样吧。

实验结果证明我是错的，但这并没有影响我的热情。不管怎样，我学到了一些东西。即使我的理论是错的，也让我明确无疑地知道了错在哪里。我对事物怎样发展、人们怎样行动一直有很多疑问，现在我有了新的认识——我们对感兴趣的任何事物都可以研究，科学为我们提供了手段和机会，这一认识吸引我进入了研究人类行为的领域。

利用这些新手段，我最初主要把精力集中在探求我们对疼痛的体验上。原因很明显，患者在"浸泡"之类的治疗过程中需要长时间经历疼痛，这是我最关注的。有没有可能减轻这些疼痛？在以后的几年中，我在自己、朋友和志愿者身上进行了一系列实验（应用了冷热水、压力和强声引发的肉体痛苦，乃至股票交易中损失金钱引发的心理痛苦等），以寻找答案。

实验完成后，我认识到烧伤科的护士们都是善良宽厚的好人（对了，有一个例外），他们对"浸泡治疗"和拆除绷带很有经验，但在如何最大限度地减少病人的痛苦方面却没有正确的指导理论。我不明白，他们的经验如此丰富，竟仍会错误到这般地步。我和这些护士都很熟，我知道他们的行为绝不是由于恶意、愚蠢或缺乏敬业精神。相反，他们只是深受一种固有偏见的毒害，对病人的痛苦缺乏正确认识，而且很显然，他们的丰富经验无法改变这种偏见。

出于这些考虑，一天上午，我非常兴奋地回到烧伤科，详细介绍了我的实验结果，希望能改变护士拆除绷带的方法。我告诉护士和医生们，事实上，采取低密度疼痛治疗的方式，时间会长一些，但病人所感受到的痛苦程度比高密度短时间的做法要轻。换言之，他们当年如果给我慢慢揭绷带，而不是猛拉快揭，我会少受许多罪。

护士们对我的实验结论从心底感到惊奇，但令我感到同样惊奇的却是当年我最喜欢的护士埃蒂说的话。她承认过去他们对此认识不够，治疗方法应当改进。但她同时提出，研究"浸泡治疗"引发的痛苦还应该考虑到病人疼痛时的叫喊给护士带来的心理痛苦。她解释说，如果护士们是为了缩短自己的心理折磨时间（我的确能常常觉察到他们神情中的痛苦情绪）而采取快速撕扯绷带的做法，或许就是可以理解的。不过最后，我们还是一致认为操作方式应该改进，有些护士从此也开始尝试我的建议。

据我所知，我的建议并没有使很多医院改变拆除绷带的操作方式，但这件事给我留下了特殊的印象。如果说那些经验丰富、对病人充满爱心的护士尚且不能正确理解病人的真实状况，那其他人就同样可能错误地理解自己行为的后果，因此做出错误的决定。我决定扩大我的研究范围，从疼痛扩大到另一类案例——人们为什么会一再犯同样的错误，而很少从中吸取教训。

人都是非理性的，本书就是要带大家开始一次探索之旅，探索非理性表现的方方面面。这一研究课题所属的学科叫作行为经济学，或者叫作判断与决策。

行为经济学相对来说是个新学科，从心理学和经济学的某些领域演化而来。它引导我研究所有的一切，从我们不愿储蓄防老到性兴奋时的思维不清，我要弄清楚的不仅是行为，还有我们行为背后的决策过程——你的、我的和所有人的。在往下讲之前，我要先简单解释一下，行为经济学到底是研究什么的，它与传统经济学有什么区别。我们首先从莎士比亚的一小段台词开始：

> 人类是多么神奇的一件杰作！他的理性多么高贵！才能多么无理！动作多么敏捷，体形多么令人赞叹！行为像天使，悟性像天神！宇宙之至美，众生之灵长。
>
> ——《哈姆雷特》，第二幕，第二场

经济学家、政策制定者、非专业人士和普通百姓普遍认同的关于人类本性最基本的观点，在莎士比亚的这段话中都得到了反映。当然，这一观点在很大程度上是正确的。我们的大脑和身体的能力所及，令人叹为观止。我们能看到远处抛过来的球，能瞬间计算出它的运行轨迹和速度，能移动身体用手臂把它接住。我们能轻松地学会新的语言，特别是小孩子。我们能精通棋艺。我们能记住几千个人的相貌而不混淆。我们能创作音乐、文学、技艺，还有艺术——一切的一切，不胜枚举。

赞叹人类大脑的不只有莎士比亚。事实上，我们对自己的认识与莎士比亚的描述并无二致（虽然我们确实认识到我们的邻居、配偶、老板常常达不到这些标准）。在科学领域里，这些关于人类完美推理能力的假定被写进了经济学中。在经济学里，这一基本观念被称为"理性"，它为经济理论、经济预测和政策建议的产生提供了基础。

从这一视角出发，就我们对人类理性的信念而言，人人都是经济学家。我不是说我们每个人都能凭直觉创造出复杂的博弈论模型或懂得一般显示性偏好公理（GARP），而是说我们对人类本性的基本信念与经济学的立论基础是相同的。在本书中，我提及的理性经济模型，就是指多数经济学家和我们很多人对人类本性的基本假定——这一既简单又令人信服的理念，即我们能够做出正确的决定。

虽然对人类能力的敬畏之情是合情合理的，但是敬佩之心是一回事，认为我们的推断能力完美无缺是另一回事，二者相去甚远。事实上，本书探讨的就是人类的非理性——我们与完美之间的差距。我相信这样的探讨对于探求真正的自我是非常重要的，并且还能使我们在现实中受益。深入了解非理性，对我们日常的行为和决定，对理解我们对环境的设计以及它给我们提供的选择，都很重要。

我进一步观察到，我们是非理性的，但这种非理性是可预测的——我们的非理性一次又一次，以相同的方式发生。不论我们作为消费者、生意人，还是政策制定者，懂得了非理性的预测方法，就为我们改进决策、改善生活方式提供了一个支点。

这就把我带到了传统经济学与行为经济学之间的真正"摩擦"（莎士比亚可能会这样说）中。传统经济学认为人们都是理性的——这一假定的含义是，我们能对日常生活中面临的所有选择的价值进行计算和权衡，择其最优者而行之。一旦我们犯了错误，做了非理性的事情，又会怎样呢？这里，传统经济学也有答案："市场的力量"会迅速把我们拉回正确理性的道路。事实上，就是基于这些假定，从亚当·斯密以来，一代代经济学家推导出了深远的无所不包的种种结论，从税收到保健政策，再到商品、服务的定价。

但是，你们会从本书中看到，我们远远不像传统经济学理论所假定的那么理性。不仅如此，我们这些非理性行为并非无规律、无意识，而是成系统的。既然我们一再重复，它就是可预测的。那么，对传统经济学进行修正，使它脱离真空的状态（它常常经受不住推理、内省，尤其重要的是，经不起实验检验），难道不是顺理成章的吗？这正是新兴的行为经济学领域，也是本书作为这项事业的一小部分，正在试图达到的目标。

正如你们会看到的，本书的每一章都基于我数年来与杰出的同事们一起做的一些实验。为什么要做实验呢？生活是复杂的，多种多样的力量同时向我们施加影响，这种复杂性使我们难以弄清楚到底是其中的何种力量、如何促成了我们的行动。对于社会科学家而言，实验就好比显微镜和闪光灯，可以帮助我们把人类行为放慢，分解成一个一个的镜头，把每种力量单独提取出来，放大开来，仔细加以观察，让我们直接地、明确无误地检测我们行为的原动力。

关于实验我想强调一点：如果实验的结果受到具体环境的局限，其价值也有局限性。不过，我希望你们这样来看待这些实验，即它们是对普遍原则的具体演示，提供了对我们思想和决定的深入洞察——不仅是在某一特定的实验环境下，而是通过推断，洞察到生活中其他多种环境。

每一章,我都试图进一步把实验结果推演到其他环境中,以描述它们的内涵可能与生活、工作、公共政策等方面的关联。当然,我推演出的关联,仅仅是一部分。要想从中乃至从社会科学的总体上获取真正价值,对读者而言更重要的是,要花点儿时间想一想如何把实验里所确认的人类行为原理应用到你们的生活中去。我建议你们每读过一章后稍事停顿,考虑一下实验中揭示出的原理能让你在生活中有所得,还是有所失,更重要的是,在你有了对人类本性的新认识之后,将如何改变自己的行为。我们真正要探索的也正在于此。

现在,我们就来开始这一探索之旅吧。

Predictably
Irrational

第一章

相对论的真相：
为什么我们喜欢比较和攀比？

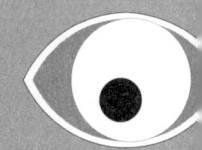

我们生活中的价格"诱饵"

一天，我在网上浏览时，无意中在《经济学人》杂志的网页上看到了下面这则广告：

《经济学人》网站	征 订
观点	**欢迎光临**
世界	《经济学人》征订中心
商业	请选择你想订阅或续订的方式：
金融与经济	□**电子版**：每年 59 美元
科技	包括《经济学人》杂志网站全年所有在线内容及 1997 年以来各期《经济学人》在线内容浏览权限
人物	□**印刷版**：每年 125 美元
书籍与艺术	全年各期印刷版的《经济学人》
市场与数据	□**印刷加电子版套餐**：每年 125 美元
娱乐	全年各期印刷版的《经济学人》加全年《经济学人》杂志网站所有在线内容及 1997 年以来各期《经济学人》在线内容浏览权限

我顺着广告内容一条一条往下读。第一种阅读选择：花费 59 美元在网上订阅，好像不算贵。第二种选择：买 125 美元的印刷版，价格有点儿高，但还算可以。然后我读到第三种选择：印刷加电子版套

餐同样是125美元！我看了两遍，又回头去看前面两条广告内容。既然都是125美元，谁会放弃诱人的印刷版加电子版套餐，而选择只订印刷版呢？会不会是出错了？我开始怀疑，《经济学人》杂志社伦敦总部的那些头脑聪明的人（他们的确聪明——并且有一些英国式的诡计多端）实际上是在试图"操纵"我。我很肯定，他们这样做是想让我越过单订电子版的选择（他们以为我会选择，因为我当时就在读他们的网上广告），直接跳到价格更高的选择：电子版加印刷版。

他们是怎样操纵我的呢？我猜，这是由于《经济学人》杂志那些营销高手（我想象得出，他们系着带知名大学校徽的领带，身着鲜亮的休闲式上装）懂得人类行为的某些重要方面：人们很少做不加对比的选择。我们的心里并没有一个"内部价值计量器"来告诉我们某种物品真正的价值是多少。相反，我们关注的是这种物品与其他物品的相对优劣，以此来估算其价值。例如，我们不知道六缸汽车的价钱，但我们可以推断出它比四缸车要贵。

在《经济学人》杂志的案例中，我可能不知道单订59美元的电子版是否比单订125美元的印刷版划算，但我肯定知道125美元的印刷加电子版套餐要优于单订125美元的印刷版。事实上，你可以明确无误地从合订套餐中推算出：电子版是免费的呀！"简直是白赚了，老爷子，快来订呀！"我几乎能听到那些营销人员在泰晤士河边这样喊着。我不得不承认，如果当时决定订阅的话，我本人十有八九会选择套餐（后来在一大批参与者中做调查，结果大多数人也倾向于选择印刷加电子版套餐）。

这是怎么回事呢？从最基本的观察开始了解吧：多数人只有到了具体情境才知道自己真正想要的是什么。我们想买运动自行车，却不知道买哪一款，直到我们看到环法自行车赛的某个冠军在给某个型号的车子做广告时才能明确自己所要购买的；我们想换音响，却不知道换什么样的，直到听到一套比原来那套效果更好的才清楚；我们甚至不知道该如何生活，直到亲戚、朋友有一天让我们恍然大悟，原来他们过的日子正是我们所憧憬的。一切都是相对的，这就是关键所在。就像飞行员在夜间着陆，需要跑道两边的指示灯才能确定飞机的滑行轮应该落在地面的什么位置一样。

在《经济学人》杂志这个案例中，在单订电子版和单订印刷版之间做选择有些费脑筋。动脑筋既麻烦又讨厌。于是《经济学人》杂志的营销人员给了我们一个不费脑筋的选择：与单订印刷版相比，印刷加电子版套餐看起来更划算。

想到这一点的也不光是《经济学人》杂志的营销天才们。比如电视机推销员山姆，他在对供展示的电视机进行分组时，和我们玩的也是同一类的把戏：

36 英寸[①]　松下牌　690 美元

42 英寸　东芝牌　850 美元

50 英寸　飞利浦牌　1 480 美元

你会选哪一台呢？山姆非常清楚，顾客很难把不同电视机的价值算清楚。（谁能确切知道 690 美元的松下就比 1 480 美元的飞利浦更合算？）同时，山姆还知道，在给了顾客三种选择之后，多数人会选择 850 美元的那一台。这种感觉就如同飞机会在跑道的两列指示灯之间

---

① 1 英寸≈2.54 厘米。——编者注

降落一样。你能猜到山姆把哪一个牌子的标价放到中间了吗？一点儿不错，正是他最想卖的那个！

聪明的不只山姆一个。《纽约时报》最近连载了格雷格·拉普的故事。他是餐馆顾问，餐馆付他钱，他来策划菜单和定价。他非常了解诸如今年羊肉销路与去年相比如何，羊肉是配土豆泥好还是配意大利菜好，主菜的价格从39美元一下子涨到41美元是否会使销量下降等问题的答案。

拉普了解到的一个现象是，菜单上主菜的高标价能给餐馆增加盈利——即使没有人来点。为什么？因为尽管人们一般不会点菜单上标价最贵的菜，但他们很可能点排第二位的。出于这个目的，餐馆推出一道高价菜，这样可以引诱顾客点次贵的菜（于是很聪明地加大了这道菜的利润率）。

下面我们把《经济学人》杂志的巧妙手法放大进行观察。

我们记得有如下几种选择：

单订电子版：59美元

单订印刷版：125美元

合订印刷加电子版套餐：125美元

在麻省理工学院的斯隆商学院，我让100个学生做选择，结果是：

单订电子版59美元：16人

单订印刷版125美元：0人

合订印刷加电子版套餐125美元：84人

斯隆商学院的MBA（工商管理硕士）们可都是些精明透顶的家

伙。他们全都看得出印刷加电子版套餐相对于单订印刷版的优势。单订印刷版这一选项（我因此把它称作"诱饵"，而且这样称呼它是有道理的）真的影响了他们的选择吗？换言之，假如我把诱饵去掉，剩下的选择就如下面的图所示：

《经济学人》网站	征 订
观点 世界 商业 金融与经济 科技 人物 书籍与艺术 市场与数据 娱乐	欢迎光临 《经济学人》征订中心 请选择你想订阅或续订的方式： □ **电子版**：每年 59 美元 包括《经济学人》杂志网站全年所有在线内容及 1997 年以来各期《经济学人》在线内容浏览权限 □ **电子版加印刷版套餐**：每年 125 美元 全年各期印刷版的《经济学人》加全年《经济学人》杂志网站所有在线内容及 1997 年以来各期《经济学人》在线内容浏览权限

学生们的回答还会与上一次相同（16 人单订电子版，84 人订套餐）吗？

他们的回答肯定一样吗？会有什么变化吗？说到底，我去掉的那一项根本就没有人选过，因此也就不会有什么影响。对不对？

不对！这一次，选择 59 美元单订电子版的从原先的 16 人增加到 68 人。选择 125 美元套餐的从原先的 84 人，下降到只有 32 人。①

---

① 在本书中，如果提到背景条件的不同，通常是说统计意义上的不同。

《经济学人》网站	征 订
观点	欢迎光临
世界	《经济学人》征订中心
商业	请选择你想订阅或续订的方式：
金融与经济	□ **电子版**：每年 59 美元
科技	包括《经济学人》杂志网站全年所有在线内容及 1997
人物	年以来各期《经济学人》在线内容浏览权限　　　16 人
书籍与艺术	□ **印刷版**：每年 125 美元
市场与数据	全年各期印刷版的《经济学人》　　　　　　　　0 人
娱乐	□ **印刷加电子版套餐**：每年 125 美元
	全年各期印刷版的《经济学人》加全年《经济学人》
	杂志网站所有在线内容及 1997 年以来各期《经济学人》
	在线内容浏览权限　　　　　　　　　　　　　84 人

《经济学人》网站	征 订
观点	欢迎光临
世界	《经济学人》征订中心
商业	请选择你想订阅或续订的方式：
金融与经济	□ **电子版**：每年 59 美元
科技	包括《经济学人》杂志网站全年所有在线内容及 1997
人物	年以来各期《经济学人》在线内容浏览权限　　　68 人
书籍与艺术	□ **印刷加电子版套餐**：每年 125 美元
市场与数据	全年各期印刷版的《经济学人》加全年《经济学人》
娱乐	杂志网站所有在线内容及 1997 年以来各期《经济学人》
	在线内容浏览权限　　　　　　　　　　　　　32 人

是什么原因使他们改变了主意呢？我可以肯定地告诉你们，绝非理性因素。就因为有个诱饵在那里，他们中的 84 人就选了 125 美元的套餐（16 人单订电子版）。去掉了诱饵，他们的选择就不一样了，32 人选择了套餐，68 人选择了单订电子版。

巴黎和罗马,你选择去哪里度蜜月?

这不仅是非理性的,而且这种非理性是可预测的。为什么?我很高兴你们会有这样的疑问。

下面我们来看相对论的直观图示。

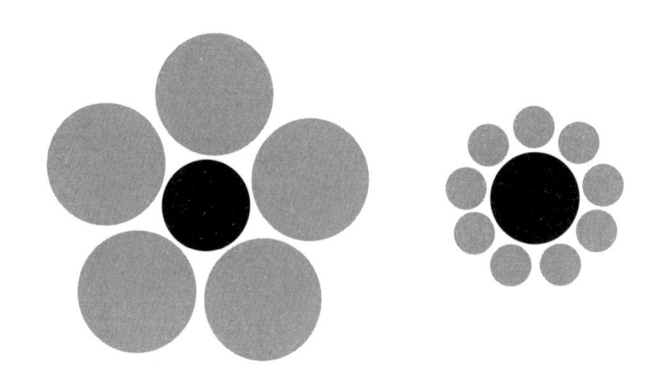

正如你们所看见的,后面两幅图里,中央那个圆的尺寸似乎不一样。把它放到大圆中间,它就变小了;放到小圆中间,它又变大了。其实它的大小没变,只因为它周围那些圆的大小变了,它的大小才好像也在跟着变。

这种现象似乎有点儿奇怪,但它事实上却映射出人脑思维所受的束缚:我们总是靠观察周围的事物以确定彼此的关系。我们无法不这样,不仅在对待有形物体,例如吐司面包、自行车、小狗、餐馆的主菜、配偶等时是这样,在对待无形的体验,例如度假和教育选择时是这样,甚至在对待短暂易变的事情,例如感情、态度、观点等时也是这样。

我们总是拿酒与酒、职业与职业、度假与度假、情人与情人做比较。这一切的相对关系让我想起了电影《鳄鱼邓迪》[①]里的一句台词，一个街头小混混冲着我们的主人公保罗·霍根拔出了弹簧刀。"你把这玩意儿也叫作刀？"霍根将信将疑地说着，一边从皮靴后面抽出猎刀，"看这家伙。"他诡秘地咧嘴一笑，"这才是刀。"

总的来说，相对论是容易理解的。但相对论的一个侧面却总是给我们造成误解。这就是：我们不但喜欢将事物与事物进行比较，而且喜欢比较容易比较的——避免比较不容易比较的事物。

假如你要到一座新城市买房子，你的房地产代理人带你看了三处房子，你都感兴趣。其中一幢是现代风格的，另两幢是殖民地风格的老式房子。三幢房子的价格差不多，都很合意；唯一的差别是老式房子中的一幢（"诱饵"）屋顶需要换，房主已经为此折价了几千美元作为补偿。你会选择哪一幢呢？

你很可能既不选那幢现代风格的，也不选择那幢需要换屋顶的，而是选择另一幢老式房子。为什么？我来说一下理由（实际上也相当理性）。我们都愿意在比较的基础上做决定。在这三幢房子中，我们对现代风格的房子一无所知（甚至没有另一幢和它做比较），于是它就被放到一边了。不过，我们确切地知道老式房子中的一幢要比另一幢好——屋顶完好的那一幢要比需要换屋顶的那一幢好。于是，我们就会去买屋顶完好的那一幢老式房子，对那幢现代风格的房子和需要换屋顶的老式房子就不屑一顾了。

为了更好地理解相对论如何运作，请参考图1–1。

---

① 《鳄鱼邓迪》：美国派拉蒙（PARAMONT）公司1986年出品的电影。影片描写了居住在澳大利亚内陆荒野的猎鳄好手"鳄鱼先生"迈克·邓迪（保罗·霍根饰）在美国纽约曼哈顿"冒险"所闹出的一连串笑话。

在左边的图中，我们看到两种选择，每一种都在不同属性上优于另一种。选择A在属性1（我们假定是质量）方向较优。选择B在属性2（假定是价格）方向较优。很显然，这两种选择让人感到为难，不容易做出取舍。我们再考虑增加另一选择，-A（见右图）会怎样。这一选择很明显要比选择A差，但它同时又与A相似，两者容易比较，让我们以为A不仅比-A好，同时也比B好。

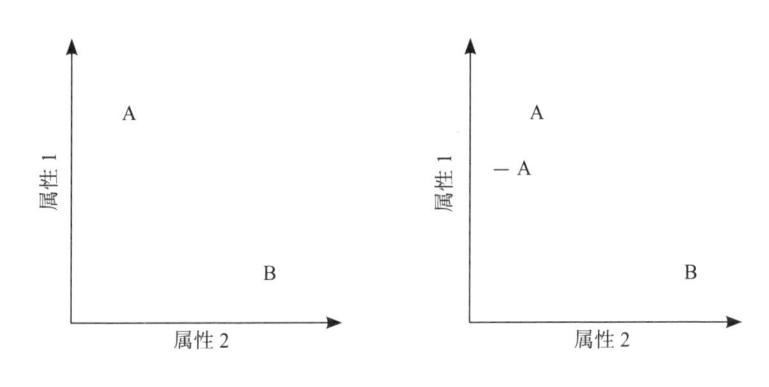

图 1-1

说到底，把-A（诱饵）放进来，建构出与A的一种简单、直观的比较关系，由此使A看起来较优，不仅相对于-A，相对于B也是如此。结果是，在把-A加到场景之中后，虽然根本没有人选择它，但它会使人们更可能最终选择A。

这种选择过程有点儿似曾相识吧？还记得《经济学人》杂志的那些推销员吗？他们知道我们自己并不清楚到底要订电子版还是印刷版。不过，他们料定在三个报价中，我们会选择印刷加电子版套餐。

这里还有个诱饵效应的例子。假设你正计划去欧洲度蜜月，你已经决定在那些风情浪漫的古典城市中选一个，并且把目标进一步限定在罗马和巴黎之间,这两处都是你的最爱。旅行社为两个城市分别安排了旅行计划,包括机票、旅馆、观光,外加每天免费的精美早餐。你会选择哪一个呢?

对多数人来说,在罗马和巴黎之间做出选择不太容易。罗马有古竞技场,巴黎有卢浮宫。两地都充满浪漫风情,都有诱人的美食、时尚的商店。难以选择。那么,再给你第三种选择:罗马,不含早餐(即-罗马,或诱饵)。

如果让你考虑这三种选择(巴黎、罗马、-罗马),你会立即认识到,带免费早餐的罗马与带免费早餐的巴黎具有大致相同的吸引力,而不含早餐的罗马就等而下之了。与明显处于劣势的选择(-罗马)相比,罗马则更具优势。事实上,-罗马使带免费早餐的罗马显得如此之好,以至让你觉得它甚至胜过原先难以取舍的带免费早餐的巴黎。

三个人中,你想跟哪一个约会?

你一旦看到实实在在的诱饵效应,就会认识到它才是秘密的原动力,它对决定的影响之大远远超过我们的想象。它甚至能帮助我们决定和谁约会——并且最终和谁结婚。我来详细讲一个专门探索这一课题的实验。

实验

一个寒冷的周日,麻省理工学院的学生在校园里匆忙奔走,我问他们中的一些人是否愿意让我拍照做实验。有的看上去不情愿,有的走开了,但多数乐意参与。不一会儿,我的相机里就存满了学生们灿烂的笑脸。我回到办公室,从中打印出60张——30个女生,30个男生。

下一个星期,我向班里的25名研究生提出了一个不同寻常的请求:让他们对这30个男生和30个女生的照片根据相貌的相似度来配对(男配男,女配女)。也就是说,我让他们搭配出麻省理工学院的伍迪·艾伦和丹尼·德维托(对不起了,伍迪和丹尼),以及布拉德·皮特和乔治·克鲁尼。从配出的30对里,我又挑出了大家都觉得最相似的6对——3对女生,3对男生。

现在,就像弗兰肯斯坦博士一样,我开始对这些面孔做特殊处理。我用Photoshop(图像处理与修图软件)对照片做了少许改变,给每张照片加工出比原来相貌稍差的新版本。我发现稍稍移动鼻子的位置就能破坏面部的对称。用另一种工具,我把一只眼睛变大,减少一些头发,或者加上几个粉刺痘痘。

没有阵阵的闪电照亮我的实验室,也没有沼泽地上的犬吠,这是个从事实验研究的好日子。结束的时候,我手头有了麻省理工学院的乔治·克鲁尼原型(A)和麻省理工学院的布拉德·皮特原型(B),以及一只眼睛有点儿耷拉、鼻子稍宽的乔治·克鲁尼(-A)和面部不大对称的布拉德·皮特(-B)。对其他不如他们俩帅气的各对,我也做了相同处理。我有了张嘴笑会显得嘴角略歪的伍迪·艾伦原型(A)和一只眼睛错位、令人发怵的伍迪·艾伦(-A),还有了丹尼·德维托原型(B)及面部有点儿变形的丹尼·德维托(-B)。

12张照片,每一张,我都既有一张原型版本,还有一张稍差的诱饵版本。作为实验用的两个版本的例子,参见图1-2(图中的照片是我用电脑合成的,不是麻省理工学院的学生)。

现在我们到了实验的主要部分。我带着这些成套的照片来到学生会,在学生中传阅。我一个一个地问,问他们是否愿意参与。如果同意,我就拿出一套(3张)照片给他(她)看(照片同图1–2)。第一套中包括原版本照片A、它的诱饵版本–A和另一张原版本照片B。第二套包括原版本照片B、它的诱饵版本–B和另一张原版本照片A。

例如,一套里可能包括一张原版本的克鲁尼(A),一张诱饵克鲁尼(–A),还有一张原版本的皮特(B);或者一张原版本的皮特(B),一张诱饵皮特(–B),和一张原版本的克鲁尼(A)。我要求学生们(或男或女)做出选择:如果有可能的话,想和三个中的哪一个约会,就在那张照片上画个圈。最后,我一共发出了600套照片。

我这样做的动机是什么?就是要判断在参与者选择的过程中,扭曲过的诱饵照片(–A或–B)是否会推动他们选择照片A或者照片B。换言之,形象稍逊的乔治·克鲁尼(–A),能否推动参与者去选择完美的乔治·克鲁尼,而不选完美的布拉德·皮特?

当然了,我在实验里没用真的布拉德·皮特或乔治·克鲁尼的照片。照片A和照片B拍的都是普通大学生。你们还记得之前买房的案例吗?一幢需要换屋顶的老式房子,就能推动人们去选择另一幢完好的老式房子,而不选那幢现代房子——仅仅因为作为诱饵的老式房子让他们有了与完好老式房子的某种参照。还有《经济学人》杂志的广告,难道不是125美元的单订印刷版推动人们去选择

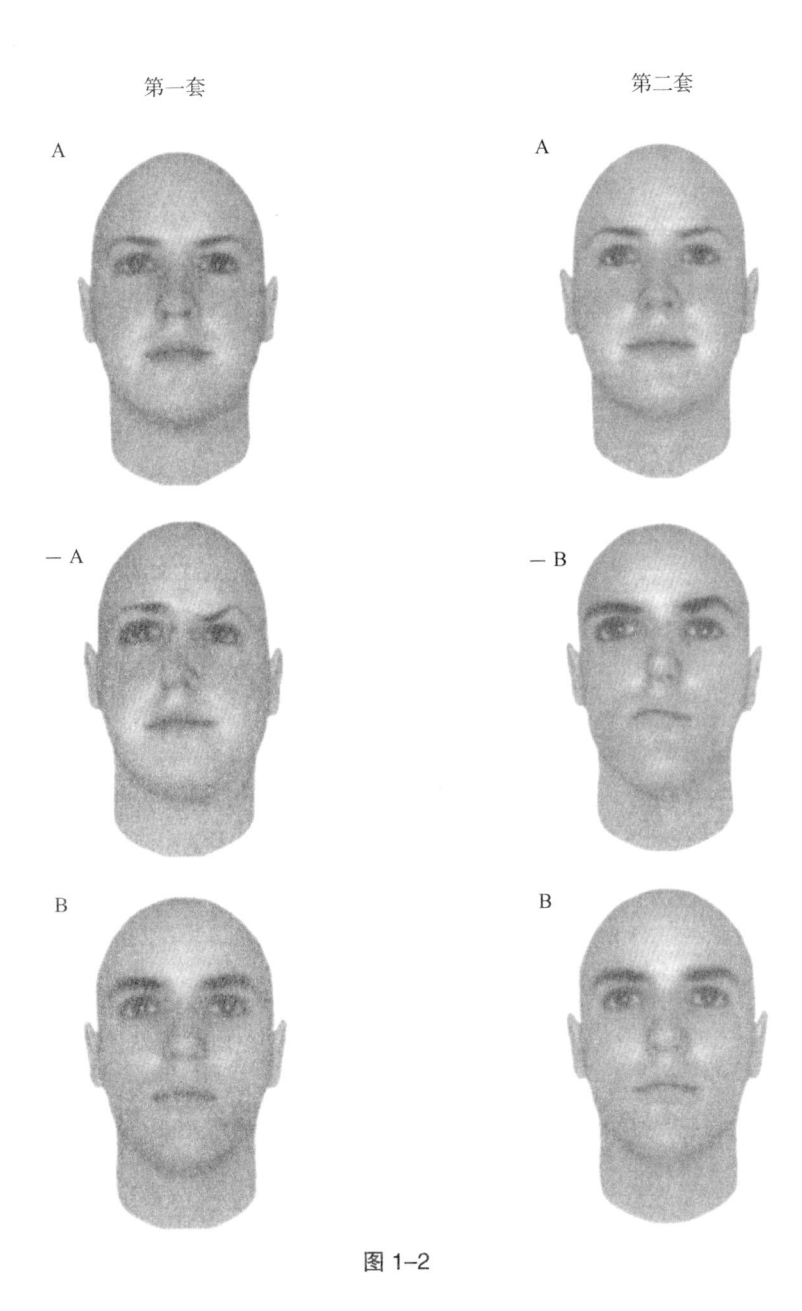

第一章 相对论的真相：为什么我们喜欢比较和攀比？

第一套　　　　　　　　　　　第二套

A

— A　　　　　　　　　　　　— B

B　　　　　　　　　　　　　　B

图 1-2

了 125 美元的印刷加电子版套餐吗？同样，形象稍欠完美的人（–A 或 –B）的存在，会推动人们去选择完美的原型（A 或 B），是因为诱饵给他们提供了参照吗？

确实如此。每次看完我发出的一套照片，包括一张原版本、一张诱饵照片和另一个人的原版本照片，参与者通常都更倾向于与"正常的"原版本照片里的人（与诱饵照片中相似，但明显优于被扭曲过的那个）约会，而不去选择另一个照片未经过扭曲的人。这样选择的可不是一半对一半，整个实验中这样选择的人占了 75%。

富人嫉妒比自己更富有的人

为什么？为了进一步解释诱饵效应，我来给你们讲一个面包机的故事。

威廉斯–索诺马公司首次推出家用烤面包机（每台售价 275 美元）时，多数消费者不感兴趣。家用烤面包机到底是个什么玩意儿？它是好还是坏？我们真的需要在家烤面包吗？有钱为什么不买旁边那台样式新颖的咖啡机？为糟糕销售业绩苦恼的面包机厂家请来了一家营销调研公司。营销调研公司的工作人员提出了一个补救办法：再推出一个新型号的面包机，不仅个头比现在的要大，价格也要比现有的型号高出约 1/2。

这一下，销量开始上升了（以及大量面包新鲜出炉），尽管卖出的并不是新型号的大面包机。为什么？就是因为消费者现在有了两个型号可以选择。既然一台比另一台明显要大，而且贵了很多，人们就无须在真空中做决定了。他们会说："嗯，我也许不大懂面包机，但我确实懂得,真要买的话,我宁愿少花点儿钱买那个小的。"从那以后,家用面包机便热销了起来。

面包机就说到这里。让我们再来看看另一种不同环境中的诱饵效应。比如你是单身,希望在即将到来的相亲晚会上吸引更多的约会对象,该怎么办呢?我的建议是,你带上一个同伴,外观特点和你基本相似(相似的肤色、体型、面貌),但要比你稍稍差一点儿(–你)。

为什么?因为你想吸引的那些人很难在没有比较的情况下对你做出评估。但是如果把你和–你进行比较,你那个作为诱饵的朋友就会把你提升许多,不单是与他(她)比较,而且从总体上与在场的其他人来比较,也是如此。这似乎显得不是很理性(我不敢保证这一点),但你很有可能会为更多人所瞩目。当然,我们不能将评判标准仅停留在外观上。如果妙语连珠的谈吐能使你胜出,那就记得在去择偶晚会时带上一个没有你那么能言善辩、反应机敏的朋友。比较之下,你会显得更加出类拔萃。

既然你们知道了这个秘密,那就留心点儿:如果一个和你差不多,但外貌比你稍强的同性朋友,请你陪伴他(她)晚上出去,那你就需要当心是不是要替人当诱饵了。

相对论帮助我们在生活中做各种决定,但它也能使我们痛苦无比。为什么?当我们把自己生活中的运气与别人相比时,就产生了嫉妒和羡慕。

说到底,《圣经》十诫里的警告是非常有道理的:"不可贪恋他人的房屋,也不可贪恋他人的妻子、仆婢、牛驴,并他一切所有的。"这也许是最难奉行的圣诫,因为我们有生以来就被比较所束缚。

现代生活使这一弱点更为明显。几年前,我遇到一家大投资公司的高管。交谈中他提到他的一个雇员最近找到他,抱怨工资太低。

"你来公司多久了?"主管问年轻人。

"三年了。我一毕业就来了。"年轻人回答说。

"你刚来时,希望前三年能拿到多少钱?"

"当时希望能拿到10万美元左右。"

主管好奇地盯着这个年轻人。

"你现在差不多拿了30万美元,你还有什么可抱怨的?"主管问道。

"嗯。"年轻人显得有点儿结巴,"就因为坐在我旁边的几个人,他们能力并不比我强,可已经拿了31万美元。"

主管摇了摇头。

与这个故事异曲同工,1993年,美国联邦证券交易委员会首次强制一些上市公司披露高管的薪酬及津贴等详细资料。这样做的本意是,一旦薪酬公开,董事会就不会再愿意给高管们支付天文数字的薪酬和福利了。监管人员希望这样做能制止公司高管薪酬飞涨这一顽症,因为之前无论是监管机关、立法机构,还是股票持有人的施压都没有将这一顽症解决。不错,这种情况确实需要制止:1976年,美国高管们的平均薪酬是普通工人的36倍;而到了1993年,高管们的平均薪酬已经上涨到工人的131倍。

不过猜猜看,这一政策颁布之后怎么样?薪酬一旦成为公开信息,媒体就会定期刊登一些特别报道,按高管们的收入高低进行排名。这种公开不但没有压制住高管们的涨薪幅度,反而使美国公司的高管们开始互相攀比工资,最后,高管们的工资火箭般地往上蹿。这一趋势又进一步被一些薪酬咨询公司(投资人沃伦·巴菲特苛刻地称之为"悠着点,悠着点,开大奖了"公司)"推动",它们建议那些高管客户回去要求幅度惊人的加薪。结果呢？现在美国公司高管们的平均收入相当于普通工人的369倍，是高管薪酬公开前的三倍。

因为对这个问题的关注，我向一个公司高管询问了几个问题。

"如果你们工资数据库里的信息被公司上下都知道了，"我试探着问，"那会怎么样？"

那个主管警觉地看着我。"那会披露出很多事情来，内部交易、金融丑闻，诸如此类，但如果每个人的工资都被大家知道了，那可就是真正的灾难了。除了那个薪水最高的人，所有人都会觉得工资太低——要是他们出去另谋高就，我丝毫不觉得奇怪。"

这难道不奇怪吗？工资多少与幸福程度的关联并不像人们想象的那么紧密，这一点已经反复得到了证明（事实上，这种关联相当薄弱）。研究证明，最幸福的人并不在个人收入最高的国家里。可是，我们还是一个劲地争取高工资，这在很大程度上就是出于嫉妒。正如20世纪的记者、讽刺家、社会评论家、愤世嫉俗者、自由思想家H. L.门肯所指出的，一个人对工资是否满意，取决于他是否比他未来老婆的姐姐或妹妹的老公挣得多。为什么要这样比？因为（我隐隐感觉，门肯的老婆一定是把自己妹妹老公的工资分文不差地告诉了他）这种比较是明显而又现成的。①

公司高管薪酬的无节制增加已经给社会造成损害性后果。高管工资的无度增长，非但不会使他们感到羞耻，还会鼓励其他高管进行攀比，再次要求加薪。"在互联网时代，"《纽约时报》的一条标题中说，"富人嫉妒的是比自己更富有的人"。

---

① 既然你知道了这一事实，假设你还没结婚，那在寻找终身伴侣时就要考虑到这一点。最好找对方的姐姐或妹妹的丈夫有失业可能的。

在另一则新闻故事里，一位医生说他从哈佛毕业时就梦想着有朝一日能在癌症研究上获得诺贝尔奖。这是他的目标、他的梦想。可是几年以后，他发现几个同事给华尔街公司当医学顾问比他行医挣的钱还多。他原先对自己的收入还比较满意，可是当听说他朋友有了游艇和度假别墅时，他忽然感觉自己太穷了。于是决定改变职业——走华尔街那条路。到了毕业20年同学聚会时，他的收入比多数从医的同学高10倍。你可以想象得出，他站在派对的中央，酒杯在手——没有几个人的"成就"能和他分庭抗礼，在场的人都在注视他的一言一行。但他放弃了自己的梦想，放弃了对诺贝尔奖的追求，只为了换取华尔街的高额薪酬，消除自己的"贫穷"感。由此看来，平均年薪16万美元的家庭医生短缺还有什么可奇怪的？[①]

打破相对论的怪圈

好的一面是我们有时能控制我们比较的范围，我们可以转向能提高我们相对幸福度的圈子。比如在同学聚会时，房间中央有一个"大圈子"，其中有人手持酒杯在夸耀自己的高薪，我们可以下意识地后退几步，与其他人交谈。如果我们想买新房子，我们可以在那些准备出让的房子中留意选择，跳过那些我们买不起的。如果想买一辆新车，我们可以集中看一些在我们经济能力许可范围之内的车型，等等。我们也可以把眼界放宽。

我来举一个例子，这是两位优秀的研究人员——阿摩斯·特维斯

[①] 当然，医生也有别的方面的问题，包括医疗责任保险、官僚机构审查、医疗事故诉讼等。

基和丹尼尔·卡尼汉做的一个实验。假如你今天有两件事要做：第一件是买一支新钢笔，第二件是买上班穿的套装。在一家文具店，你看到一支不错的笔，标价为25美元，你正要买，突然记起同样的笔在15分钟路程以外的另一家店的促销价为18美元。你会怎么办呢？你会为了节省这7美元而多跑15分钟的路吗？在这两者之间，很多人表示他们宁可跑远路节省这7美元。

现在你要办第二件事：买衣服。你发现了一套做工精细的灰色暗条西装，标价为455美元，你刚决定要买，另一个顾客就悄悄告诉你，同样的一套衣服在另一家店里的促销价为448元，那一家店离这里只有15分钟路程。你会再多跑15分钟的路吗？在这种情况下，多数人都说他们不会。

这是怎么回事呢？你的15分钟到底值7美元，还是不值？在现实中，当然7美元等于7美元——不管你怎么算也是如此。在这一类情况下，你应该考虑的唯一问题是：从城东到城西的15分钟，多花的这15分钟，是不是值得你省下7美元。至于这笔钱是从10美元里还是从10 000美元里省下的，与此无关。

这就是相对论带来的问题——我们用相对的方法看待我们的决定，就近与现成的其他选择做比较。两支钢笔的差价使价格较低的钢笔的相对优势远远高于另一支，这个明显的答案让我们决定多花15分钟节省7美元。同时，两套西装的差价使那套价格较低的西装的相对优势显得很小，我们就愿意多花那7美元。

这也说明了为什么有人会很轻易地在价值5 000美元的宴会上多加一道200美元的带汤主菜，而他却去剪优惠券，从价值一美元的浓缩汤罐头里节省25美分。类似的还有：我们给一辆25 000美元的汽车加装 3 000 美元的真皮座椅不觉得贵，却不愿意花同样的钱来买一套真皮沙发（尽管我们知道在家坐沙发的时间要比在汽车里长）。但是如果我们从更广泛的角度来考虑，我们就会把这 3 000 美元用到比真皮座椅更合适的地方。我们把它用来买书、买衣服，或者去度假，不是更好吗？像这样拓宽视野不太容易，因为凭相对因素做决定是我们自然的思考方式。我们能控制得了自己吗？我知道有人能。

此人叫詹姆斯·洪，著名的"排行与约会"网站的创办人之一（詹姆斯，他的生意合伙人吉姆·杨、里奥纳多·李、乔治·勒文斯坦目前和我共同从事一个研究项目，以帮助测定一个人的"吸引力程度"如何影响他对别人"吸引力程度"的看法）。

当然，詹姆斯已经挣了很多钱，而且他身边还有更多的赚钱机会。实际上，他的一个好朋友，就是贝宝网站的创始人，有几千万美元的身家。但是詹姆斯懂得如何把自己生活中的比较圈子划得小一些，而不是大一些。他是从卖掉自己的保时捷 Boxster 跑车，换一辆丰田普锐斯做起的。

"我不想过开 Boxster 的生活。"他对《纽约时报》的记者说，"因为你有了 Boxster，还会想保时捷 911，那些开保时捷 911 的想什么呢？他们还想着法拉利。"

这个道理我们都应该懂：人心不足蛇吞象。唯一的解决方法就是打破相对论的怪圈。

Predictably
Irrational

第二章

供求关系的失衡：
为什么珍珠无价？

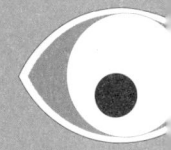

黑珍珠如何从无人问津变为稀世珍宝？

第二次世界大战刚开始,意大利钻石商人詹姆斯·阿萨尔便逃离欧洲,来到了古巴。他在那里找到一条谋生之道:美军需要防水表,阿萨尔通过他在瑞士的关系,满足了美军的这一需求。

"二战"结束,美军不再买防水表,阿萨尔和美国政府的生意也做到头了,还剩下几千块瑞士防水表库存。日本人那时需要表,但是没有钱,不过他们有许多珍珠——车载斗量的珍珠。不久,阿萨尔就教儿子做易货贸易——用瑞士防水表换日本珍珠。生意很兴隆,没多长时间,他的儿子萨尔瓦多·阿萨尔就被人们称为"珍珠王"。

1973年的某天,"珍珠王"的游艇停靠在了法国的圣特罗佩。一位潇洒的法国年轻人——让·克洛德·布鲁耶从相邻的游艇上过来拜访。布鲁耶刚卖掉了他的空运公司,用这笔钱为自己和年轻的妻子塔希提在法属波利尼西亚买下了一座小岛——珊瑚礁环绕着蔚蓝海水,堪称人间天堂。布鲁耶对萨尔瓦多介绍说,当地莹碧的海水中盛产一种黑边牡蛎——珠母贝。这些黑边牡蛎的壳里出产一种罕见之宝——黑珍珠。

那时候,黑珍珠还没有什么市场,买的人也不多。但是布鲁耶说服了萨尔瓦多合伙开发这一产品，合作采集黑珍珠到世界市场上销售。但是萨尔瓦多首战不利：黑珍珠的色泽不佳，又灰又暗；大小也不行，就像早期步枪使用的小弹丸，结果萨尔瓦多连一颗都没卖掉，无功而返，回到了波利尼西亚。事情到了这种地步，萨尔瓦多本可以放弃黑珍珠，把库存低价卖给折扣商店；或者搭配一些白珍珠当首饰，推销出去。但萨尔瓦多并没这样做，他又等了一年。他和他的工作人员努力改良出一些上好的品种，然后带着样品去见了一个老朋友——哈利·温斯顿，一位具有传奇色彩的宝石商人。温斯顿同意把这些珍珠放到他在第五大道的店铺橱窗里展示，标上令人难以置信的高价。同时，萨尔瓦多在数家影响力广泛、印刷华丽的杂志上连续登载了数版广告。广告里，一串塔希提黑珍珠在钻石、红宝石、绿宝石的映衬下，熠熠生辉。

不久前还含在一个个黑边牡蛎壳里，吊在波利尼西亚海水中的绳子上，"养在深海人未识"的珍珠，如今来到了纽约城，环绕在最当红的歌剧女明星的粉颈上，在曼哈顿招摇过市。原来不知价值几何的东西，现在被萨尔瓦多捧成了稀世珍宝。就像马克·吐温曾经在《汤姆·索亚历险记》中所描写的那样："汤姆无意中发现了人类行为的一个重要定律，那就是要让人们渴望做一件事，只需使做这件事的机会难以获得即可。"

"珍珠王"是怎么做的？他是怎样说服社会精英，让他们疯狂追捧塔希提黑珍珠，俯首帖耳地掏钱来买的？要回答这个问题，我得先讲一个有关幼鹅的故事。

第二章 供求关系的失衡：为什么珍珠无价？

"幼鹅效应"与"锚定"

数十年前，自然学家康拉德·洛伦茨发现刚出壳的幼鹅会深深依赖它们第一眼看到的生物（一般是母鹅）。洛伦茨在一次实验中发现，他无意中被刚出壳的幼鹅们第一眼看到，它们从此就一直紧跟着他直到长大。由此，洛伦茨证明了幼鹅不仅会根据它们出生时的初次发现来做决定，而且决定一经形成，就坚持不变。洛伦茨把这一自然现象称作"印记"。

我们的第一印象和决定也会成为印记吗？如果是这样，这种印记是如何在我们的生活中发挥作用的呢？例如，我们遇到一个产品，我们接受的是第一眼看到的价格吗？更重要的是，那个价格（行为经济学中我们称之为"锚"或"锚定"）对我们此后购买这一产品的出价意愿会产生长期影响吗？

看来对幼鹅起作用的因素对人类也同样适用，包括"锚定"。例如，萨尔瓦多从一开始就把他的珍珠与世界上最贵重的宝石"锚定"在一起，此后它的价格就一直紧跟宝石。同样，我们一旦以某一价格买了某一产品，我们也就为这一价格所"锚定"。但这一切到底是怎样进行的呢？为什么我们会接受"锚定"呢？

试想一下，如果我让你以与你的社会保险号的最后两位数（我的是79）相等的美元（例如我的是79美元）买某一瓶1998年（法国）丘隆河葡萄酒，你会同意吗？而这样的一个数字暗示又会对你以后买葡萄酒的出价有多少影响呢？这听起来荒谬可笑，对吗？那好吧，让我们先看看几年前发生在一群麻省理工学院工商管理硕士中间的事情。

实验

"我这里有一瓶很不错的丘隆河佳布列葡萄酒。"麻省理工学院斯隆商学院教授德拉赞·普雷勒克,举起酒瓶称赞道,"是1998年的。"

这时有 55 个学生在听他的营销研究课。就是这一天,我和德拉赞、乔治·勒文斯坦(卡内基–梅隆大学教授)要给这些未来的营销专业人员提一个特别的要求。我们请他们每个人写下自己社会保险号的最后两位数,并且问他们是否愿意按照这个价格出价买一些东西。包括上面说的那瓶酒,然后让他们正式把这些物品当作拍卖品出价。

我们要求证什么呢?就是我们所谓的"任意的一致"是否存在。"任意的一致"是指,尽管最初的价格(就如同萨尔瓦多黑珍珠的价格)是任意的,但一旦这些价格在我们头脑中确立,它们就能塑造我们目前和未来的价格理念(这又使它们"一致")。那么,社会保险号是否足以成为"锚"呢?最初的锚会有长期的影响吗?我们想弄清这些问题。

"你们有的人可能对酒不太了解。"德拉赞接着说,"这瓶酒在《葡萄酒观察》杂志的评分为 86 分。它有红莓、咖啡和黑巧克力的风味;中等酒精度,中等浓度,适度均衡的红色,口感非常好。"

德拉赞又举起另一瓶。这是一瓶 1996 年的隐居地佳布列小教堂酒,《葡萄酒观察》杂志的评分为 92 分。"1990 年以来最好的小教堂酿酒。"德拉赞如诗朗诵一般地做介绍,学生们好奇地抬头看,"一共才酿造了 8 100 箱……"

第二章　供求关系的失衡：为什么珍珠无价？

一件接一件，德拉赞又拿起了4件其他的东西：一个无线轨迹球（罗技公司Marble FX型）、一套无线键盘加鼠标（罗技公司的iTouch牌）、一本设计类书籍（《完美组合：怎样用图像设计提升价值》），还有一盒比利时纽豪斯公司生产的一磅①装巧克力。

德拉赞把一张表格发下去，表格里面包括了前面说的所有东西。"下面请你们把自己的社会保险号的最后两位数写在表格顶部。"他告诉学生们。"然后把这个数字写在每个品名旁边，写成价格的形式。也就是说，如果你社会保险号的最后两位数是23，那就写23美元。"

"写完价格以后，"他补充说，"我请你们在表上逐项写明是否愿意按这一价格买这些东西，填上是或否就行。"

学生们逐项填完了自己的选择，然后德拉赞又让他们逐项写上自己愿意为购买这几件商品出多少钱（出价）。

学生们出价后就把表交给我，我把结果输入笔记本电脑，然后宣布获胜者。出价最高的学生逐个来到教室前面，按他们的出价②，把东西买走。

学生们的这次课堂练习做得很高兴，但当我问他们是否感觉写下社会保险号后两位数影响了他们的最后出价时，他们当即否认，

---

①　1磅≈450克。——编者注

②　出价最高者真正付款的价格并不是他的出价，而是出价中第二高的价格。这称作第二高价拍卖。获得诺贝尔经济学奖的威廉·韦克里证实了这种形式的拍卖创造了一个环境——人们在其中对每一件拍卖品按自己的出价意愿出的最高价格是符合自身利益的（这也是易贝拍卖系统背后的逻辑）。

没那回事!

回到办公室,我对数据做了分析。社会保险号后两位数字起到了"锚"的作用吗?答案很明显,是的。学生中社会保险号后两位数字较大的(80~99)出价最高,那些后两位数字较小的(01~20)出价也最低。例如,给无线键盘出价最高的20%的学生的平均出价是56美元,最低的20%的学生的平均出价为16美元。最终我们算出社会保险号后两位数字最高的20%的学生出价比后两位数字最低的20%出价要高出216%~346%(参见下面的附表)。

表 2–1 按社会保险号末两位数分组,每组学生实际
所付平均价格,该两位数与他们原来出价的关联率

	产 品					
社会保险号末两位数字	无线轨迹球(美元)	无线键盘(美元)	设计书(美元)	纽豪斯巧克力(美元)	1998年的丘隆河葡萄酒(美元)	1996年的隐居地葡萄酒(美元)
00~19	8.64	16.09	12.82	9.55	8.64	11.73
20~39	11.82	26.82	16.18	10.64	14.45	22.45
40~59	13.45	29.27	15.82	12.45	12.55	18.09
60~79	21.18	34.55	19.27	13.27	15.45	24.55
80~99	26.18	55.64	30.00	20.64	27.91	37.55
相关系数*	0.42	0.52	0.32	0.42	0.33	0.33

* 相关系数是测量两种相关变量运动的一种统计方法。可能的相关系数值在–1与+1之间。如果该值为0,则表示一种变量的变化对另一变量没有影响。

如果你的社会保险号的后两位数字比较大,我知道你可能会想:"我这一辈子可亏大了!"但事实并非如此。将社会保险号定为本实验中的锚,只是因为我们想用它来进行实验而已。我们也完全可以

采用当前温度的数值或者厂家建议零售价作为锚。实际上，任何问题都可以创造出锚来。这看起来理性吗？当然不，但我们就是这样的——说到底，我们也是一群幼鹅。①

数据还有更有趣的一面。尽管购买这些商品的付款意愿是任意的，但又有其合乎逻辑、一致的一面。当我们观察相关的两对产品（两种酒、两种电脑部件）时，它们的相对价格惊人的合乎逻辑。大家对键盘的出价比对轨迹球的出价要高，同样，对1996年隐居地葡萄酒的出价也高于对1998年丘隆河葡萄酒的出价。它的意义在于，一旦参与者愿意出价买某物，他们此后购买同类产品时就也会参照他第一次决定的出价（锚）做决定。

这也就是我们所谓的"任意的一致"。首次的出价大都是"任意"的，并可能受到任意问题答案的影响；可是一旦这些价格在我们的大脑中得到确立，它形成的便不仅是我们对某一产品的出价意愿，还包括我们对其他有关产品的出价意愿（这使它们一致）。

现在我需要对刚才讲的故事加一点儿重要的澄清。生活中形形色色的价格铺天盖地，我们会看到汽车、草坪修剪机、咖啡机等各类产品的厂家建议零售价。我们会听到房地产代理夸夸其谈，大侃当地房价。不过价格标签本身并不是锚。它们只有在我们深入考虑后，想用某一特定价格购买某一产品或服务时才可以成为锚。这就是印记的形成。从此以后，我们愿意接受的一系列价格——就像蹦极绳的拉力，总是需要参照原先的锚来决定。因此，第一个锚不仅影响我们当时的购买决定，而且影响后来的许多决定。

---

① 我在一些公司主管和经理人那里做的实验（麻省理工学院公司主管培训项目）也同样成功。社会保险号也能影响他们对巧克力、书籍和其他商品的出价。

比如，一台57英寸液晶高分辨率电视机的促销价为3 000美元。这一标价并不是锚。假如我们决定出这个价买下它（或认真考虑要买），那么这个价格从此就成了我们以后买液晶电视机的锚。它是我们的测量标杆，从那以后，不管我们是在买电视时，还是在后院野餐会上和别人闲聊时，都会将它与别的所有高分辨率电视机进行比较。

锚会影响各种购买行为。例如，宾夕法尼亚大学经济学家尤里·西蒙森和卡内基–梅隆大学教授乔治·勒文斯坦发现，搬家到另一个城市的人购房时总是被原住城市的房价所锚定。比如，他们研究发现，人们从物价水平低的地区（例如得克萨斯的卢博克）搬到中等水平城市（例如匹兹堡）时并不会随之增加消费以适应当地水平。相反，这些人宁可花与原来的城市差不多的钱买房，尽管这会使他们和家人在狭小的房子里过着拥挤的日子，或者住得不舒服。同样，从高物价城市搬来的人也总倾向于花费和原居住城市相等的钱来买房子。换言之，从洛杉矶搬到匹兹堡的人一般不会降低他们的消费来俯就宾州的物价水平：他们的消费水平与在洛杉矶时差不多。

我们似乎习惯于某一特定的房价水平而不愿改变。实际上，跳出这一局限的唯一方法就是到新地方先租房住上一年左右。那样，在我们适应了新环境之后，就能按照当地的市场水平去买房子了。

我们会把自己锚定在初次价格上，但是我们是否能从一个锚定价格跳向另一个（也可称之为"突变"），不断改变我们的出价意愿呢？还是说，我们遇到的第一个锚能长期存在，并且影响我们许多的决定呢？为解决这一问题，我们决定做另外一个实验——在这一实验里，我们试图把参与者从原来的锚引诱开来，转向新的锚。

实验

为了进行这一实验,我们招募了一些大学生、研究生,还有一些正在我们校园里招聘新员工的投资银行从业者(我不能肯定这些银行从业者是否了解自己在实验中要经历什么,不过就算我们的声音不讨人喜欢,也不会像谈论投资银行业务那么使人厌烦)。实验一开始,我们就给他们播放了三种不同的录音,每放完一种就问,如果我们出钱让他们再听一遍是否愿意(这是在设置价格锚)。第一种是长30秒3 000赫兹的一段高音,好像人的大声叫喊。第二种是长30秒全波频的一段噪声(又叫白噪声),就像电视机收不到信号时发出的声音。第三种是长30秒的高、低波频交替的震荡声音。

我们使用招人讨厌的噪声是因为它们在市场上无处购买(这样参与者就无法用市场价格衡量这些声音的价值)。我们使用这些噪声还由于没有人喜欢听(如果使用古典音乐,有的人会比其他人更喜欢)。这几种声音是我亲自选的,我从数百种声音中挑选出这三种,因为据我判断,它们同样非常难听。

我们把参与者带到语音实验室,让他们面向电脑屏幕,戴好耳机。

室内安静下来,第一组人面前出现这样的字幕:"你们很快就会在耳机中听到一段令人不快的录音。我们想了解你们对它的讨厌程度。放完以后,我们会马上问,假定让你们再听一遍,我们付你10美分,你们是否愿意。"第二组看到的是同样的字幕,但出价从10美分增加到了90美分。

锚定的价格能起重要作用吗?为了弄清这个问题,我们开始播放——这一次是刺耳的 30 秒 3 000 赫兹的噪声。有的参与者皱起眉头,其余的则转动着眼睛。

这段刺耳的录音放完了,每个参与者都需要面对那个锚定问题,对假设做出选择。参与者会像我们所假定的那样,再听一遍来换取现金报酬(第一组是 10 美分,第二组是 90 美分)吗?回答完这个锚定问题后,电脑屏幕上出现了一行字幕,要求他们在电脑触摸屏上写明,如果让他们再听一遍,他们最低限度想要多少钱?(这一次是真的而非假设,这样可以确定他们是否真的想再听这段录音来换取报酬。)①

很快,参与者输入了各自的价格,他们也知道了最终结果。出价较低的参与者"赢得"了录音,获得了(不愉快的)机会再听一遍,并领到他们的酬金。这一节实验中出价太高的那些参与者没有得到再听的机会,也没有得到报酬。

这一切是为什么呢?我们是想确定我们给出的第一个价格(10 美分和 90 美分)能否成为锚,事实上,它确实成了锚。经受同样刺耳的折磨,第一次以 10 美分重听录音的那些人实际的出价(平均 33 美分)比那些被给出 90 美分的人的出价低很多,第二组的人要求的价格是第一组的两倍(平均 73 美分)多。你们现在看到第一个价格所起的作用了吗?

不过,这仅仅是我们探索的开始。我们还想了解锚在未来决定

---

① 为保证我们从愿意听噪声的参与者那里得到的确实是最低出价,我们应用了"贝克—德格鲁特—马尔沙克规则"。这一规则类似拍卖规则,每个参与者对电脑任意给出的价格做出回应。

中的作用到底有多大。假设，我们给参与者一个机会，让他们丢掉一个锚，转向另外一个，他们会这样做吗？回到幼鹅的问题上，它们会跟随原有的印记游过池塘，半途中把忠诚一下子转到另一只母鹅身上吗？在幼鹅问题上，我想你们应该知道，它们仍然会紧随原来的妈妈。但是人类会怎样？实验的下两个阶段将给我们答案。

实验

实验的第二阶段，我们分别从原来的10美分组和90美分组找出参与者，让他们听30秒嘶嘶的噪声录音。"假定给你50美分，你愿意再听一遍吗？"录音放完后我们问。他们从电脑键盘上输入"是"或者"否"。

"好吧，给多少钱你愿意再听一遍？"我们问。参与者输入了他们能接受的最低价格；电脑立即做了处理。然后，根据他们的出价，一部分参与者又听了一遍，并领到了报酬，其余的则没有。我们对价格做了对比，10美分组的出价要比90美分组的低很多。这说明，尽管把两组人同样放到我们新提出的50美分面前，用新锚来吸引他们做回答（"假定给你50美分，你愿意再听一遍吗"），在这一噪声类别中的第一个锚（对有的人来说是10美分，对有的人来说则是90美分）仍然占主导地位。

为什么？我认为10美分组的参与者大概是这样想的："这次的噪声和上次的差不了多少，既然我对上次听的那一段噪声出价很低。那么我估计，这一次出同样的价格，我也能够忍受。"90美分组的人遵循的是同样的逻辑，但由于他们的出发点不同，所以结果也不同。他们是这样想的,"既然我对上次听的那一段可厌的噪声出价较高,这次的噪声和上次的也差不了很多;既然我上一次出了高价,那么让我忍受这段噪声,我需要出同样的价格。"确实,第一个锚的效应仍然在起作用——这表明锚具有持续效应,对当前的价格是这样,对将来的价格也是如此。

实验

实验还有一个阶段。这一次我们让参与者听那段 30 秒高、低频交替的震荡声音。我们问 10 美分组:"假定给 90 美分,你们愿意再听一遍吗?"然后我们又问 90 美分那一组:"如果给 10 美分,你们愿意再听一遍吗?"我们迅速互换了新的锚,要看看到底哪一个作用更大,是最初的锚,还是现在的锚。

又一次,参与者键入了"是"或者"否"。然后我们让他们出价:"让你再听一遍,你想要多少钱?"现在他们的经历中有了三个锚:实验中遇到的第一个 10 美分或 90 美分;第二个 50 美分;还有第三个,即最后的一个 90 美分或 10 美分。其中哪一个对他们重听这段录音所要求的价格影响最大?

参与者的大脑好像又一次对他们说:"既然我对第一次重听出价 x 美分,第二次也是 x 美分,那么我这一次出 x 美分肯定也能行!"他们也正是这么做的。那些第一次出价 10 美分锚定的人接受了较低的价格,尽管后来给了他们 90 美分的替代锚。尽管有后面的锚,但那些第一次被出价 90 美分锚定了的人仍然会坚持高得多的价格。

我们展示的是什么呢？我们的初次决定对随后相当长一段时间里的决定会产生共振效应。第一印象非常重要，不论是回忆起我们买的第一台DVD（数字通用光盘）机的价格比现在这类机器的价格贵得多（想到这一点，现在的这台就好像白送一样），还是回想起汽油曾经只要每加仑[①]1美元，都让人感到如今就像是在割自己的肉一样。在这所有的案例里，过去我们遇到的任意的锚在形成初次决定之后仍会长久存在，伴随我们左右。

"羊群效应"与星巴克咖啡

既然我们知道了自己的行为和幼鹅一样，那么重要的就是弄清我们将最初决定转化为长期习惯的过程。为了说明这一过程，我们考虑一下这个例子。你走过一家餐馆，看到有两个人在那里排队等候。"这家餐馆一定不错。"你想，"人们在排队呢。"于是你也在后面排上了。又过来一个人，他看到三个人在排队就想，"这家餐馆一定很棒"，于是也加入队列之中。又来了一些人，他们也是如此。我们把这种行为叫作"羊群效应"。基于其他人的行为来推断某事物的好坏，以决定我们是否仿效，这就是"羊群效应"。

但还有另一种羊群效应，我们把它称为"自我羊群效应"。这发生在我们基于自己先前的行为而推想某事物好或不好之时。"自我羊群效应"主要是说，如果我们在餐馆排队，有了第一次的体验以后，我们会在自己后面排起队来。这样说有道理吗？听我来解释。

[①] 1加仑（美）≈3.79升。——编者注

回想一下你第一次进星巴克,那可能是几年前的事了。那天下午,你出去办事,觉得困倦,想喝点儿东西提提神。你透过星巴克的窗子朝里看了一眼,走了进去。咖啡的价格吓了你一跳——几年来你一直喝的是邓肯甜甜圈店的煮咖啡。不过既然来了,你就感到好奇:这种价格的咖啡到底是什么味道?于是,你做出让自己都感到吃惊的举动:点了一小杯咖啡,享受了它的味道和带给你的感受后,信步走了出来。

下一周你又经过星巴克,你会再进去吗?理想的决定过程应该是比较两个店咖啡的质量(星巴克对比邓肯甜甜圈店)、价格,当然还有再往前走几个街区到邓肯甜甜圈店的成本。也许这种计算过于复杂——于是你采用了一种简单的方式:"我已经去过星巴克,我喜欢那里的咖啡,也挺开心,我到那里去一定是对的。"于是,你又走进去点了一小杯咖啡。

这样做,实际上你已经排到第二了,排到了你自己的后面。几天以后,你再走进星巴克,这一次,你清楚地记得你前面的决定,又照此办理——好了,你现在排第三了,又排到第二个自己的后面。一周一周过去,你一次又一次走进星巴克,一次比一次更强烈地感觉到,你这样做是因为自己喜欢。于是到星巴克喝咖啡成了你的习惯。

故事到这里还没有结束。既然你已经习惯了到星巴克喝咖啡,你无意中抬高了自己的消费水平,其他的变化就简单了。或许你会从 2 美元 20 美分的小杯换成 3 美元 50 美分的中杯,再到 4 美元 15 美分的大杯。即使你根本弄不清楚自己是如何进入这一价格等级的,多付点儿钱换大杯咖啡似乎也符合逻辑。星巴克的其他一系列横向排列的品种也是如此,比如美式咖啡、密斯朵牛奶咖啡、焦糖玛奇朵、星冰乐等。

第二章 供求关系的失衡：为什么珍珠无价？

如果停下来仔细想想这件事，你可能搞不清楚到底是应该把钱花在星巴克的咖啡上，还是应该到邓肯甜甜圈店去喝便宜点儿的咖啡，又或者是在办公室喝免费的。但你已经不再考虑它们之间的对比关系了，因为你之前已经这样对比过多次了，此时你自然而然地认为去星巴克花钱正合你意。你已经加入了自我羊群，你排到了自己以前的体验之后，你已经加入"羊群"了。

但是，这个故事里还有某种奇怪的东西。如果说锚是基于我们的最初决定，那星巴克到底是怎样成为你最初的决定的呢？换言之，如果我们从前被锚定在邓肯甜甜圈店，我们是如何把锚转移到星巴克的呢？真正有意思的也就在这里。

霍华德·舒尔茨在创建星巴克时，是个与萨尔瓦多·阿萨尔有同样直觉的生意人。他尽一切努力独树一帜，使星巴克与其他咖啡店不同——不是从价格上，而是从品位上。从这一点上看，他一开始对星巴克的设计就给人一种大陆咖啡屋的印象。

早期的店铺里散发着烤咖啡豆的香味（咖啡豆的质量要优于邓肯甜甜圈店的），它们销售别致的法式咖啡压榨机。橱窗里摆放着各式诱人的点心——杏仁牛角面包、意大利式饼干、红桑子蛋奶酥皮糕等。邓肯甜甜圈店有小杯、中杯、大杯咖啡，而星巴克提供小杯、中杯、大杯和特大杯，还有各种名称高贵华丽的饮料，如美式咖啡、密斯朵牛奶咖啡、焦糖玛奇朵、星冰乐等。换言之，星巴克不遗余力地打造这一切，来营造一种与众不同的体验——这种不同是如此之大，甚至让我们不再用邓肯甜甜圈店的价格作为锚来定位，与此相反，我们会敞开心扉接受星巴克为我们准备的新锚。星巴克的成功在很大程度上取决于此。

"任意的一致"与消费习惯

我和德拉赞、乔治对"任意的一致"这个实验感到兴奋。于是，我们决定把构想再推进一步。这一次，我们转换了探索的方向。

你们还记得《汤姆·索亚历险记》里那个有名的片段吗——汤姆把粉刷波莉阿姨的篱笆变成一种特权活动来吸引他的小伙伴？我知道你们肯定记得，汤姆津津有味地粉刷，装作非常喜欢干这活儿。"你们把这也叫作干活儿吗？"他对朋友们说，"哪个孩子能有机会天天刷篱笆？"在这一"信息"的武装下，孩子们发现了粉刷篱笆的乐趣。不久，汤姆的朋友们不但需要拿东西来交换这一特权，还从活动中得到了真正的乐趣——要是有双赢结果的话，这就算一个吧。

从我们看来，汤姆把负面体验转变成了正面的——把粉刷篱笆的性质由受惩罚做工变成人们需要付出代价来参与的一种娱乐。我们也能做得到吗？好吧，那就试一下。

实验

一天，学生们感到惊奇，因为我拿了本诗集，并用沃尔特·惠特曼《草叶集》里《不管你是谁——现在握紧我的人》中的几行诗作为管理心理学讲座的开场白：

不管你是谁——现在握紧我的人，
舍此一事其他一切都毫无用处，
在你进一步试探我之前，
我坦白相告，
我与你想象的不同，毫厘千里。

第二章 供求关系的失衡：为什么珍珠无价？

何人将跟我同去？

哪个会献出热忱，任我挑选，眷顾？

前程不定，结果难知，生死未卜，

你必须放弃他人，只有我一人，或许是你的独一无二的准则。

纵然如此，你的见习期也将漫长而令你筋疲力尽，

你过去一切生活理念和你熟悉适应的周围一切，

必须抛弃。

因此先把我放开，不要再自寻烦恼，

让你的手离开我的双肩，

放下我，

动身赶你的路程。

合上书，我告诉学生们我要在星期五晚上举办一个诗歌朗诵会，朗诵三首沃尔特·惠特曼《草叶集》里的诗，短、中、长各一首。由于会场的空间有限，我对他们说，我决定拍卖门票。我分发了表格让他们出价买门票，在出价之前，我要问他们一个问题。

我要求一半学生写下，他们是否愿意付 10 美元听我 10 分钟的朗诵。又问另外一半学生，是否愿意收我 10 美元听我 10 分钟的朗诵。

这当然就是锚了。然后，我请学生们为我的朗诵会门票出价。你觉得最初的锚会影响他们随之而来的出价吗？

在得到答案之前，你们首先要考虑两件事。第一，我朗诵诗歌的水平算不上一流，因此让学生们付 10 美元听我朗诵 10 分钟相当于服一年刑。第二，尽管我问过学生们是否愿意付钱买票参加我的朗诵会，但他

们并非必须出钱。事实上，他们还可以反客为主，要求我付钱给他们。

现在我来宣布结果。被要求回答是否愿意付钱听我朗诵的那些学生果然愿意出价。他们的平均出价是：付我一美元左右听短诗朗诵，两美元左右听中等长度的，三美元左右听长篇的。不过，那些被锚定我付钱请他们听朗诵（而不是付钱给我）的人又怎样呢？正如你们所预料的那样，他们果然向我开出了听我朗诵的价格：平均下来，他们要求收取1.3美元来听我的短诗朗诵，2.7美元听中等长度的，4.8美元来忍受长篇（好坏姑且不论，除了学术研究，我还可能靠朗诵谋生呢）。

与汤姆·索亚非常相似，我能够把一桩两可的体验（如果你们真的听过我的诗歌朗诵，就会明白这种体验是多么的两可）任意地转换成令人愉悦或者痛苦的体验。两组学生都不了解我的诗歌朗诵水平是否值得他们付钱来听，或者我付的钱是否值得让他们忍受这一体验（他们都不知道它能令人愉悦还是令人痛苦）。可是第一印象一旦形成（他们出钱听还是我付钱请他们听），模具就已铸成，锚也已经设定。不但如此，一旦做出首次决定，以后的决定就会遵循一种似乎合乎逻辑、前后一致的方式。学生们不知道听我朗诵诗歌这一体验是好还是不好，但不管他们的第一决定是什么，他们都把它作为锚定值，依据它来做随后的决定，并为三种长度的诗歌朗诵提供一种一致的回答模式。

当然，马克·吐温得出过同样的结论："如果汤姆是一个聪明的哲人，如同那本书的作者一样，他此时就能悟出这个道理：'工作'是一个人被迫做的事情，而'玩耍'则不是他非做不可的事情。"马克·吐温进而观察到，"英国一些阔绰的绅士夏季每天都要驾着四套马车沿大路跑上二三十英里①,这样做会花掉不少钱;可如果付钱雇他们驾车载客,将消遣变成工作,他们是不会愿意干的。"②

这些想法会把我们带到哪里去呢?首先,它们说明了我们所做的许多决定,不论是不经意的还是经过深思熟虑的,锚都在其中起作用:我们决定不买麦当劳巨无霸、抽烟、闯红灯、到巴塔哥尼亚度假、听柴可夫斯基的音乐、辛苦地准备博士论文、结婚、生孩子、住郊区、投共和党的票,诸如此类。根据经济学理论,我们做出上面的决定是基于自己的基本价值判断——喜欢或不喜欢。

其次,我们能从这些实验中获得哪些对一般生活有益的教训呢?我们自己仔细雕琢出的生活难道在很大程度上可能只是"任意的一致"的产物吗?我们在过去的某一时间做出了任意决定(如同幼鹅把洛伦茨当成它们的父母),并且把我们以后的生活建立在这一基础上,我们想当然地认为最初的决定是明智的且一直遵守,有这种可能吗?我们难道就是这样选择职业、配偶,决定穿什么衣服、做什么发型的吗?归根结底,这些决定都是明智的吗?或者它们中有一部分只是我们追随最初印记的一时冲动?

笛卡儿说过:"我思,故我在。"但如果我们只是自己最初无知的任意行为的集合物,又会怎么样?

这些问题确实难以解答,但从个人生活来说,我们有能力积极改进自己的非理性行为。我们可以从认识自己的脆弱开始。比如你打算买一个超薄手机(带 300 万像素、8 倍变焦的数码摄像头),或者每天

---

① 1 英里≈1.61 千米。——编者注

② 我们在下文中还要重提这一敏锐的观察。

买一杯 4 美元的极品咖啡。你可以首先从质疑这种习惯开始。它是怎么开始的？同时，问一下自己，你能从中获取多大的快感。这一快感真的就如同你预期的那么大？你能不能把预算压低一点儿，更好地把省下的钱用在别处？事实上，你做一切事情都应该进行自我训练，质疑自己一再重复的行为。在手机的问题上，你能否从超薄型后退一步，减少点儿花费，把一部分钱用在别的地方？说到咖啡——不要问今天你想喝哪种极品混合咖啡，自问一下，你真的应该养成动辄来杯高价咖啡的习惯吗？①

我们还应该特别关注我们所做的首次决定，它在日后能形成一长串的其他决定（关于衣服、食品等）。它从表面上看只是个一次性的决定，对未来不会有多大影响；但是事实上，首次决定的威力可能非常巨大，它的长期效应会渗透到未来我们所做的很多决定里。考虑到这一效应，首次决定至关重要，我们必须给予足够的重视。

苏格拉底说，不经审视的生活不值得过。或许现在到了清点一下我们生活中的印记和锚的时候了。即使它们在某一时间是完全合理的，但现在，它们仍然合理吗？一旦对旧的选择做了重新考虑，我们就会向新的决定、新的一天、新的机会敞开大门。这似乎是有道理的。

锚和幼鹅的这一切，比消费者偏好的内涵更加深远。传统经济学假定产品的市场价格取决于两股力量的平衡：每一个单位价格的产量（供给）和每一个单位价格的购买欲望（需求）。这两种力量交汇点的价格决定了市场价格。

---

① 我并不是断言每天花钱享用一杯甚至几杯美妙的咖啡就一定不好——我只是说，应该对自己的决定问个为什么。

这是一种无比美妙的信念，但它的核心是建立在一个假设之上，即上述两股力量是各自独立的，并且共同形成市场价格。本章里的实验结果（以及"任意的一致"这个概念本身）对此提出了挑战。首先，根据传统的经济学架构，消费者的购买意愿（需求）是决定市场价格的两大要素之一。但是，如我们的实验所证明的：消费者的购买意愿可以很容易地被操控，也就是说，消费者实际上并不能很好地把握自己的偏好，以及他们愿意为不同商品和体验付出的价格。

其次，一方面，传统的经济学架构假定供给和需求这两股力量是各自独立的；另一方面，我们上面见到的那种锚的控制作用却暗示它们事实上是互相依存的。在现实世界中，锚来自厂家的建议零售价格、广告价格、促销、产品推介等因素——所有这一切都是供方变量。因此，似乎不是消费者的购买意愿影响了市场价格，因果关系在此有些颠倒，而是市场价格本身反过来影响了消费者的购买意愿。这表明事实上，需求并不是完全独立于供给。

事情到这里还没完。在"任意的一致"的架构里，我们看到，市场供求关系（酸奶打折人们就多买）不是基于偏好而是基于记忆！下面是对这一概念的说明。想想你现在对牛奶和酒类的消费情况。假设从明天起要实行两种新税，一种使酒价降低50%，另一种使奶价提高100%。你认为会发生什么？这种价格的变化肯定会影响消费，少喝点儿奶、少摄入点儿钙，很多人不会感觉有什么不妥。再假设一下，如果伴随新税而来的是人们对从前的奶价和酒价的遗忘，那会怎样？如果两种产品的价格同样变化，你却记不起这两种产品从前的价格了，那又会怎样？

我料想，如果人们记得住从前的价格并且注意到它的涨价幅度，价格变化就会对需求产生巨大影响；如果人们记不住过去的价格，那么价格的变化对需求的影响，即使有也会很小。如果人们根本不记得牛奶和酒过去的价格，对牛奶和酒的消费就会保持基本不变，就像它们的价格没有变一样。换言之，我们对价格变化的敏感度，实际在很大程度上可能是两种因素共同作用的结果——我们对过去价格的记忆，以及我们想与过去决定保持一致的欲望，根本不是对我们真正偏好或需求大小的体现。

自由市场与宏观调控

如果有一天政府决定加税，汽油的价格因此翻一番，上述基本原则也同样适用。按照传统经济学理论，这会削减需求。但真的会吗？当然，人们首先会把新价格与锚做对比，然后大吃一惊，有可能会减少汽油消费，甚至换一辆混合动力车。但从长远来看，一旦消费者适应了新价格，把锚做了调整（就如同我们适应耐克运动鞋、瓶装水等），我们的汽油消费，在新的价格上，就有可能恢复到加税前的水平。不仅如此，就像星巴克的例子一样，调整适应过程会随价格变化带来的其他变化而加快，例如新标号的汽油、新品种的燃油（如玉米乙醇燃油）等。

我这样说并不意味着汽油价格翻番对消费者的需求毫无影响。但是，我确实认为它对需求的长期影响比我们仅依据价格提高所预测出的短期市场反应要小得多。

"任意的一致"的另一内涵是与自由市场和自由贸易的好处有关。自由市场是指：如果你认为我手上的某样东西有更高的价值，譬如说沙发，那样的交换就对你我双方都有利。也就是说，交换行为是否互利取决于市场上的交易双方是否真正清楚所交换物品的价值。

但是，如果我们的选择经常受自己最初的锚的影响，就如我们从实验中所观察到的那样，我们的选择未必能准确反映我们从这些产品中获得的使用价值与快感。换言之，在许多情况下，我们在市场上做出的决定可能反映不了我们对不同物品能够带给我们快感的多少。这样一来，如果我们无法准确计算快感的价值，而仅仅跟在任意的锚后面走，就无法弄清交易是否能让我们受益。例如，由于某一次不幸的初次锚定，我们可能就会错误地拿真正能给自己带来很大快感的东西（但可惜，初次的锚定价较低）去交换仅能给自己带来较少快感的东西（初次的锚定价反而较高）。如果说决定我们行为的是锚以及对锚的记忆，而不是偏好，那为什么还要把交换看作个人利益（使用价值）最大化的关键呢？

因此，我们该怎么办呢？如果我们不能依赖供给和需求这两股市场力量建立理想的市场价格，也不能指望自由市场的机制来帮助我们把使用价值最大化，那我们就需要另寻出路了。对于社会基础问题，例如健康保险、水、电、教育，以及其他的重要资源，尤其如此。如果你接受市场力量和自由市场并不能完全有效地调控市场这一前提，那你就认同了这样的观点，即政府（我们希望是理性的，考虑周到的政府）必须在宏观调控方面发挥更大作用，即使这样做会限制企业的自由经营。不错，如果我们都是真正理性的，那么建立在供给、需求基础上，而且没有摩擦的市场就是再理想不过的了。但是，如果我们不是理性的，那么，制定各种政策时就必须考虑这一重要因素了。

Predictably
Irrational

第三章

免费的代价：
为什么赠品反而让我们花费更多？

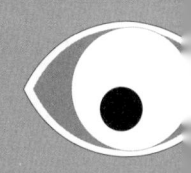

"零"的历史与传奇

你有没有伸手去拿优惠券,再拿着它去领一袋免费咖啡豆——尽管你不喝咖啡,家里也根本没有研磨机和咖啡机?你有没有在自助餐厅里一个劲儿地往自己盘子里放食物,尽管你已经吃到撑,直打饱嗝了?还有,你家里有没有毫无价值的免费物品——广播电台的促销T恤衫,情人节收到的巧克力中附赠的泰迪熊,还有保险代理每年送的带磁铁的小日历?

免费的东西让人感觉好,这不是什么秘密。原来"零"不仅仅是一种特别的价格表示法,它还能唤起热烈的情绪——成为一个非理性兴奋的来源。如果某商品从50美分打折到20美分,你会买吗?有可能。如果从50美分促销为免费呢,你会不会争着伸手去拿?肯定会!

零成本竟然如此不可抗拒,这是怎么回事呢?为什么免费使我们如此高兴?说到底,免费有可能给我们带来麻烦:我们原来压根儿不想买的东西一旦免费了,就会变得难以置信地吸引人。例如,你有没有在开完会以后,把铅笔、钥匙链、记事本等都收拾起来带回家,尽管这些东西你以后用不到,多半要扔掉?你有没有排在长长的队伍里

（可真是够长的了），等啊等啊，只是为了一份免费的甜筒冰激凌？商店"买二送一"，你有没有为了那个"送一"而买下那两个你根本就不需要的东西？

零的历史源远流长。古巴比伦人发明了"零"的概念，古希腊人用高深的术语为它进行过辩论（某物焉可为无物），古印度学者平噶拉把它与1相配得到了两位数，古玛雅人和古罗马人都把零作为数字系统的一部分。但是，零的地位得到确认却是在公元498年：有一天，印度天文学家阿里亚哈塔从床上坐起来叫道："Sthanam sthanam dasa gunam"（大约可以翻译成："一位到另一位数值差10倍"），由此产生了"十进制"概念。现在，零得到进一步延伸：它传播到阿拉伯世界，在那里兴旺起来；越过伊比利亚半岛到了欧洲（多亏了西班牙摩尔人）；在意大利惹了点儿烦恼；最后漂洋过海来到新大陆，在美国一个叫作硅谷的地方，得到了充分的利用（与数字1组合）。

关于零的历史就简单地回顾到这里。然而在货币领域里，人们对零的意义还知之甚少，我甚至认为它还没有形成真正的历史。尽管如此，零价格（也就是免费）有无限广阔的用途，它不仅可以用作价格折扣和促销手段，还可以帮助我们做出决策，为我们自身和社会造福。

免费的诱惑不可抵挡

假如免费是病毒或者次原子微粒，我可以把它放到电子显微镜的镜头下面，加入不同的化合物使它显出本性，或者通过切片显示内部结构，来细加观察。但是在行为经济学中，我们用的是另一种不同的方法——它能把人类行为放慢,让我们把事件展开,分成不同的画面逐个观察。可能你们已经猜到了,这种方法就叫"实验"。

实验

在一次实验中,我和克利斯蒂娜·沙姆巴尼耶(麻省理工学院博士生),还有妮娜·马萨尔(多伦多大学教授)改行卖起了巧克力——偶尔为之吧。我们在校内一处公共建筑旁摆了张桌子,卖两种巧克力——瑞士莲松露牛奶巧克力球和"好时之吻"巧克力。桌子上方有一块很大的招牌,上面写着:"巧克力每人限购一块。"想买的人只要一走近就能看到这两种巧克力及其标价。①

你们当中有人可能对巧克力了解不多,那就让我来告诉你们,瑞士莲是一家瑞士公司,加工高级可可豆已经有160多年历史了。它生产的松露牛奶巧克力球尤其受到青睐——做工精致而且富含奶油,令人难以抗拒。价钱呢,我们批量购买是50美分一个。另一种为"好时之吻",也是一种不错的小块巧克力,但说实话,档次比较普通:好时公司一天的产量是8 000万块。"好时之吻"随处可见,公司总部所在地——宾夕法尼亚的好时镇,连街灯都被制成了它的形状。

我们的桌子周围一下子挤满了"顾客"。接下去怎么样了呢?我们把瑞士莲松露牛奶巧克力球的价格定为每个15美分,"好时之吻"的定价为每块一美分,毫不奇怪,这时我们的顾客的行为是相当理性的:他们把瑞士莲松露牛奶巧克力球的质量和价

---

① 我们故意把价格写得较小,人们得走近了才能看清。这样做是为了吸引真正想买巧克力的人——避免出现所谓"自我选择"的状况。

格与"好时之吻"的做了仔细比较,然后做出选择。大约73%的人选择了瑞士莲松露牛奶巧克力球,27%的人选择了"好时之吻"。

下面我们想知道,如果免费,这一情形将会有什么变化。于是,我们把瑞士莲松露牛奶巧克力球的定价改为每个14美分,"好时之吻"免费。情况会有所不同吗?每种巧克力仅仅降了一美分。

但是,你们还是看看免费的作用吧!不起眼的"好时之吻"成了新宠。其实现在14美分的瑞士莲松露牛奶巧克力球仍然绝对是物超所值,但我们的顾客中有大约69%,却放弃了这个机会,选择了免费的"好时之吻"(刚才是27%)。同时,瑞士莲松露牛奶巧克力球的销量跌了下来,买它的顾客从73%降到了31%。

这到底是怎么回事呢?首先我要说,拿免费的东西,在很多情况下并没有错。例如你在百货商场看到一箱免费运动袜,你能拿多少就拿多少,不会有什么坏处。免费最大的问题在于,它引诱你在它和另一件商品之间挣扎——并引导我们做出不明智的决定。举一个例子,假如你想去运动用品店买一双白袜子,就是后跟有结实的夹层,前面镶金线的那种。一刻钟以后,你从店里出来,手里拿的却不是你想买的那种袜子,而是另一双你一点儿也不喜欢的便宜货(后跟没有夹层,前面也没镶金线),但是它附赠一双免费袜子。在这个例子里,你放弃了更好的选择,买回了你原先不想要的东西,这完全是免费的诱惑!

我们把这一经过放到实验里重演一遍,我们告诉顾客只能二选一——"好时之吻"或者瑞士莲松露牛奶巧克力球。这是个非此即彼的决定，就像我们必须在两种运动袜之间挑选一种一样。这也就是"好时之吻"刚一免费，顾客们的反应就发生了明显变化的原因。两种巧克力的降价幅度相同，两者之间的相对价格差别没有变化——所引起的快感度的差别也没有变化。

根据传统经济学理论（单纯的成本—收益分析法），上述降价应该不会引起顾客行为的任何变化。在降价之前，有大约27%的人选择"好时之吻"，73%的人选择瑞士莲松露牛奶巧克力球。降价以后，两种巧克力之间的相对关系没有任何变化，因此，人们对新价格的反应也应该保持相对不变。如果有一位经济学家路过，面对此情此景，按照他仍然恪守的传统经济学理论，他会认为既然这一事件中所有的相对条件都没有变化，那么我们的顾客就会按照同样的偏好幅度继续选择瑞士莲松露牛奶巧克力球。[①]

但我们实际见到的是，人们涌向我们的桌子，争抢着"好时之吻"。他们并不是先根据成本—收益做了理智的决定再往里挤，而仅仅是因为"好时之吻"是免费的！我们人类的行为是多么（可预测）奇怪啊！

其他实验也不约而同地得出这一结论。在另一个实验中，我们把"好时之吻"分别定价为2美分、1美分和0美分，同时瑞士莲松露牛奶巧克力球的定价相应为27美分、26美分和25美分。我们这样做是为了观测，如果把"好时之吻"的价格从2美分降到1美分，同时把瑞士莲松露牛奶巧克力球从27美分降到26美分，会不会使两者的购买人数比例发生变化。结果是，没有变化。但当我们进一步把"好时

---

① 有关理性消费者在此情况下如何做决定的详细描述，请参阅附录中有关本章的部分。

之吻"变成免费时,人们的反应突然变了,索要"好时之吻"的顾客占压倒性多数。

我们认为实验可能还有缺陷,这个结果可能是因为购买者怕麻烦,不想费事从钱包或裤子口袋里掏零钱,也可能是因为他们走在校园里身上没带钱造成的。这些因素可能人为地使免费巧克力显得更吸引人。为了排除这两种可能,我们在麻省理工学院的一个餐厅里做了另一个实验。在那里,我们把巧克力摆到收款台旁边,就像餐厅里一般的促销活动,对巧克力感兴趣的学生可以把它放到午餐盘子里,走过收款台时一起付钱。结果又怎样呢?选择免费巧克力的仍然占了压倒性多数。

我们为什么疯抢根本不需要的东西?

免费到底为什么如此诱人?为什么我们有一种非理性的冲动,见到免费的东西就想伸手拿,即使这些东西我们并不真的需要?

我认为答案是这样的:多数交易都有有利的一面和不利的一面,但免费使我们忘记了不利的一面。免费给我们造成一种情绪冲动,让我们误认为免费的物品的价值大大高于它的事实价值。为什么?我认为这是由于人类本能地惧怕损失。免费的真正诱惑力是与这种惧怕心理联系在一起的。我们选择某一免费的物品不会有显而易见的损失,但是假如我们选择的物品是不免费的,那就会有风险,可能做出错误决定,可能蒙受损失。于是,如果让我们选择,我们就会尽量朝免费的方向去找。

因此,在确定价格的过程中,零就不单单是一个价格了。不错,10美分可能对需求产生巨大的影响(假如你正在卖的石油有数以百万桶之多），但是，免费引起的情绪冲动却是不可战胜的。零造成的价格效应非常特别，这是其他数字无法比拟的。

一点儿也不错，"不花钱买东西"，这句话有点儿自相矛盾。但是我来举一个例子，你就会看到我们是怎样常常落入这一圈套，买一些我们并不想要的东西的，仅仅是因为有了这个难对付的玩意儿——免费。

我最近在报纸上看到一家规模较大的电子产品公司的广告说，只要买一台这家公司新推出的高分辨率DVD机，就可以免费得到7张DVD。我们思考一下：第一，我真的需要高分辨率DVD机吗？可能不需要，因为现在以高分辨率录制的DVD不多。即使要买的话，等价格降了再买不是更明智吗？这些产品都会降价——今天600美元的高分辨率DVD机明天也许就卖200美元了。第二，电子产品公司的报价背后隐藏着一张清楚的时间表。它的高分辨率技术系统正在受到蓝光技术系统的无情竞争，而蓝光技术得到了其他许多厂家的支持。当时，蓝光已经领先，并且逐步主导市场。因此，如果卖给你的机器是正要被淘汰的产品（就如Betamax VCRs录放机），免费又值多少钱？这两种想法，都是理性的，能防止我们被免费的魔咒迷住。不过，这些免费的DVD看上去可真让人心里发痒啊！

买书免运费与免费换机油

当我们谈论价格时，免费当然吸引人。但是，如果给出的不是免费价格，而是免费交换，那将会怎样呢？免费交换是否同样会对我们产生影响呢？几年前的万圣节前夕，我想出了个主意通过实验来探索这一问题。这一次，秀才不出门，答案送到家。

实验

离天黑还早,乔伊,一个9岁的孩子,身穿蜘蛛侠外衣,头戴面罩,外加黑色尖顶帽,身背大黄包,登上楼梯,来到我家走廊的门口。他的母亲远远地跟着他,以防有人在给她儿子的苹果里放刀片(不过,万圣节期间还从来没有发生过苹果里藏刀片的案例,那不过是个讹传而已)。此时,她站在对面的人行道上,让乔伊感觉是他自己在玩"不招待就使坏"(Trick or treat)的把戏。

打过传统的"不招待就使坏"的招呼以后,我让乔伊张开右手。我在他手掌上放了三块"好时之吻"巧克力,让他拿住停一会儿。"你还可以在这两块夹心士力架中挑一块。"我一边说,一边拿出一大一小两块夹心士力架,"这样吧,如果你给我一块'好时之吻',我就把这块小的给你。你要是给我两块,我就给你这块大的。"

这个孩子虽然可以打扮成蜘蛛侠,但他的智力可不会和蜘蛛一样低。小块士力架是一盎司的,大的是两盎司。乔伊只要多给我一块"好时之吻"(重约0.16盎司)就能多换回一盎司的士力架。这笔交易可能难倒一个火箭科学家,但对一个9岁的小男孩来说却很容易:如果他选择那块大士力架,他就能换回6倍以上的投资回报(就巧克力的净重来看)。一眨眼的工夫,乔伊就把两块"好时之吻"放在了我的手里,拿起那块两盎司的大士力架,丢到了他的包里。

轻而易举做出这样决定的不只是乔伊。来过的孩子中除了一个,其他都选择用两块"好时之吻"交换那块大士力架。

下一个沿街走来的是佐伊。她打扮成公主,白色长裙,一手拿着魔杖,一手提着橘黄色的万圣节南瓜灯。她的小妹妹很舒服地蜷缩在父亲的怀里，身穿一身小兔装，既漂亮又招人喜欢。他们走到近前，佐伊用她那尖细可爱的嗓音喊道："不招待就使坏！"你们也许不知道，我有的时候也会故意扮鬼脸，面目狰狞地回答说："使坏吧！"多数孩子都会吃惊地站住，他们从来没有想到除了"招待"，还会有另外一种回答方式。

这一次，我招待了佐伊——三块"好时之吻"巧克力。不过，还有个小把戏在等着她呢。我和小佐伊谈了一笔交易：拿一块"好时之吻"换一块大士力架；或者免费拿一块小士力架，而不需要用她的"好时之吻"来换。

这时，如果进行一点儿理性的计算（这在乔伊的案例中已得到充分证明），就应该看出最好的选择应该是放弃免费的小士力架，付出一块"好时之吻"，换取那个大士力架。与用一盎司换一盎司的巧克力相比，多放弃一块"好时之吻"换回那块大士力架（两盎司）要远远胜过那块小士力架（一盎司）。这一逻辑对乔伊和其他面临同样问题的孩子而言，都是非常清楚的。但是，佐伊会怎么样呢？她那聪明的小脑袋能够做出理性的选择，还是会被免费的小士力架这一现实蒙蔽，无法得出理性的正确答案？

你们现在可能已经猜到了。佐伊以及其他面临同样条件的孩子，都让免费完全蒙住了双眼。大约70%的孩子都放弃了更好的交易，仅仅由于免费就做了较差的选择。

万一你们认为我和克利斯蒂娜、妮娜三人专门跟小孩子过不去，偏偏拿他们做实验的话，那我会告诉你们，大人也不例外，事实上，在麻省理工学院的学生活动中心，我们在大学生中也反复做过该实验。实验结果就像是前面万圣节模式的翻版。的确,零成本的吸引力不仅仅局限于现金交易。不管是物物交换还是现金交易,免费就像地心引力一样,实在让我们难以抗拒。

那么,你认为自己有能力抗拒免费的影响吗?

好吧,我来出一道智力测验题。假如我给你们两个选择,每人只能选一个,一个是一张 10 美元的亚马逊网络书店的礼品券——免费,另一个是一张 20 美元的礼品券——你要付 7 美元。想一下马上回答。你选择哪一个?

如果你一下子就选那张免费礼品券,那你就和我们在波士顿购物中心所测试的大多数人一样。回头再想一下:20 美元的礼品券花 7 美元,你的净得是 13 美元。这肯定比免费的 10 美元礼品券(净得 10 美元)要多。你能看清楚现实中的非理性行为吗?①

我讲个故事,来说明免费对我们行为的真正影响。几年前,亚马逊网络书店推出购书超过一定金额就免运费的促销手段。例如,某人仅买一本 16.95 美元的书可能要加付 3.95 美元的运费。但他如果再买一本,总金额超过 30 美元的话,就可以获得免运费的权利。

有些购书者原来可能并没有购买另外一本书的打算(我在这里说的是自己的亲身体验),但免运费实在非常诱人,因此他们情愿花钱再买一本书来换取免运费的待遇。亚马逊网络书店的人对此很满意,但是他们发现有一个地方,法国的销售没有增加。法国的顾客真的比我们这些人更理性吗?不可能。相反,真正的原因是,亚马逊网络书店法国分店采取了另一种方式,因而顾客的反应也不同。

---

① 我们还做过另外一个实验,10 美元的礼品券收 1 美元,20 美元的礼品券收 2 美元。这一次,多数参与者都抢着要 20 美元的礼品券。

第三章 免费的代价:为什么赠品反而让我们花费更多?

事情是这样的:亚马逊网络书店的法国分店实行的不是购书超过一定金额免运费,而是只收一法郎运费的办法,仅仅是一法郎——大约20美分。看上去和免费也差不多,可二者的效果就是不一样。事实上,当总部指示法国分店改变促销方式,把免运费包括进去后,法国的销售就和别的地区一样,立刻出现了大幅度增长。换言之,一法郎的运费实际上够划算了,但法国人几乎毫无反应,免运费却引起了热烈的回应。

美国在线几年前也有过类似的经历,那时它把按小时计费的服务改为按月的付费服务(缴纳19.95美元的固定月租费即可无限时上网)。根据新的价格结构,美国在线预测需求会增加5%,并按照这一预测扩大了容量。结果呢?一夜之间,上网顾客数量从140 000人次增加到236 000人次,比原来的平均在线人数翻了一番。这看起来是好事,实际上却不妙。美国在线的顾客遇到严重的线路拥堵,很快,美国在线就不得不向其他在线供应商租借线路(它们也非常乐于以雪天卖炭的高价把带宽租给美国在线)。巴博·皮特曼(美国在线当时的总裁)没料到,消费者面对"免费"这一诱惑的反应就像饿汉来到了自助餐前一样。

在两种产品之间做选择时,我们常常对免费服务反应过度。我们可能选择免费支票账户(不带其他优惠)而不选每月5美元的那种。但是如果每月5美元的账户还包含免费旅行支票、网上付费等服务,而免费账户不包含,那么,到头来我们在免费账户里使用这些服务的花费就可能要高于那个5美元账户。同样,我们可能选择免过户费的抵押房贷,但它的利率如此之高,各种名目的其他收费如此之多,简直是毫无道理;我们还可能买某个我们原本不打算买的产品,仅仅因为它有附赠礼品。

最近，我在这方面的亲身体验和一辆汽车有关。几年前我打算买辆新车，当时我也知道应该买辆厢式旅行车。事实上，我仔细读过本田厢式旅行车的资料，并对它有了全面了解。但是后来，一辆奥迪轿车吸引了我的眼球，最初是由于一个令人心动的优惠——三年内免费换机油！这么大的诱惑我怎么抗拒得了呢？

说实在的，这辆奥迪车外形酷似跑车，大红色，驾驶它让我几乎忘掉了自己是个成年人，是个要对两个孩子负责任的父亲。尽管影响我买奥迪车的理由似乎不完全是免费换机油，但是，从理性的角度来看，它对我的影响的确非常大，大到有些不合理。就因为它免费，这辆车才会格外地诱惑我，使我对它产生了依恋。

最终，我买了这辆奥迪车，外带三年内免费换机油的优惠（但是几个月后，我正在高速公路上行驶，变速器突然坏了——这另当别论）。当然，如果当时头脑清醒一些，我原本可以更理性地计算一下。我一年大约行驶7 000英里，机油是10 000英里换一次，换一次机油大约75美元。那么，三年算下来，我大约可以节省150美元，等于车价的0.5%——这不能成为决策的充分理由。后来就更糟了：现在我的奥迪车里放着各种活动玩偶、一辆折叠婴儿车、一辆小自行车，还有各种各样的儿童玩具，一直堆到了顶棚。我的天，当时真该买一辆厢式旅行车。

政府可以尝试推出免费的政策

免费同样适用于时间领域。我们花在一件事上的时间，说到底，是从另一件事上转移过来的。如果我们花上45分钟排队等候品尝免费冰激凌的味道，或者花半个小时填一张长长的表格来领取一点儿回报，那我们就没法用这些时间去干别的事。

我最喜欢讲的是我本人的一个经历，就是博物馆免费开放日。事实上，尽管多数博物馆的门票都不算贵，可我还是觉得门票免费的时候更能唤起我强烈的艺术欲望。当然，有这种欲望的不只我一个。因此，每逢这种日子，我发现博物馆里总是人满为患，队排得很长很长，展厅里人头攒动，几乎什么也看不见，而且还得在展区和自助餐厅的人群中拼命地挤来挤去。我是否能认识到在免费日去博物馆是错误的呢？当然认识到了——但我还是要去。

免费还会影响我们购买食品。食品厂家必须在包装盒的一面提供各种能量信息，例如，卡路里数值、脂肪含量、纤维含量等。零卡路里、零反式脂肪酸、零碳水化合物能像零价格一样对我们产生同等的吸引力吗？如果这一普遍规律同样适用，那么在百事可乐的标签上印上"零卡路里"就会比印有"1卡路里"的可乐卖得更多。

假设你在一家酒吧，正和朋友们愉快地聊天，其中一种牌子的啤酒是零卡路里的，另一个牌子是每瓶3卡路里的。你觉得哪一个牌子是真正的清淡啤酒？即使两种啤酒中卡路里含量的差别微不足道，零卡路里啤酒也会给你它才是正确选择，才有益于健康的感觉。喝着它，感觉真是太好了——服务员，再来一盘炸薯条！

由此说来，你可以收20美分的费用而使销售保持现状（就像亚马逊法国分店的案例一样），或者你可以用免费方案来掀起抢购狂潮。想一想这个点子的威力！免费不仅仅是一种折扣，确切地说，它和折扣完全是两回事。两美分与一美分之间的差别微不足道，但一美分与零美分之间却是如隔霄壤！

如果你在做生意时，懂得这个秘密，就可以一鸣惊人。想让顾客盈门？拿出点儿免费的东西！想增加销售？拿出一部分免费商品！

同样，我们还可以利用免费的策略推行社会政策。想让人们开电动车？不要仅仅降低上牌照和检测的费用——干脆取消这些收费，这就成了免费。同样，如果你关注健康，你注意到早期诊断是逐渐消除严重疾病的方法，想让人们不拖延耽搁，赶紧进行诸如结肠镜探测、乳房X光透视、胆固醇检测、血糖检测等检查，那么你要做的就不仅仅是降低收费（降低共同承担医疗费用计划的免赔限额），而是要把这些检查项目改成免费！

我认为大多数政策战略学家还没有认识到，免费是他们手中的一张牌，就更不要说去利用它了。目前政府正在大幅度削减预算，在这种大环境下，提出把某些东西改成免费，当然是和人们的直觉背道而驰。但是我们停下来细想一下，免费能产生很大的力量，这样做也是非常有道理的。

是什么导致结果大相径庭？

我来解释一下按照传统经济学理论的逻辑应该怎样诠释我们在本章得出的结论。如果一个人在两种巧克力之间只能选一种，他要考虑的就不是二者各自的绝对价值，而是它们的相对价值——他得到什么，放弃什么。一个理性的消费者第一步需要计算两种巧克力之间的相对净收益（预期减去成本），根据净收益值的大小来做决定。在瑞士莲松露牛奶巧克力球卖每个15美分，而"好时之吻"卖每块1美分的情况下会怎样呢？理性的消费者会首先估算他预计能从瑞士莲松露牛奶巧克力球与"好时之吻"中分别获得的快感数量（我们假定分别是 50 个和 5 个快感单位），再减去他付出 15 美分和 1 美分所引起的不快的数量（我们假定分别是 15 个和 1 个不快单位）。这样就可以算出他从瑞士莲松露牛奶巧克力球获得的预期快感总量为 35 个快感单位（50-15），从"好时之吻"获得的快感总量为 4 个快感单位（5-1）。瑞士莲松露牛奶巧克力球领先 31 分，这种选择很容易——瑞士莲松露牛奶巧克力球一举获胜。

在两种产品的价格同样降低 1 美分的情况下，又会怎样呢（每个瑞士莲松露牛奶巧克力球 14 美分，"好时之吻"则免费）？这一逻辑仍然适用。巧克力的味道没有变化，于是理性的消费者会估算快感数量分别是 50 个和 5 个快感单位，发生变化的是不快的数量。在此背景下，理性的消费者在两种巧克力上的不快数量也因它们的价格降低 1 美分（一个不快单位）而同样降低。关键就在这里：因为两种产品降价值相同，它们之间的相对差距应该没有改变。瑞士莲松露牛奶巧克力球的预计快感总量现在是 36 个快感单位（50-14），"好时之吻"的预计快感总量现在是 5 个快感单位（5-0）。瑞士莲松露牛奶巧克力球仍然领先 31 分，选择应该同样容易，瑞士莲松露牛奶巧克力球应该轻松获胜。

如果起作用的力量只是理性的成本—收益分析，人们选择的模式就应该和上面说的一样。事实上，我们实验的结果与此大相径庭，这就非常清楚地告诉我们，一定还有别的因素在起作用，免费在我们决策中的影响是独一无二的。

Predictably
Irrational

第四章

社会规范的成本:
为什么我们乐于做义工,
干活儿赚钱时反而不高兴?

你需要向你的岳母支付晚餐费用吗？

你在岳母家参加感恩节家庭宴会。看看她为你们摆出的那一大桌子丰盛的佳肴吧！火鸡烤成油亮的金黄色，火鸡里面塞的全是你最喜欢的家庭自制馅料。孩子们吃得兴高采烈，甘薯上面是厚厚的蜀葵糖浆。你的妻子也非常得意，餐后甜点是她最拿手的南瓜派。

节日庆祝一直持续到深夜。你松了松腰带，啜了一小口葡萄酒，深情地注视着坐在对面的岳母。你站起身来，掏出了钱夹。"妈，对于您在这一切中所倾注的爱，我应该付您多少钱？"你诚心诚意地问。屋子里顿时鸦雀无声，你晃了晃手中的钞票。"您觉得300美元够吗？不对，等一等！我应该付您400美元！"

即使是美国著名插画家诺曼·洛克威尔，可能也画不出这样一幅画。一杯葡萄酒被打翻了，你的岳母满脸通红地站了起来，小姨子对你怒目相向，外甥女哭了起来。明年的感恩节，十有八九，你要自己守着电视机吃冷饭冷菜了。

这是怎么回事呢？为什么你提出直接付款让参加聚会的人如此扫兴？就如同玛格丽特·克拉克、贾德森·米尔斯，还有艾伦·费斯克在很久以前所指出的那样，答案是我们同时生活在两个不同的世界里——其中一个世界由社会规范主导,另一个则由市场规范来制定法则。社会规范包括人们互相之间的友好请求。你能帮我搬一下沙发吗?你能帮我换一下轮胎吗?社会规范暗藏在我们的社会本性和共同需要里。它一般是友好的、界限不明的,不要求即时回报的。你帮邻居搬沙发,并不意味着他也必须马上过来帮你搬,就好像帮别人开门——它为你们双方都带来愉悦,并不要求立即的、对等的回报。

另一个世界,与此截然不同,为市场规范所统治。这里不存在友情,而且界限十分清楚。这里的交换是黑白分明的:工资、价格、租金、利息,以及成本和赢利。这种关系未必是邪恶与卑俗的。事实上,它同时包括了自立、创新,以及个人主义,但是它们的确意味着利益比较和即时偿付。如果你处在由市场规范统治的世界里,你必须按劳取酬——它从来就是这样的。

社会规范 vs 市场规范

如果我们让社会规范和市场规范在各自的轨道中运行,那么生活也照样可以忙忙碌碌地顺利向前。拿性生活来说吧。在社会规范的背景下,我们可以无偿得到,而且,我们希望这是温存的,并且带来情感的滋润。但是,也存在着市场化的性行为,那是按需求提供并且付钱的。我这样说有点儿过于直截了当,但是当社会规范和市场规范发生碰撞时,麻烦就来了。

再举个关于性的例子吧。一个人请某个女孩出去吃饭、看电影,他来付钱。第二次出去,他又付了钱。第三次出去,他再次抢先付了饭费和娱乐费用。两人关系进展到这一步,他期望的是当他把她送到

第四章　社会规范的成本：为什么我们乐于做义工，干活儿赚钱时反而不高兴？

家门口临别时，能有一个热吻。他的钱包里已经所剩无几了，但更糟糕的是他脑子里仍有两种想法在打架：他在拼命试图调和社会规范（追求异性）与市场规范（花钱买春）之间的矛盾。第四次约会时，他若无其事地提到自己已经为眼前的浪漫花了多少钱。这样一来，他可就犯规了！她骂他是畜生，大怒而去。他应该懂得不可以把社会规范与市场规范混淆起来，特别是在当前这种情况下，这样说无异于影射那位女士是妓女。他也应该记得伍迪·艾伦的不朽名言："免费的性是最贵的。"

几年前，我和詹姆斯·海曼（圣托马斯大学教授）决定探索社会规范和市场规范的效应。模仿上面的感恩节情景当然很妙，但考虑到它可能对参与者的家庭关系造成损害，我们选择了更普通的情况。实际上，这是我们见过的最乏味的实验了（社会科学工作者有从事乏味工作的传统）。

实验

在这个实验里，电脑屏幕左边会出现一个圆圈，右边是一个方框。参与者的任务是用鼠标把圆圈拖到方框里去。一旦圆圈被成功地拖进方框，它立即就会从屏幕中消失，原来的起点上又出现一个新的圆圈。我们让参与者尽快拖圆圈，我们在一旁计算他们5分钟内能拖多少，从而测量他们在这一任务中的努力程度。

这样的设计怎么能阐明社会规范和市场规范呢？我们付5美元给一些参与者，让他们参与这个短小的实验，他们一进实验室就领到了钱，我们还告诉他们，做完5分钟实验后，电脑屏幕会显示任务完成，他们就可以离开。因为我们付了钱，因此期望在这一市场规范的环境里,他们能按规矩行事。

我们给第二组参与者也提出了同样的任务和要求,不过,给他们的报酬要低得多(其中一次实验给50美分,另一次给5美元),但是我们同样期望这些参与者能按照市场规范行事。

最后,第三组,我们告诉他们这个任务只是一种社交请求。我们没有向这一组的参与者许诺任何具体的劳动报酬,也没提到钱,只不过是请他们帮个忙。我们期望这一组参与者能适应社会规范的环境并照此行事。

这几个组各自的努力程度如何?与市场规范的法则一致:得到5美元的参与者平均拖了159个圆圈,得到50美分的平均拖了101个圆圈。和预期相同,得钱多的参与者受到的激励更大,工作更努力(高50%)。

没有报酬的那一组是怎样的情况呢?这些参与者比那些拿钱较少的参与者干得更差吗?或者他们遵照给出的社会规范环境,工作得更加努力吗?结果是,他们平均拖了168个圆圈,比拿50美分的那些多得多,而且也多于那些拿5美元的参与者。换句话说,这些人没有金钱激励,他们仅仅是按社会规范来参与,可是他们比那些为万能的美元(准确地说是50美分)干活儿的人更加卖力。

可能我们应该预料到这个结果。有很多的例子都表明人们在对待事业比对待金钱时更加努力。例如,几年前,美国退休人员组织问一些律师是否愿意低价为一些需要帮助的退休人员服务,大约是一小时30美元,律师们说无法接受。于是,该组织的项目经理想出了一个绝

第四章 社会规范的成本：为什么我们乐于做义工，干活儿赚钱时反而不高兴？

好的点子：他问律师们是否愿意免费为需要帮助的退休人员服务，同意的律师占压倒性多数。

这是怎么一回事？零美元怎么会比30美元更有吸引力？这是因为，提到了钱的问题，律师们用的是市场规范，认为报酬与他们的实际工资标准相比太少。没提到钱的问题时，他们用的是社会规范，所以他们愿意贡献时间。那么，为什么他们不干脆接受30美元，然后把自己假想为拿了30美元补贴的义工呢？这是因为，一旦市场规范进入我们的考虑之中，社会规范就随之而去了。

哥伦比亚大学经济学教授纳恰姆·西歇曼在日本学习武术时，也有类似的经历。大师不收他们这一组人的学费。学生们觉得这样不公平，有一天就向大师提出为他的时间和工作付费。大师放下竹剑，平静地说，他如果真的收学费，他们未必付得起。

在前面的实验里，那些拿到50美分报酬的人并没有因为觉得"这也值了，我给这些研究人员帮了忙，还挣了点儿钱"，而干得比那些没拿钱的更出力。相反，他们把自己转到了市场规范中，认为50美分不值一提，因此干起活儿来心不在焉。换言之，市场规范一来，社会规范就被挤跑了。

那么，如果我们把酬金改成礼品会怎么样呢？感恩节那天，你要是给岳母送一瓶好酒，她是否会收下呢？给刚搬家的朋友送一件乔迁礼物（例如环保型的植物）会怎么样呢？这种交换礼品的方式能把我们的思维保持在社会规范之内吗？在价值体系中，参与者接受了这样的礼品是否会从社会规范转入市场规范，抑或把参与者仍然保留在社会规范之中？

实验

为了确定礼品在社会规范和市场规范之间的位置，我和詹姆斯决定进行新的实验。这一次，我们没有提出给参与者钱，而是送给他们礼品。我们把50美分现金改为一块士力架巧克力（约合50美分），把5美元的激励改为一盒歌帝梵巧克力（约合5美元）。

实验之后，我们看了看结果：参加实验的三个组干得同样卖力，不管得到的是一小块士力架巧克力（这组参与者平均拖了162个圆圈），还是歌帝梵巧克力（这组参与者平均拖了169个圆圈），或者什么也没有（这组参与者平均拖了168个圆圈）。结论是：赠送礼品并没有引起他们的不快，因为即使是小礼品也能把我们保持在社会规范的环境里，脱离市场规范。

但是如果我们把这两种规范的标志混合起来，又会怎么样？如果我们把社会规范与市场规范混合起来，会怎么样？换言之，如果我们说要给他们一块"50美分的士力架巧克力"或者一盒"5美元的歌帝梵巧克力"，参与者会怎么样呢？"50美分的士力架巧克力"会让他们像没标价时一样出力，或者使他们变得心不在焉，就像拿到50美分时一样吗？或者可能在这两者之间？后来的实验对此做出了验证。

结果是：参与者在拿到"50美分的士力架巧克力"以后，一点儿也没有受到激励，事实上，他们干活儿出的力和拿50美分的时候一样。他们对明码标价礼品的反应与现金完全相同，这样的礼品不再能够唤起社会规范，只要一提到价格，它就越过边界进入了市场规范的领域。

顺便提一下，我们后来又模仿这一情景，问过路人是否愿

第四章 社会规范的成本:为什么我们乐于做义工,干活儿赚钱时反而不高兴?

意帮我们从卡车上卸一个沙发。我们得到了同样的结果。人们愿意不要钱地帮忙;也愿意拿相应的报酬来干活儿,但在这种情况下,如果我们给的报酬太少,他们就会扬长而去。礼品在沙发这一案例中同样有效,给人们送个礼品,即使是小礼品,也足以让他们帮忙;但一说这个礼品值多少钱,你连"市场规范"几个字还没说出口,他们就掉头而去了。

这些结果说明,如果要让市场规范起作用,提钱就足够了(即使不是现金)。但是,市场规范不仅和劳动有关,它还与相当广泛的一系列行为有关,包括自立、帮助,以及个人主义。仅仅对人们提到钱就会在这几个方面影响人们的行为吗?明尼苏达大学教授凯瑟琳·福斯、佛罗里达州立大学研究生尼科勒·米德和不列颠哥伦比亚大学研究生米兰达·古德用一系列别出心裁的实验对此做了探索。

他们要求参与者们在实验中完成"造句任务",就是把一组单词的顺序重新排列,组成句子。其中一组参与者的组合任务是基于一些中性词语(例如"外面很冷"),另一组则是一些与钱有关的词语(例如"高薪"[①])。像这样提到钱就足以改变参与者的行为吗?

在一次实验中,参与者完成了造句练习,主持人又出了一道很难的智力题,要求他们把12个圆盘安装到一个方框里。主持人随后就离开了实验室,不过他提醒参与者,如果需要帮助,可以去找他。你们认为最早去求助的人是谁——是用"高薪"造句,暗示金钱的那一组,还是用中性词语造句,提议有关天气问题的那一组呢?结果是,

---

[①] 这种一般程序叫作"启动",用句子组合任务来启发参与者联想某一特定题目——而不需要具体指示他这样做。

用"高薪"造句的那一组苦思冥想了5.5分钟才求助,而用中性词语造句那一组大约3分钟后就去求助了。因为想到金钱,使得用"高薪"造句的那一组参与者更加自立而不太愿意求助。

但是同时,相较于另外一些人,用"高薪"造句的那一组人也不太愿意帮助别人。实际上,想到金钱后,这些参与者就不大愿意帮助主持人做数据录入了,他们不大可能帮助遇到问题的其他参与者,也不大可能帮一个"陌生人"(实验主持人装扮的)捡起散落在地上的一盒铅笔。

总的来看,用"高薪"造句的一组参与者显示了很多市场特点:他们更加自私并且自立,他们想有更多时间独处,他们更愿意挑选需要单打独斗的工作而非团队合作的任务,而且他们在选座位时也会尽量远离那些被告知将成为同事的人。的确,只要想到金钱,我们的行为就会更像多数经济学家所认为的那样,而不会表现出我们日常生活中所呈现出的社会动物的特征。

不要向你的约会对象提钱

如果你和约会对象在餐馆吃饭,千万记住,不要提及所点菜品的价格。不错,它们清清楚楚地印在菜单上。不错,这可能是你炫耀这家餐馆的档次从而让对方留下印象的机会。但是,如果你反复地讲,就可能把你们的关系从社会规范转到市场规范。不错,你的约会对象可能意识不到这顿饭花了你多少钱。同样,你岳母可能会把你送她的60美元的梅洛特别典藏葡萄酒当成10美元的普通调和酒。尽管如此,但你如果想把这段关系保持在社会规范之内,远离市场规范，那么这就是你必须付出的代价。

因此，我们生活在两个世界里：一个以社会规范为特征，一个以市场规范为特征。我们对这两个世界实行不同的规范标准。不仅如此，把市场规范引入社会规范，就如同我们前面所看到的，这违反了社会规范并且伤害了社会关系。一旦发生这样的错误，社会关系将难以恢复。一旦你提出为那次愉快的感恩节家宴付钱，你的岳母就必定会耿耿于怀。一旦你向约会对象提议分摊你们约会时所花的钱，或者直接上床，你可能就把这段浪漫史彻底葬送了。

罚款对杜绝迟到有效吗？

我的好朋友，加州大学圣迭戈分校教授尤里·格尼齐和明尼苏达大学教授奥尔多·吕斯提切尼对从社会规范转到市场规范案例的长期影响做了巧妙的测试。几年前，他们在以色列的一家日托中心进行实验，看运用罚款措施是否能有效减少某些家长接孩子迟到的现象。

尤里和奥尔多的结论是：罚款的效果并不好，事实上，它还会带来长期的负面效应。为什么呢？实施罚款之前，老师和家长之间是社会关系，是用社会规范来约束迟到的。因此，如果有家长迟到了（有时会这样），他们会对此感到内疚，这种内疚可能迫使他们以后准时来接孩子（在以色列，内疚似乎对约束人们更有效）。但是一旦实施了罚款措施，日托中心就相当于无可挽回地用市场规范取代了社会规范。既然家长们为他们的迟到付了钱，他们就用市场规范来诠释这件事了。换言之，既然有了罚款制度，他们就可以自己决定早来还是晚来了，于是他们经常迟到。不用说，这绝非日托中心的初衷。

不过好戏还在后头呢。最有意思的是几个星期以后，日托中心取消了罚款。这就是说，日托中心方面回到了社会规范。那么家长们也会回到社会规范吗？他们的内疚之心也会回来吗？根本没有！取消了罚款之后，家长们依然故我。他们继续在接孩子的时候迟到。实际上，取消罚款后，迟到的家长的数量反而有所增加。归根结底，社会规范和市场规范都失效了。

这一实验揭示了一个不幸的事实：一旦社会规范与市场规范发生碰撞，社会规范就会退出。换言之，社会规范很难重建。一旦这朵盛开的玫瑰从枝头落下（一旦社会规范被市场规范打败）它就很难再发挥任何效力。

极易被打破的微妙平衡

我们同时生活在社会和市场两个世界里，这一事实关系到我们生活的方方面面。我们都不时地需要有人帮我们搬搬东西，替我们照看几个小时孩子，或者在我们出城时替我们收一下信件。怎样才能更好地激励朋友和邻居帮助我们？付钱还是送礼物？给多少呢？或者什么也不用？我肯定，这很难做决定——特别是有的时候，存在着把关系推向市场规范领域的危险。

这里有几个参考答案。请朋友帮忙搬一件大家具或者几个箱子是可以的，但请他帮忙搬一大堆箱子或几件家具就不可以（特别是你如果让他肩并肩地和你花钱雇来的人干一样的活儿的话），因为这样，你的朋友会感到你在利用他。同样，请你的邻居（碰巧他是律师）在你度假的时候帮你收信件是可以的，但是你让他花同样的时

第四章　社会规范的成本：为什么我们乐于做义工，干活儿赚钱时反而不高兴？

间为你免费起草租赁合同，那就不可以了。

社会规范和市场规范的微妙平衡在商界也表现得很明显。在过去几十年里，一些公司试图把自己推销成顾客在社会规范领域的同伴——也就是说，他们想让大家认为他们和我们同属一个大家庭，起码是朋友，是一条船上的旅客。"州立农场保险公司，你身边的好邻居"是非常眼熟的广告标语。另一条是家得宝（一家大型家用装修材料连锁店）温馨的鼓励："有我们的帮助，你一定能做到。"

不管最先发起用社会规范吸引顾客点子的人是谁，他真是出了个金点子。如果顾客和公司成为一家人，公司会从几方面获利，其中最大的一个是使顾客忠诚。轻微的损害（搞错账单或者在你的保险费率上稍稍加一点儿），都会得到宽容。彼此关系总是有起有落，但总体上还是和睦的。

不过我对此感到奇怪：尽管公司方面在营销和广告上倾注了数十亿美元来打造与顾客间的社会性关系——起码是制造一种社会规范的印象，但它们似乎并不完全了解社会规范的本质，特别是它的风险。

假如一位顾客的支票退票了怎么办？如果双方的关系在市场规范内，那么银行收透支费，顾客付钱就可以摆平。生意归生意，收费虽然令人不快，但无论如何都是可以接受的。但是在社会规范内，面对一大笔滞纳金，而不是经理打来电话友好地提醒，或者自动取消滞纳金，就不仅是损害双方关系那么简单了，简直就是在对方背后插了一刀。消费者会把它当作个人恩怨，会气冲冲地离开银行，连续几个小时向朋友抱怨这家银行有多么差劲。说到底，这种关系是在社会规范框架之内的。不管银行提供多少小饼干，打出多少贴心的标语，做出多少友好的表示，只要发生一次违反社会规范原则的行为，就会使消费者又回到市场规范领域。事情变得就是这么快。

涨工资可以解决"血汗工厂"的痼疾吗？

结论是什么呢？对于公司，我的忠告是：鱼与熊掌不可兼得。你不能一会儿拿顾客当作一家人，过一阵儿又公事公办——甚至更糟，再过一会儿，如果你觉得需要或者有利可图，又把他们当成找碴儿的刺儿头或者竞争对手。社会规范不是这样的。如果你需要社会规范，你可以去寻求，但是记住了，无论何时何地都必须保持。

从另一方面说，如果你认为你必须不时地严格照章办事（对附加服务额外收费，对不排队的消费者加以管理），那么你可能就根本没有必要浪费金钱来打造你们公司亲和的形象。在这种情况下，坚守一条简单的价值原则：明确能提供什么，期望什么回报。既然你们没有建立社会规范，甚至对它不抱期望，那也就不可能对它有所触犯——说到底，这只是在商言商。

公司还试图和其雇员建立社会规范。过去可不是这样的，几年前，美国的劳动力市场在更大程度上是一种工业化的、市场驱动的交换领域。那时候的雇员经常有朝九晚五的时钟式的心态，你上40个小时的班，星期五领工资支票。既然工人计时领工资，他们就会确切地知道什么时候是在给公司干活儿，什么时候不是。工厂下班的铃声（或者办公室里的类似装置）一响，买卖完成。很清楚，这是市场规范，对双方都可行。

如今，公司方面看到了营造社会规范氛围的优势。说到底，在如今的市场中，我们可以制造无形的东西。创新远比机器重要，工作与休闲的界限也越来越模糊。企业的管理者想让我们在开车回家的路上，甚至在淋浴间里也想着工作。于是，给我们配了笔记本电脑、移动电话、黑莓手机来消除工作场所和家庭的界限。

很多公司趋向把计时工资改为月工资，这进一步模糊了朝九晚五的工作日概念。在这种每周7天、每天24小时不停运转的背景下，社会规范有更大的优势：可以让雇员们热情、勤奋地工作，并且关心公司。在市场规范下，雇员对雇主的忠诚度常常会减弱，而社会规范是激励员工保持忠诚的最好办法。

开放源代码软件显示出社会规范的潜力。在Linux（一款操作系统）和其他协作项目中，你可以把问题发表在任何一个论坛里，随后很快就会有很多人回应你的问题，告诉你如何修复软件——他们用的是休闲时间。你能偿付得起这种服务吗？应该可以。但是如果你花钱雇同样水平的人来给你维修，他们就会狮子大开口，简直像是要你的一条胳膊加一条腿。相反，这些网络社区里的人都乐意把时间贡献给整个社会（他们从中获取的是社会收益，就和我们帮朋友粉刷房子一样）。我们能从这里学到些什么，并且应用到商业环境中去呢？那就是，能够有效激励我们的还有其他形式的社会奖赏，其中有一种方式最少为公司所采用，那就是鼓励——社会性的鼓励和荣誉上的鼓励。

在如何对待本单位雇员的问题上，与对待客户完全一样，公司方面必须懂得自己的长期责任。如果雇员答应加倍努力来赶一个重要项目的工期（为此甚至顾不上家庭），或者他们接到通知便马上赶飞机去参加会议，那他们就必须得到相应的补偿——例如生病时得到照顾，或者是当市场对他们的工作产生威胁的时候，能让他们保住工作。

尽管有些公司在与员工建立社会规范方面取得了成功，但是它们目前仍难以摆脱追逐短期利润、国外采购、苛刻的成本削减等困扰，这些困扰可能会破坏所有的努力成果。在社会规范中，说到底，人们相信，如果他们出了什么问题，另一方便会站出来，保护和帮助他们。这种信念没有写在合同里，但它是一种道义责任，保证人们在需要的时候可以得到关怀和帮助。

再说一遍，公司方面不能二者兼而有之。特别是，我担心最近看到的大幅削减雇员福利（在儿童福利、养老金、弹性时间、健身房、餐厅、家庭野餐等方面），这可能会让公司在社会规范领域付出代价，从而影响员工的生产力。我尤其担心医疗福利的削减和改变可能会在很大程度上把公司与雇员的社会规范转向市场规范。

如果公司方面想从社会规范的优势上得到好处，它们就必须做出更大的努力来培育这些规范。医疗福利，特别是综合医疗保险，是公司表达它们社会规范的最好方式之一。但是，很多公司正在做的是什么呢？它们一边在要求提高保险计划的免赔率，一边又在缩小员工福利的范围。简言之，它们在破坏雇员与公司之间的社会契约而代之以市场规范。由于公司方面首先"毁约"，迫使雇员从社会规范滑向市场规范，那么当雇员有了更好的机会而选择跳槽时，我们能责备他们吗？毫不奇怪，"对公司忠诚"对于雇员和公司的关系来说，已经成了一个自相矛盾的口号了。

企业等机构应该认真思考人们对社会规范和市场规范的不同反应。你要给雇员价值1 000美元的礼物，还是1 000美元的现金？哪个更好一些？如果你问雇员，大多数人很可能希望得到现金而不是礼

第四章　社会规范的成本：为什么我们乐于做义工，干活儿赚钱时反而不高兴？

物。但是礼物有其本身的价值，尽管有时礼物的真实价值被错估、低估，它却能在维护雇主与雇员之间的社会规范上起到推动作用。可以这样想一下：你预料谁工作得更努力，对公司更忠诚，更热爱他的本职工作——是得到 1 000 美元现金的那一个，还是得到礼物的那一个呢？

当然了，礼物是一个象征性的表示。人们上班是为了薪水而不是礼物。就此而言，没有人愿意白干活儿不挣钱。但是，你如果看看像谷歌一类的公司，它们给雇员提供多种多样的福利（包括精美的午餐），就可以看出强调雇用关系中社会性的一面所能营造出的亲善氛围。社会规范（例如共同创业的兴奋）强于市场规范（例如薪酬随晋升而增加）时，员工能为公司（特别是那些刚起步的公司）创造的价值的确令人瞩目。

如果企业开始从社会规范角度思考，实际上，它们会认识到社会规范可以建立忠诚，更重要的是，社会规范会使人们自我发展并达到如今企业的要求：实行弹性工作制、关心公司，并且积极参与公司事务。这正是社会规范带来的。

我们应该经常考虑工作场合里的社会规范问题。美国的劳动生产率越来越依赖于员工的才能和努力，是因为我们正在驱赶着商业活动从社会规范的领域走向市场规范吗？员工们考虑的只是金钱，而完全没有忠诚和信任等社会价值吗？从长远看，这将会对美国的劳动生产率、创新和员工参与产生什么影响呢？政府与公民之间的"社会契约"又将如何呢？也存在风险吗？

在某些层面上，我们都知道答案。例如，我们懂得人们不会为钱去死。警官、消防队员、战士——他们不是为了每周的工资去牺牲的，社会规范——职业的光荣和责任感，才是激励他们献出生命和健康的原因。我在迈阿密的一个朋友有一次和海关人员到治海水域巡逻，海关人员配备有 AK-47 步枪，他们完全可以在逃向外海的毒品走私船上打出几个洞。但他们开枪了吗？绝不可能，他回答说。他才不会为了政府的那点儿工资去送命呢。他透露说，事实上，他们这些人与毒贩们有条不言自明的约定：如果毒贩们不先开枪，缉毒人员也不会开枪［这可能就是我们很少（如果有的话）听说美国的"缉毒战争"中发生过枪战的原因］。

我们怎样改变这种情况呢？首先，我们可以大幅提高美国联邦缉毒人员的工资，使他们愿意为之冒生命危险。但这到底要多少钱呢？与一个从巴哈马群岛驾船到迈阿密的毒贩的收入相等吗？或者我们引入社会规范，让缉毒人员明白，他们的使命以及我们对他们的尊敬（如同我们对警察、消防队员的尊敬）要远远高于他们的工资收入，他们担负的使命不仅能让社会结构得以稳定，还会拯救我们的孩子，使他们远离各种危险。这起到的当然只是一些鼓舞倡导的作用，但确实是可行的。

金钱买不来优质的教育

我来描述一下同样的思路是如何在教育界实践的。最近，我加入了一个关于公共教育的激励与责任的委员会。这是我在今后几年里所要探索的社会规范与市场规范课题的一个方面。委员会的任务是重新检讨"不让一个孩子掉队"的政策，帮助有关方面寻找激励学生、教师、管理人员和家长的方法。

第四章　社会规范的成本：为什么我们乐于做义工，干活儿赚钱时反而不高兴？

我感觉到将传统的考试分数和工资业绩挂钩很可能会把教育从社会规范领域推向市场规范领域。在美国，我们在每个学生身上的投入已经高于其他任何西方国家，再增加投入是明智的吗？同样的考虑也适用于考试：我们的考试已经很频繁了，更多的考试不可能提高我们的教育质量。

我猜测在社会规范领域之内有一条出路。就如我们从实验中看到的，金钱的作用是有限的，从长远看，只有社会规范能起决定作用。与其把教师、家长和孩子们的注意力集中到分数、工资以及竞争上，倒不如给人们灌输一种目的感、使命感和对教育的自豪感，这样可能更好一些。要做到这一点，市场规范的途径是行不通的。披头士乐队从前宣称过"钱买不来爱情"，这同样适用于对学习的热爱——你拿钱买不来；你若真的掏钱去买，就可能把它赶跑。

由此说来，我们应该怎样改善教育制度？我们首先是否应该重新审视学校的课程设置，把它更明确地与社会目标（消除贫困和犯罪、改善人权等）、科技目标（推动能源节约、太空探索、纳米技术发展等），以及医学目标（解决癌症、糖尿病、肥胖的治疗等）这些我们整个社会都在关心的问题联系起来。这样，学生、教师和家长们就会更清楚地看到教育的重要性，对教育更热心，更有激情。我们还应该努力使教育本身成为这样的目标，不再把学生的在校时间与他们受教育的质量混淆起来。孩子们会对很多事情激动不已（比如棒球），我们的大学作为社会团体要使他们像现在熟悉棒球明星一样熟悉诺贝尔奖获得者。我并不是说点燃对教育的激情是轻而易举的，可是，如果我们把这件事做好了，其价值将是巨大的。

金钱到最后经常是最昂贵的激励方式。社会规范不仅成本较低，而且往往更有效。

那么,钱的好处在哪里呢?在古代,钱使交换变得容易了。你无须用钩子挂一只鹅背到市场上去,或者盘算鹅的哪一部分能换一株莴苣。在当今世界,钱的便利性大大提高,它使我们能够实现金融领域的专业化,能够借贷和储蓄。

但金钱自己是有生命的。正如我们所看到的,它会消除人类相互关系中最好的东西。这么说,我们需要金钱吗?当然需要,但是如果没有钱,我们生活中的某些方面是否会更好一些呢?

"火人节":纯社会规范的回归

这是个激进的例子,而且是难以想象的。几年前,我尝试过一次。那时,我接到了约翰·佩里·巴洛的"感恩而死"乐队的原词作者的一个电话,邀请我参加一个活动。这真的既是一次重要的个人体验,又是一次创建"无钱社会"的有趣演练。巴洛告诉我,一定要和他一起参加"火人节",只要我去参加,就一定会获得宾至如归的感觉。"火人节"是每年一次持续一周的活动,举办地是内华达州的黑岩沙漠,通常有40 000人参加。"火人节"1986年起源于旧金山的贝克沙滩,一小群人设计并用木头建造了一座8英尺高的人像,还有一只狗,尺寸比人像小一些,最后点火把它们烧掉。从那时起,木人像的尺寸越做越大,参加的人数越来越多,如今这一活动已经成为当地最大的艺术节之一,同时也是进行临时社区实验的试点。

"火人节"有很多不同寻常的地方,就我来看,最值得一提的是对于市场规范的摒弃。"火人节"的一切活动都不接受钱币。相反,

第四章 社会规范的成本：为什么我们乐于做义工，干活儿赚钱时反而不高兴？

整个地方实行的是礼品交换经济——你给别人东西，别人也会回赠东西给你（或者给其他的人）。于是，会烹饪的人可以做饭，心理学家可以免费提供咨询服务，女按摩师为人们按摩，有水的人为人们提供淋浴。人们分发饮料和自制的首饰，互相拥抱（我把在麻省理工学院游艺工作室里制作的智力题分发给大家，多数人都很喜欢做）。

刚开始，我感觉一切都很陌生，但没多久我就适应了"火人节"的规范。我很惊奇，事实上，我发现"火人节"是我所见过的最具包容精神、最具社会性、最有爱心的活动。我不敢说我很愿意在"火人节"这样的环境中住满一年，但是这一经历使我相信现实中多一些社会规范，少一些市场规范，将会使我们的生活变得更惬意、更有创造力、更充实，而且更有乐趣。

我认为，解决问题的答案，并不是按照"火人节"的标准来重塑社会，但是我相信，只要牢记社会规范，它就能发挥作用，而且远比我们认为的要大得多。事实上，如果我们仔细回忆一下过去几十年里市场规范是怎样接管了我们的生活（它强调高工资、高收入、高消费），我们就会认识到让社会规范部分回归可能并不是什么坏事。实际上，它可能会把相当一部分旧日的文明带回到我们的生活中来。

Predictably
Irrational

第五章

性兴奋的影响：
为什么"热烈"比我们想的还热？

两个"我":杰基尔博士与海德先生

你问一个20多岁的男性大学生,是否想在无保护措施的情况下发生性行为,多数人立即会引经据典,像背课文一样列举出各种可怕的性病,还有使对方怀孕所要承担的风险。如果在他们清醒的时候,比如做作业或者听讲座的时候,问他们是否愿意被打屁股,或者与另一个男人一起进行二对一的性行为,他们一定会像被蜇了似的应声退缩。他们会对你说,绝对不可以。不仅如此,他们还会紧紧盯住你,心里直嘀咕:你是不是有病,竟然问这样的问题?

2001年,我在伯克利大学访问,我和我的朋友,也是我长期的合作伙伴——学术巨匠乔治·勒文斯坦邀请几个聪明机智的学生帮助我们弄清楚,平日理性聪明的人能在多大程度上预测自己在激烈情绪状态下的态度和反应的变化。为了使实验真实,我们需要对参与者受情绪打击后的反应进行测量。我们当然可以让参与者感受愤怒或饥饿、灰心或烦躁的情绪,但是我们觉得让他们经历快乐的情感更好一些。

我们选择了研究性兴奋状态下的决定形成过程——不是因为我们对此有怪异的嗜好,而是弄清楚性兴奋对行为的影响可以帮助社会解决一些老大难问题,例如未婚少女怀孕和艾滋病的蔓延。我们周围的性刺激随处可见，但是对于性刺激如何影响人们的决定，我们却知之甚少。

不仅如此，既然我们想了解参与者是否能够预测自己在某一特定情绪状态下的行为，那么这种情绪就应该是他们已经熟悉的。这样一来，我们就很容易决定了：20多岁的男性大学生最能预测、最熟悉，又最经常考虑的，莫过于性的问题了。

实验

罗伊是伯克利大学一位性格温和的生物专业学生，此时正在全力以赴地忙一件事，但他忙的不是期末考试。他在进行性幻想，当他感到越来越兴奋时，他就会把电脑屏幕上的"兴奋指数"向上调整。当显示值到达红色的"高度"兴奋区后，屏幕上跳出了一个问题：

和你憎恨的人性交快乐吗？

罗伊把左手伸向一条标有从"否"到"是"的意愿测量表，并输入了他的答案。接着，屏幕上又出现了下一个问题：

你会偷偷给女人下药以增加她和你上床的机会吗？

罗伊又选择了答案，另一个问题又跳出来：

你愿意一直使用避孕套吗？

伯克利大学本身就是一个具有双重特点的地方。它是20世纪60年代反社会体制骚乱的发生地，旧金山海湾地区的人尖刻地把这个"左翼"的城市称作"伯克利人民共和国"。但是，伯克利大学偌大的校园却引来了数量惊人的遵奉现行体制的高素质学生。根据2004年一次对伯克利一年级新生的调查，参与调查的学生中只有 51.2% 认为自己是自由派，有 1/3 以上（36%）认为自己走的是中间路线，12% 宣称自己是保守派。令我惊讶的是，我来到伯克利的时候，发现学生们总体来看并不粗野、逆反，也少有铤而走险的倾向。

海报贴到了斯普劳广场各处，上面写着："诚招：男性实验参与者，异性取向，年龄 18 岁以上。研究课题：决定的形成与性兴奋。"海报上还注明，每一步实验大约需要一个小时，参与者可以从每一步中得到 10 美元报酬，实验中会涉及性兴奋内容。有意参与者可以通过电子邮件与实验助理迈克联系。

这次实验，我们决定只挑选男性。就性来说，他们受的束缚远比女性少（这是我们的研究人员及其助手经过多次讨论后得出的结论）。我们只需要一本《花花公子》杂志和一间经过遮挡的房间就可能大获成功。

我们关心的另一个问题就是如何使我们的项目在麻省理工学院斯隆商学院（我的主要职务在该院）获得批准。这本身又是一场严峻的考验。在准许实验开始之前，院长理查德·施马伦西指定了一个委员会（多数由妇女组成）对项目进行审查。委员会有几个方面的担心：如果参与者因实验回忆起了性侵犯的经历怎么办？假如参与者因此嗜性成瘾怎么办？我认为他们提出的这些问题是站不住脚的，因为任何一个大学生，只要有台与互联网接通的电脑，就可以看到任何他想象得出的逼真的性幻想图像。

虽然这一项目在商学院受到阻碍，幸运的是，我在麻省理工学院的传媒实验室还有个职位，当时的实验室主任沃尔特·本德巧妙地批准了这个项目。我按计划开始了实验。但是，我在麻省理工学院斯隆商学院的这一经历清楚地表明，尽管金赛性学研究已经过去了50年，但性在很大程度上还是研究的禁忌课题——起码在一些商学院仍旧如此。

不管怎么说，我们的海报贴出去了。很快就有一大群不同背景的男性大学生报名响应，热心地等候参与的机会——其中就有罗伊。

罗伊实际上在我们的25名参与者中非常具有代表性。他生长在旧金山，成绩优秀、聪明好学、为人和善，无论从哪个方面来说，他都会成为未来丈母娘的称心佳婿。罗伊会弹钢琴，能演奏肖邦协奏曲，喜欢伴着电子音乐跳舞。高中成绩全A，还是校排球队的队长。他同情自由派，倾向给共和党投票。他友善和气，有固定的女朋友，约会已经一年了。他打算上医学院，特别喜欢吃辣味的加州寿司卷，以及安特梅佐饭店的沙拉。

我们的研究助理迈克在斯特拉达咖啡馆约见了罗伊，伯克利大学这家廊台式咖啡馆是许多天才想法的发源地，其中就有解决费尔马大定理的构想。迈克身材高挑而略瘦，短发，一派艺术家的气质，笑容可掬。

两个人握手相互介绍之后，直接转入正题。"谢谢你响应我们的请求，罗伊。"迈克说着，掏出几张纸放到桌上，"我们先来看一下表格的内容"。

迈克像背诵例行的公文，研究课题是："决定的形成与性兴奋"，参与者属于自愿参加，实验数据保密，参与者有权与实验参与者权利保障委员会联系等。

罗伊一直在点头。这样痛快的参与者真不多见。

第五章 性兴奋的影响:为什么"热烈"比我们想的还热?

"你有权随时中止实验。"迈克最后说,"一切都清楚了吗?"

"是的。"罗伊说。他拿起笔签字。迈克和他握了手。

"太好了!"迈克从双肩背包里取出一个布包,"我们要做的是这样。"他从包里拿出一台苹果 iBook 型笔记本电脑,把它打开。罗伊看到,除了标准键盘之外,电脑上还多了一个 12 键的彩色小键盘。

"这是一台特别装备的电脑。"迈克解释说,"回答问题时你只需要用小键盘就行了。"他按了彩色小键盘上的几个键。"我们会教你如何输入指令,你可以用来启动实验。实验的每一个步骤,都会给你出一系列问题,你可以在一条从'否'到'是'的意愿测量表上选择答案。如果你认为你会同意或喜欢问题中所描述的行为,就回答'是',如果你认为你会不同意或不喜欢,就回答'否'。记住,你的回答是在性兴奋状态下做出的。"

"你完成实验后,给我发邮件,我们再见面的时候,你就可以拿到那 10 美元。"

迈克没有向罗伊提那些具体的问题。罗伊要在实验开始时想象自己已经处于性兴奋状态,并且在这种状态下回答问题。问题中有一组是有关他的性偏好的。例如,他是否觉得女人的鞋子能激发他的性欲?他会被一个 50 岁的女人吸引吗?和特别肥胖的人性交会感觉快乐吗?和一个他憎恨的人性交会愉快吗?自己被捆绑或捆绑对方有趣吗?如果对方坚持只能亲吻会使他感到沮丧吗?

第二组问题是有关施行各种非道德行为的可能性,例如约会强奸。罗伊会对一个女人说"我爱你"以增加她和他上床的机会吗?他会鼓励约会对象喝酒以增加她和他上床的机会吗?如果约会对象拒绝和他上床,他还会继续尝试吗?

第三组问题是有关发生各种不安全性行为的可能性。使用避孕套会减少性快感吗?如果他对刚结识的性伴侣的性史不了解,他会一直使用避孕套吗?如果他取避孕套时对方改变了主意,他是否还会坚持?

几天以后,罗伊已经在冷静和理性的状态下回答了有关问题,他和迈克再次见了面。

"这些问题挺有意思的。"罗伊说。

"是的,我知道。"迈克不动声色地说,"金赛不关我们的事。对了,我们的实验还有下一个步骤。你有兴趣继续参加吗?"

罗伊笑了笑,耸了耸肩膀,点点头。

迈克把几张纸推到罗伊面前。"请你再签一次同样的同意书,不过这次的任务稍微有点儿不同。这次的步骤和上次大体一样,但这次我们想让你先观看一系列色情图像并且手淫以进入兴奋状态。然后回答和上次相同的问题。"

三个月里,一些优秀的伯克利大学生按照不同顺序经历了各个步骤的实验,他们在清醒、非兴奋状态下对自己在兴奋状态下的性和道德决策做了预测。在另外一系列的实验中,他们真正处于热烈、兴奋的状态下,应当更清楚自己的偏好。实验完成后,结果一致而明确——无可争辩、令人震惊的明确。

每一个案例中,这些睿智的年轻参与者在兴奋状态和冷静状态下对问题的回答有非常大的不同。纵观对19个有关性偏好问题的回答,当罗伊和其他参与者在兴奋状态下被问及是否会施行某些非正常性行为时，他们预测"是"的可能是他们处于冷静状态下的近两倍（高出72%）。例如，"喜欢与动物进行性接触"的想法在兴奋状态下预测的吸引力程度是冷静时的两倍以上。在关于施行非道德性行为倾向的 5 个问题中，他们在兴奋状态下预测的倾向程度是冷静时的两倍多（高出 136%）。同样，在使用避孕套的一系列问题中，尽管多年来一直向他们大力灌输避孕套的重要性，但他们在兴奋状态下预测"不用"避孕套的可能也远高于（高出 25%）他们冷静时的预测。在所有案例中，他们都没有预测到性兴奋对性偏好、性道德，以及对安全性行为的影响。

结果表明，当罗伊和其他参与者处于冷静、理性，由"超我"驱使的状态时，对女性是尊重的，他们没有被非正常性行为特别吸引，他们在道德上对自己有较高的要求，而且他们预计自己会坚持使用避孕套。他们认为自己了解自己，了解自己的偏好，了解自己有能力做什么。但是，正如结果所显示的，他们对自己的反应完全估计不足。

不管我们如何去看这些数字，参与者的估计在深度和广度上的欠缺是显而易见的。这些数字完全揭示出，在非兴奋状态下，他们并不知道自己在兴奋状态下会怎样。预防、保护、节制以及道德感在雷达屏幕上全都消失了。他们没有能力预测激情会把他们改变到何种程度。①

想象有一天早上醒来，面对镜子，看到里面是另外一个（似人又非人）生物接管了你的身体。你变得又丑又矮，全身长毛，薄薄的嘴

---

① 这些结果最直接地适用于性兴奋状态及其对我们自我识别的影响，但我们也可以假定其他情绪状态（愤怒、饥饿、激动、嫉妒等）也有同样作用，能使我们难以识别自我。

唇,长长的门牙,黑黑的指甲,脸变得又扁又平。镜子中的生物用它那两只冷冷的、蛇一般的眼睛瞪着你。你拼命地想要砸烂东西,强奸女人。你不再是你了,你成了一个恶魔。

1885年秋天的一个清晨,罗伯特·路易斯·史蒂文森被这样的噩梦景象所包围,在睡梦中大叫起来。妻子把他唤醒后,他立即动手开始写一部被他称作"杰出的魔怪故事"的小说——《化身博士》。他在书里写道:"人在实质上并不是一个人,而是两个人。"这本书一夜走红并不奇怪。这个故事紧紧抓住了维多利亚时代人的想象,他们沉浸于两种分裂人格中,节制的谦恭——以举止文雅的科学家杰基尔博士为代表,以及难耐的激情——集中体现在穷凶极恶的海德先生身上。杰基尔博士认为他知道如何控制自己,但是当海德先生附体的时候,那就得小心了。

这个故事可怕而有想象力,但并不新鲜。我们都知道,人类在理性与非理性状态下,思想和行为都不同。在索福克勒斯的《俄狄浦斯王》和莎士比亚的《麦克白》出现之前,内心的善与恶的战争一直就是神话、宗教,以及文学的主要组成部分。用弗洛伊德学说的术语,我们每个人都包含一个黑暗的"本我"、一个"自我"和一种从不可预测的"超我"那里攫取控制权的兽性。于是,一个好脾气的邻居因为交通拥堵而情绪暴躁,开车撞上了一辆半挂货车;一个青少年抓起枪向朋友们开了火;还有一个牧师强奸了一个小男孩。这些平素的好人都认为了解自己,但是在情绪极度亢奋时,一下子或一念之差,一切都变了。

我们在伯克利的实验不仅揭示了经典故事中所说的"人人都像杰基尔和海德",还表达了新的东西——我们所有人,不管有多"善

第五章 性兴奋的影响：为什么"热烈"比我们想的还热？

良"，都会低估激情对我们行为的影响。每一个案例中，实验的参与者在这一点上都错了。即使是最聪明、最理性的人，在激情燃烧时，似乎也彻底地与他认为的"自我"判若两人。实际上，人们不光会做出错误的预测，而且这些预测的错误率非常高。

研究结果表明，大部分时间里，罗伊头脑聪明、行为得体、勤于思考、心地善良，而且值得信赖。他的额叶能充分发挥作用，他的管理中枢也能有效控制他的行为。但是当他处于性兴奋状态时，他被头脑中原始的一面所控制，他变得连自己也不认识了。

罗伊认为他知道自己在兴奋状态下如何行动，但他的理解是片面的。他不知道他的性驱动力会变得如此强烈多变，他可能不顾一切，莽撞行事。他可能为了获取性满足而甘愿冒染上性病和使对方怀孕的风险。当他被激情所控制，他的情绪会使是非界限变得模糊。实际上，他一点儿也不知道自己会表现得如何狂野，因为当他在一种状态下试图预测自己在另一种状态下的行为时，很可能出错。

另外，研究还表明，我们无法了解自己在另一种情感状态下的思想行为，而且经验似乎也无法改善这一情形。即使我们花费与伯克利的学生同样多的性兴奋时间，也无济于事。性兴奋是为人熟知、因人而异、人人皆有并且司空见惯的。即使这样，我们大部分人都会低估性兴奋能够在何种程度上抵消超我，低估情绪会在何种程度上控制我们的行为。

那么，当我们的非理性自我在一个我们自认为熟悉，实际上却并不熟悉的情绪领域里活动起来时，又会怎么样呢？如果我们连自己都不能真正了解，还可能预测我们自己或者别人在"失去理智"——盛怒、饥饿、惊恐以及性兴奋状态中如何作为吗？我们有什么办法吗？

这些问题的答案太深奥，它告诉我们必须谨防被自己头脑中的海德先生所控制的状况。老板当众批评我们，我们很可能想给他回一封措辞激烈的电子邮件。但是如果我们能把它先放在"草稿箱"压几天再说不是更好吗？当我们刚刚试驾完一辆跑车并对它心仪不已时，是否应该停一下——在签合同买跑车之前，先跟太太讨论一下购买厢式旅行车的计划？

下面还有一些例子，告诉我们如何进行自我保护。

"你只需说不" vs "没问题"

很多家长和青少年，在冷静、理性的杰基尔博士状态下，容易相信仅靠一句保证，家喻户晓的那句"你只需说不"，就足以保护青少年免于性传播疾病和非意愿怀孕的伤害。假定这个冷静时刻一厢情愿的口号在干柴烈火、热血沸腾之时还能奏效，"你只需说不"的鼓吹者们就有理由认为避孕套毫不必要了。但是就如我们的研究所表明的那样，在激情的狂热中，我们都有一瞬间会面临从"你只需说不"变为"没问题"的危险，并且即使没有避孕套，我们也可能无视危险，仍然说"没问题"。

这意味着什么？第一，普及和提供避孕套十分重要。我们不应在冷静状态下决定是否随身携带避孕套，必须做到有备无患。第二，除非学生们已经懂得自己在激情状态中可能如何反应，否则他们就不应被看作有预测能力的人。因此，性教育应该把关注的焦点从心理学和人的生殖系统构成理论，转移到怎样应对性兴奋的各种伴随状态上来。第三，我们必须承认，随身带避孕套，甚至再加上对性兴奋带来的情感风暴的了解,还是难以解决所有问题。

可能青少年在很多情况下根本无法控制自己的情感。对于那些想保证让青少年远离性接触的人来说,比较好的办法是教育他们在欲火焚身之前就赶快离开。接受这样的忠告好像不太容易,但我们的研究结果表明,对于青少年,在诱惑膨胀之前与之做斗争比较容易,而身陷其中再企图自拔就难得多了。换言之,抗拒诱惑困难,身陷诱惑之中与之斗争更困难。

的确,这听起来和"你只需说不"运动——敦促青少年远离性诱惑非常相似。但是不同之处在于,"你只需说不"假定我们能够随时随地把欲火熄灭,而我们的研究却证明这一假定是错的。如果我们把关于青少年性行为的孰是孰非先放在一边,我们将会很清楚地知道,如果想帮助青少年远离性接触、性传染疾病,以及非意愿怀孕,我们有两种策略。

一种是指导他们在尚未被诱惑控制,情况尚未发展到无法抵御之前怎样说"不";另一种则是让他们有充分准备去应对欲火焚烧时说了"没问题"所带来的后果(例如随身带避孕套)。有一点是肯定无疑的:如果我们不能教会年轻人如何在半疯狂状态下应对性接触,那我们就不仅是在欺骗他们,也是在欺骗自己。不管我们教他们什么,我们都必须帮助他们懂得,他们在平和冷静状态下的反应与荷尔蒙冲上极点时的反应是不同的(当然,我们成年人的行为也是如此)。

预防青少年发生驾驶事故的干预措施

同样,我们需要教青少年(和其他所有人)在情绪激动时不要开车。造成青少年撞车事件的原因不仅是缺乏经验，或者荷尔蒙的影响，还有可能是耳边响着朋友们的笑声、叫声，车上CD（激光唱片）机播放的音乐震耳欲聋，刺激着肾上腺素喷涌而出，又或者是开车人将右手伸出去摸炸薯条或女朋友的大腿。在这种状态下，谁会想到危险呢？大概谁也不会。最近的一项研究显示，青少年单独驾车时发生事故的概率比成年人高40%。而且，当车上还有另一个同龄人时，事故发生的概率就会涨一倍——如果还有第三个人，事故发生的概率就会再涨一倍。

针对这种状况，我们需要一种干预措施，而不是依赖一种假设——青少年在清醒状态下会记住应该如何行动（家长要求他们如何行动）并依此行事，而且在兴奋的状态下也要这样做。为什么不给汽车装上某种装置以防止青少年的这些行为？这种车可以装上改造过的通用Onstar（安吉星）汽车安全信息系统，让家长和青少年得以在冷静状态下设定它的功能。比如说，当汽车在高速公路上的行驶时速超过65英里或者在住宅区的行驶时速超过40英里时，系统就会自动发出警报。如果车速过快或方向转动异常，车载收音机上播放的音乐就可能从2Pac（图派克）的饶舌音乐转为舒曼第二交响乐，或者使车上的空调在冬天突然送冷风，夏天突然送热风，又或自动给开车人的母亲打电话（如果旁边坐着朋友，这一招真的很灵）。如果他们知道汽车有这些功能，开车人及其朋友就会明白，应该让头脑中的海德先生走开，换上杰基尔博士来开车。

这些设想并非不着边际。现在的汽车已经充分应用了计算机技术，诸如燃油喷射控制、车内外温度感应系统以及音响系统等。安装通用Onstar汽车安全信息系统的汽车已经实现了网络无线连接。依靠今天的技术手段，在汽车上装一部能自动呼叫母亲的电话已是小菜一碟。

了解情绪的两面性——冷静与激情

第一次怀孕的妇女，在分娩前对医生说拒绝使用任何镇痛剂，这是司空见惯的。她们在冷静状态下做出的决定是值得敬佩的，但是，她们想象不到伴随分娩而来的疼痛（且不说日后育儿的种种艰辛）。不过到头来，话也说了，孩子也生了，她们可能希望当初还是应该进行半身麻醉才对。

那时，我和爱妻苏米正准备迎接我们第一个孩子的降生。想到这一点，我们决定先测试一下我们的忍耐力，再决定是否采用半身麻醉。为此，苏米把她的双手放到冰桶里停留两分钟（我们是按分娩辅导员的建议进行的，她发誓说这种疼痛与分娩相似），我在一旁指导她呼吸。如果苏米忍受不了这种模拟疼痛，我们估计，她在实际分娩时就可能需要镇痛剂。把双手在冰里放了两分钟以后，苏米清楚地了解到半身麻醉的吸引力。到了真正分娩的时候，她把对我的每一分爱都转移给了麻醉师，他在最关键的时刻给苏米实施了半身麻醉（生第二个孩子内塔时，我们在她出生前两分钟才赶到医院，于是苏米最终经历了一次没有镇痛剂的分娩）。

在一种情绪状态中观察另一种状态是困难的。就如苏米，尽管已经事先了解了分娩会有多痛，但在现实中，体验完全一样的可能性不大。为了做出明智的决定，我们需要对可能的经历亲身体验一下，对可能的某种情绪状态有所了解。学会如何弥合这一差距，对生活中的重要决策非常重要。

我们要搬往一个新的城市，总要问一下当地的朋友，他们对那里评价如何；我们甚至在看电影之前都要先看一下有关评论，这都是自然而然的事。然而，我们在了解情绪的两个侧面上却投入甚少，岂非怪事？对这一问题缺乏理解的后果是，我们可能在生活中的各个方面重复犯错。那么我们为什么非要把它留到心理学课堂上去解决？我们需要探索自身的两个方面，我们需要了解冷静状态，也需要了解激情状态，我们需要明白冷静和激情状态之间的不同，它们怎样对我们的生活有益，又如何把我们引入歧途。

我们的实验意味着什么？人类的行为模式可能需要反思。世上没有所谓的完人，事实上，我们可能是多个自我的组合体。尽管我们无法让头脑中的杰基尔博士完全认识到海德先生的力量，但是只要认识到我们被激情控制时容易做出错误决定，或许就可以在某种程度上帮助我们看清自己身上的海德先生，并把这种知识应用在日常活动中。

怎样才能有效控制我们头脑中的海德先生呢？在第六章里，我会进一步解释这个观点。

性兴奋实验的问题清单

表5-1至表5-3是我们在性兴奋实验中用的问题清单，以及参与者的回答所对应的平均数值和差额百分比。每一个问题都带有意愿测量表，它从左端的"否"（0）到中间的"可能"（50），再到右端的"是"（100）。

第五章 性兴奋的影响：为什么"热烈"比我们想的还热？

表 5-1 不同行为吸引力对比

问题	非兴奋状态	兴奋状态	差别（%）
女人的鞋子会激发你的性欲吗？	42	65	55
你会被 12 岁女孩吸引吗？	23	46	100
你会和 40 岁女人性交吗？	58	77	33
你会和 50 岁女人性交吗？	28	55	96
你会和 60 岁女人性交吗？	7	23	229
你会和男人性交吗？	8	14	75
你和特别肥胖的人性交快乐吗？	13	24	85
你和你憎恨的人性交快乐吗？	53	77	45
女人出汗时性感吗？	56	72	29
抽烟的气味会让你性兴奋吗？	13	22	69
性伴侣把你绑起来，你觉得有趣吗？	63	81	29
你把性伴侣绑起来，你觉得有趣吗？	47	75	60
对方坚持只能亲吻你会感到沮丧吗？	41	69	68

表 5-2 施行非道德行为的可能性对比（顺序与严重程度无确切关联）

问题	非兴奋状态	兴奋状态	差别（%）
你会带约会对象去高档餐馆以增加和她上床的机会吗？	55	70	27
你会对女人说"我爱你"以增加她和你上床的机会吗？	30	51	70
你会鼓励约会对象喝酒以增加她和你上床的机会吗？	46	63	37
若约会对象拒绝和你上床，你还会继续尝试吗？	20	45	125
你会偷偷给女人下药以增加她和你上床的机会吗？	5	26	420

表 5-3　使用节育措施的可能性对比

问　题	非兴奋状态	兴奋状态	差别（%）
节育是女人的事情吗？	34	44	29
用避孕套会降低性快感吗？	66	78	18
用避孕套会影响双方同时达到高潮吗？	58	73	26
在不了解新的性伴侣的性史时，你会一直使用避孕套吗？	88	69	22
你去取避孕套时如果对方改变主意，你是否还是会坚持去拿？	86	60	30

Predictably
Irrational

第六章

拖沓的恶习与自我控制：
为什么我们信誓旦旦的事情
却总是做不到？

过度消费是明智之举吗？

我们放眼看一下美国当前的景象：鳞次栉比的大房子，各种大规格、大排量的汽车，还有家里看的大屏幕等离子电视机。在这一连串"大"的后面，随之而来的是另一"大"现象：自"大萧条"以来个人储蓄的最"大"降幅。

回到25年前，两位数的储蓄率是美国的常规水平，1994年，储蓄率还保持在将近5%。但是2006年，美国的储蓄率变为负增长——比如说–1%。美国人不但不储蓄了，而且他们花的比挣的还要多。欧洲人比美国人要好得多，他们的平均储蓄率是20%，日本人是25%，中国人是50%。美国人到底是怎么回事？

我认为，原因之一是美国人已经被过度消费的恶习打败。例如，我们回顾一下用来安身和存放家当的房子，看看壁橱的尺寸：就拿我们在马萨诸塞州剑桥市的房子来说，它建于1890年，根本就没有壁橱。20世纪70年代盖的房子，壁橱稍大一些，大概能放得下一个奶酪火锅，一盒八轨道录音带，还有几件迪斯科舞裙。但是，如今的壁橱可就大不一样了。广告上说的"房间式壁橱"并非夸张，一个成人进去走上几步也没有问题。而且，不管这些壁橱多宽多大，美国人总有办法把它们塞满，里面各种各样的东西可以一直堆到壁橱门口。

另一个原因是（问题的另一个侧面）近些年信用卡消费额的爆炸性增长。每个美国家庭平均拥有 6 张信用卡（仅 2005 年，美国各家信用卡公司就寄出了 60 亿份直接推销信用卡的信件）。可怕的是，每个家庭使用信用卡的平均消费额约为 9 000 美元；并且每 10 个家庭中有 7 个都是将信用卡额度花在了诸如食品、日用品和衣服一类的基本消费上。

因此，如果美国人像过去，或者像世界上其他国家的人一样学会储蓄，把钱放一点儿到饼干筒里，有些东西等买得起时再买，不是更明智吗？为什么当我们应该把工资的一部分存起来的时候却不去存呢？为什么我们不能少买些东西？为什么我们不能发挥昔日良好的自制能力？

中国人说，"千里之行，始于足下"，又说，"莫待无花空折枝"。这两句话说的是什么意思，我们大多数人都明白。但实际上，我们一边保证要储蓄防老，一边却把钱花在度假上；我们发誓要节食，但是点心车一推过来，我们就招架不住诱惑；我们决定要定时检测胆固醇，也和医院预约过了，但到时候又没有去。

因为受到短暂冲动的影响而偏离长远目标，我们失去了多少呢？不参加体检、不去锻炼对我们的健康影响有多大呢？忘记了自己"多储蓄，少消费"的誓言又使我们减少了多少财富呢？在与拖沓恶习的斗争中，为什么我们一再打败仗呢？

第六章 拖沓的恶习与自我控制：为什么我们信誓旦旦的事情却总是做不到？

设定自我控制的底线

在上一章里，我们讨论了非理性情绪如何控制我们，并使我们从一个不同的角度观察世界。英文"procrastination"（拖沓）一词来自拉丁文。"pro"意为"向，到"；"cras"意为"明天"，合起来，就是"明天再说"。归根结底，它与非理性情绪是同一性质的问题，只是表现形式有所不同。我们发誓要存钱，那是在清醒状态下做出的决定；我们决定要锻炼并注意饮食，同样是在清醒状态下做出的自我承诺。但是到了馋得流口水的时候，情形就不同了；我们发誓要增加储蓄，但是当看到梦寐以求的一款新汽车、一辆山地车或者一双鞋子的时候，不把它买下来我们就受不了；我们计划着按时健身，却总能找到理由坐下来看一整天电视。至于节食呢？我们会想：我先吃了这块巧克力蛋糕，从明天开始，一定认真执行节食计划。朋友们，为了眼前的满足而放弃长远的目标，这就是拖沓。

作为一名大学教授，我对拖沓恶习再熟悉不过了。新学期开始时，我的学生总是做出庄严的承诺——发誓按时完成指定的作业，按时交论文，总之一句话，会按部就班地完成所有任务。而每一个学期中，我总会看到他们经不住诱惑，放下学业出去约会，到学生会去参加活动，到山里去滑雪旅游——功课越积越多，负担越来越重，远远落在了进度后面。但是到最后，他们给我留下深刻印象的，不是他们能准时交作业，而是他们的"创造力"——他们可以编造各种故事、借口，以及家庭成员的病患灾祸等为拖沓做解释（我不明白，为什么这些灾和病总是集中出现在一学期的最后两周里）。

我在麻省理工学院教了几年书以后，和我的同事克劳斯·韦滕布罗赫（英士国际商学院教授，该校在法国枫丹白露、新加坡及阿布扎比设有三大校区）决定开展几项研究以探求这一问题的根源，期待能够找到解决人类这一共同弱点的方法。这一次，我们实验的"小白鼠"就是我消费行为学那几个班里可爱的学生。

实验

开课的第一天早上，学生们坐在教室里，满怀期望地（毫无疑问，还有他们按时完成作业的决心）听我介绍这门课的教学大纲。我解释说，这学期共12周，要写三篇论文。这三篇论文将在期末成绩中占据举足轻重的分量。

"有交论文的最后期限吗？"后排一个学生举起手问道。我笑了笑说："学期结束前，你们哪天交都行，完全由你们决定。"学生们想了想，有点儿疑惑不解。

"条件是这样的。"我解释说，"周末以前，你们必须用书面形式，自己规定每一篇论文的上交期限，一经确定就不准更改。"我进一步解释，迟交的论文，按迟交的天数扣分，每晚一天扣罚总成绩的1%。提前交当然可以，不过我不到学期结束不批阅，早交的不会有加分之类的奖励。

换言之，球在他们那边。但他们有自制能力来把球打好吗？

"艾瑞里教授，"古列夫，一个聪明的硕士生问道，他说英语时带点儿印度口音，蛮好听的，"不过，按照您给的这些指示和条件，对我们来说，只要在学期结束前交，岂不是交得越晚越好？"

"你们可以这样做。"我回答说，"如果你们认为这样有好处，完全可以。"

第六章 拖沓的恶习与自我控制:为什么我们信誓旦旦的事情却总是做不到?

在这样的条件下,你会怎样做?

我保证于第____周交出第一篇论文。

我保证于第____周交出第二篇论文。

我保证于第____周交出第三篇论文。

学生们为自己选定了什么样的最后期限呢?任何完全理性的学生都会像古列夫说的那样,把最后期限设在学期的最后一天——这样设定,在最后期限前,无论什么时候交论文都不会受罚扣分;既然如此,为什么还要选早一些的期限而冒受罚的风险呢?如果学生们完全理性,把交论文期限推迟到最后,显然是最明智的决定。但是,如果他们不理性又会怎么样呢?如果他们招架不住诱惑而且习惯于拖沓呢?他们如果认识到自己的弱点会怎样呢?如果同学们是非理性的,而他们自己又了解这一点,他们就可以利用期限来迫使自己做得更好一点儿。他们可以把期限定得早一些,由此迫使自己在课题上早一点儿下功夫而不必拖到期末。

我的学生们是怎样做的呢?他们利用了我给予他们的规划工具,把期限分别放到了学期中的各个阶段。这样当然很好,这说明他们认识到自己拖沓的毛病,而且有机会的话也希望能有效地控制自己——但主要问题是,这种工具是否真能帮助他们取得较好的成绩。为了找到答案,我们还必须在其他班里用不同设计进行同类实验,并且在最后不同的条件(不同班级)下拿论文成绩进行对比。

我已经让古列夫所在班级的同学自己选择交论文的期限,但在其他两个班,我和他们约定了完全不同的条件。在第二个班,我告诉他们,我对交论文不设其他期限,他们只要到学期最后一节课结束时交上三篇论文即可。他们也可以早交，当然了，早交也不会加分。我预料他们会非常高兴：我给了他们弹性期限和完全的选择自由。不仅如此，他们还不会因为前面哪篇论文迟交受罚，所以完全没有风险。

第三个班得到的是可以称之为"专制"的待遇：我给三篇论文都规定了上交期限，分别定在第4周、第8周和第12周。这是不可更改的命令，他们完全没有弹性或选择的余地。

这三个班，你们预料哪一个班的期末成绩最好？是古列夫那个班吗？他们享有一定的弹性。或者第二个班？只有最后期限，享有完全的弹性。还是第三个班？强制性的期限，完全没有弹性。成绩最好的会是哪个班呢？同时，你们预料哪个班成绩会最差呢？

学期结束，这几个班的教学助理何塞·席尔瓦（他本人是研究拖沓恶习的专家，现任加州大学伯克利分校教授）评卷后把论文发还给学生们，我们可以比较这三个班的成绩了。我们发现被限定三个交论文时间的那个班成绩最好；完全不设期限（最后期限除外）的那个班成绩最差；古列夫那个班，可以自己设定三个交论文期限（但迟交会被罚分），成绩在前两者之间，三篇论文和期末总成绩都是如此。

这一结果说明了什么？第一，学生们的确有拖沓的习惯（一大新闻）；第二，严格限制他们的自由（自上而下地硬性规定每一篇论文的提交期限）是治疗拖沓最有效的手段。但是最大的启示在于，只要给学生们一种工具让他们自己设定期限，就可以帮助他们获得较好的成绩。

第六章 拖沓的恶习与自我控制：为什么我们信誓旦旦的事情却总是做不到？

这一发现意味着学生们一般都了解自己拖沓的问题，如果有机会，他们也能够采取行动与之斗争，并有可能取得相应的成果。但是，为什么允许自设期限的学生的成绩不如那些被严格规定期限的学生呢？我的感觉是：并不是每个人都能了解自己的拖沓倾向，即使那些认识到自己有拖沓倾向的人也不一定对自己的问题有完全的了解。不错，人们可以自己设定期限，但是这些期限未必能使他们的能力得到最好发挥。

当我看了古列夫班的学生设定的期限后，发现问题确实出在这里。尽管班里大多数学生把三个交论文的期限平均拉开（这些学生的成绩与被严格规定期限的学生一样高），但有些人仍然没有这样做，有几个甚至根本没有给自己设定期限。那些没有充分拉开交论文期限的学生把全班的平均成绩拉了下来。缺少了合理的期限分配（交论文期限会强迫他们在学期中间尽早动手准备论文），期末论文一般都是仓促而就，因而质量很差（即使没有算上按迟交天数1%的扣分也是如此）。

有意义的是，这一结果意味着，拖沓问题人皆有之，那些认识到并承认自己弱点的人能够更好地利用设计好的工具帮助自己战胜它。

破釜沉舟，帮助自己战胜拖沓，这就是我和学生们的经验。它与日常生活有什么关系呢？我认为关系很大。抵御诱惑、灌输自制意识是人类总体的目标，一再失败、少有成功则是我们很多苦难的来源之一。我环顾周围，看到人们都在尽力做他们认为正确的事情，不管是发誓要远离点心盘子的节食者，还是发誓要少花钱、多储蓄的家庭，为自我控制进行的斗争到处都有。我们可以在书籍杂志、广播电台和电视里发现各种各样的自我完善和自助的信息。

但是，尽管有这些电波信息的传播和印刷品的集中关注，我们仍会看到自己处在和我的学生们同样的困境之中———次又一次地无法达到我们的长远目标。为什么呢？因为缺乏破釜沉舟的决心，我们在诱惑面前一触即溃。

还有什么其他办法吗？从我上面描述的实验来看，最明显的结论是，如果有专制的"外部声音"发出命令，我们多数人会立正倾听。归根结底，被我设定具体期限的学生（我对他们发出"家长式"的声音）表现最好。当然，咆哮式的命令并不总是有效，人们也往往不喜欢采用。退一步怎么样？最好的办法似乎是给人以自设底线的机会，选择他们喜欢的行动路径。这种做法可能不如强制性规定那样有效，但是它能够帮助我们把自己推向正确的方向（如果对人们实施训练，让他们在自己设定底线方面获得经验，效果可能更显著）。

底线是什么呢？我们在自我控制上有困难，这种困难与即时满足及延后满足有关——这是明摆着的事实。但同时，我们面临的每个问题又都有潜在的自我控制机制。如果我们无法从领到的工资中抽出部分进行储蓄，或许可以让雇主自动帮我们扣除；如果我们没有独自一人定期健身的意志力，就可以考虑和朋友们搭伴安排锻炼时间。有很多可以使我们实现自我控制的工具，能帮助我们实现自己的愿望。

可以利用预先干预机制来解决的问题还有哪些呢？我们来考虑一下保健和信用消费。

让全身检查像买份麦当劳套餐一样简单

人人都知道，无论是从个人还是从社会角度来衡量，预防性医疗的效益都要高于目前的补救性医疗。预防就是在问题发生之前，定期进行身体检查。但是进行结肠镜检查和乳腺透射是很受罪的，就算是检测胆固醇——需要抽血，也不好受。从长远来考虑，我们想健康长寿，就必须做这些检查，但是实际上，我们总是从短期的方便角度来考虑，一拖再拖，明日复明日。

你们能够想象，如果大家都能按时按规定进行体检，结果会怎样吗？想一想如果能早期诊断，可以提前发现多少严重的健康问题，可以节省多少医疗保险费用，治疗过程中可以减轻多少痛苦。

那么，怎样解决这一问题呢？我们可以采取强制性措施，由奥威尔小说意义上的"国家"对我们强制实行定期体检。这一方式对我的学生是行之有效的，给他们强制设定期限会使他们得到好成绩。从社会角度来看，毫无疑问，如果有"保健警察"驾车呼啸而来，把那些拖延体检的人强行拉到胆固醇检测部门抽血化验，将有利于提高我们整体的健康水平。

这样做似乎有些极端，但是可以想一下社会为了我们的利益而实行的其他各种强制性措施。如今我们过马路不走斑马线、开车不系安全带都会被处罚。20年前，不会有人想到全美多数公共建筑、餐馆和酒吧里会禁止吸烟，但今天实现了——谁抽烟就会招致高额罚款。现在我们又面临反对转基因油脂运动。（吃炸薯条易引起人们心血管阻塞，是否也应该被禁止？）

有些时候，我们坚决支持限制人们自毁行为的法规；但又有些时候，我们却同样坚决地强调个人自由。无论怎样，二者都是公平交易。

但是如果强制体检得不到公众的普遍接受，那么采取中间路线，就像我让古列夫和他们班同学自己设定期限那样，会行得通吗（最后期限由个人自愿选择，但对拖延者施以罚款）？这可能是专制主义与自由主义之间的最佳折中方案。而我们今天实行的、完全自由的预防保健措施，它注定是失败的。

假设你的医生说，你需要做胆固醇检测，则意味着当晚10点以后直到第二天采血前，你都要禁止进食，一大早不吃早饭就开车来到医院，坐在人满为患的化验室里等啊等，好像等了几个小时，最后护士过来，验明正身，把针扎进你的手臂里。想到这一切，你马上就想往后拖延。但是假如医生预先收你100美元的化验押金，只有你按预约准时到场才可以返还，你是否就会准时去参加检测呢？

如果医生问你是否愿意付这100美元的押金，你会怎么样呢？你会接受这种自我强制性的挑战吗？如果你付了钱，它会使你更有可能参加体检吗？假定体检的过程更复杂一些，例如结肠镜检查，你愿意预付200美元押金吗？如果你愿意，那就相当于接受了古列夫那个班的条件，这种条件会自然驱使学生们对自己的决定负起责任。

还有什么办法能帮我们战胜保健事业中的拖沓恶习呢？比如把多数医疗检测项目做成一揽子计划，使它们便于预测和操作。我来讲一个故事，对这一构想做个说明。

几年前，福特汽车公司曾经想方设法让车主回到经销店做日常车辆维护。困难在于标准的福特汽车需要维修的零部件大约有18 000种，不幸的是，这些零部件并不需要同时维修（福特公司一个工程师断定车轴的某一螺栓每行驶3 602英里就需要检测一次）。这还只是问题的一部分：福特公司有20多种车型，加上不同年份的款式，要对全部这些车辆进行维修是不可思议的。消费者和维修顾问所能做的，只能是逐页翻着厚厚的零件图册来确定哪些零件需要检修。

第六章 拖沓的恶习与自我控制：为什么我们信誓旦旦的事情却总是做不到？

但是，福特开始注意到本田经销点那边的情况。尽管给本田汽车的 18 000 个左右的部件制订理想的维修计划和福特一样，但本田把一切包括进了三个"检测保养区段"里（例如，每 6 个月或 5 000 英里，每年或 10 000 英里，每两年或 25 000 英里）。这样一张表牌挂在了维修部接待室的墙上，数百种检测服务都压缩到了简单明了、以里程为单位的保养计划之中，包含了常见的所有型号和年份款式。表牌上把各种保养项目合并捆绑，排出顺序，逐项标价。人人都能看清什么时间应该进行什么保养，价钱是多少。

这块项目表牌上不仅展示了各种便于了解的信息，它还是拖沓习惯的真正克星，因为它明确地告知客户要在指定的时间和里程内进行保养。它非常简单明了，人人都能看懂，客户不会再迷惑不清。客户也不再拖延，可以毫无困难地按时保养他们的本田车。

福特公司有人认为这确实是个很好的主意，但一开始该公司的工程师坚决反对。不错，必须说服这些"丁是丁，卯是卯"的技术人员，车主行驶 9 000 英里不换机油是可以的，但是 5 000 英里时可以把换机油与其他的项目合并起来做。必须说服福特的技术人员，尽管野马轿车和 F-250 超级皮卡的技术参数大不相同，但可以放到同样的保养计划表里去。同时，必须说服他们，把 18 000 个零配件重新组合成三个简易的保养区段，让车辆保养就像到麦当劳买一份超值套餐那么容易，这并不代表福特公司技术工艺差劲，而是代表该公司优良的售后服务（更不用说是好主意、好生意了）。事实上，最有说服力的一点就是让用户按一个并非十分精确的区段表来保养车总比根本不保养要好得多。

到头来，本田公司还是这样做了，福特公司也按本田的办法来安排车辆保养。人们不再拖延了，福特维修点的车辆保养台，原来有40%的空闲率，现在都排满了，经销商们也赚钱了。仅仅三年，福特就在车辆保养方面与本田实现了并驾齐驱。

那么，把体检同样加以简化——并且，加上自我强制性罚款手段（"家长式"的提醒更好一点儿），是否能明显地提高我们的健康状况，大幅度降低总体医疗费用水平呢？我们从福特经验中学到的是建立一套人们能够记住的医疗检测及规程步骤，比死抱着一系列让人们无所适从、不知该如何执行的保健指令要聪明得多。于是，最大的问题是：我们能够改造困境中的美国医疗程序，使它像买一份开心乐园套餐那么容易吗？梭罗曾经在他的论文稿纸边上强烈主张："简化！简化！再简化！"一点儿不错，简化是天才的标志之一。

拥有"自我控制"功能的智能信用卡

我们可以像奥威尔小说中描写的那样，发布政令，禁止人们消费。这就如同我第三个班上的学生一样，由我强行规定最后期限。但是有没有更聪明的做法，让人们控制自己的消费呢？

几年前，我听说过一种"冰杯"法能减少信用卡消费。这是在自己家中矫正消费冲动的方法：你把信用卡放到一杯水里，把杯子放到冰箱里冰冻起来。然后，如果你一时冲动又决定要买什么东西，就必须先等杯子里的冰化了才能取出信用卡。到那时，你的冲动可能就会消退（你不能把杯子放到微波炉里解冻，那会损伤磁道）。

还有一种颇具争议的方法，当然，它也更加现代化。约翰·利兰在《纽约时报》发表了一篇非常有趣的文章，描写了一种正在增长的自我

第六章 拖沓的恶习与自我控制：为什么我们信誓旦旦的事情却总是做不到？

羞愧趋势："一位自称特里西娅的妇女上个星期发现自己信用卡欠债总额已经高达22 302美元，她迫不及待地要把这一消息散布出去。特里西娅，29岁，从来没有对家人或朋友提及过自己的财务状况，也从来没有对自己的债务表示过羞愧。但是，她在自己位于密歇根北部家中的洗衣间里，做了一件上一代人闻所未闻、匪夷所思的事情：她在网上发帖子，公开自己详细的财务状况，包括她的财富净值（目前是–38 691美元），信用卡收支状况（包括欠款利息费用），以及她从去年建立博客以来已经偿还的债务金额（15 312美元）。"

文章还表明特里西娅的博客代表了当前越来越明显的某种趋势。目前，已经有数十个（现在可能多达数千个了）专门的债务博客网站（网站名称从"比你穷""我们欠债""别爱上欠债"到特里西娅的网页"摆脱债务博客"）。利兰写道："消费者正在请求别人帮助自己建立自制机制，因为许许多多的公司在毫无节制地大肆推销。"

把过度消费的状况在博客上发表，这样做重要而且有用，但正如我们在第五章讨论情绪时所说的，我们真正需要的是在引诱面前抑制消费的方法，而不是事后设法抱怨。

我们能够做些什么呢？能否依照古列夫他们班的条件创造某种机制，既有自由选择权同时又有内在的限制？我开始想象另一种类型的信用卡——自我控制信用卡，它能帮助人们限制自己的消费行为。用户可以事先设定他们在每类商品、每家商店的消费限额以及他们每次消费的限额。例如，持卡人可以把咖啡消费限制在每周20美元，服装类消费每半年600美元，也可以把日用品消费限制在每周200美元，娱乐消费每月60美元，并且在下午2~5点之间禁止甜品类消费。如果他们超过消费限额怎么办？这可以由持卡人自己来决定采取何种惩罚。例如，他们可以设定信用卡自动拒付，或者可以自己设定超限税并且把税金转赠给"人类家园"国际组织、朋友，或者转为定期储蓄。这种信用卡系统也可以采用"冰杯"方式对大件消费设置冷却时段，甚至可以由系统自动给你的配偶、母亲或者朋友发出一封电子邮件：

亲爱的苏米：

　　本邮件提请您注意，您的丈夫丹·艾瑞里，一位诚信正直的公民，现已超过了每月50美元的巧克力消费限额，实际消费已达到73.25美元。

　　顺致敬意

自我控制信用卡中心

这好像是在做白日梦，但事实并非如此。想一下那些开始充斥市场的智能卡（薄薄的、手掌大小的卡片，具有了不起的计算机功能）的潜力。这些智能卡提供了一种可能性，即按每个人不同的需要定制消费计划并帮助人们明智地管理信贷。例如，为什么信用卡不能有个消费"调节器"（就像发动机有限速器一样）来限制某些特定情况下的现金支付业务？它们为什么不能具有与缓释胶囊类似的功能，让消费者能够自己设定，合理分配信贷，帮助他们像自己所希望的那样消费呢？

几年前，我深信带"自我控制"功能的信用卡是个金点子，于是我向一家大银行请求约见。令我非常高兴的是，这家信誉卓著的银行竟然做出了回应，并且建议我到它的纽约总部去访问。

几个星期后，我到了该公司的纽约总部，在接待处耽搁了一小会儿，便被带到了一间现代化的会议室。透过厚厚的落地玻璃窗从高空往下望，曼哈顿的金融区历历在目，川流不息的黄色出租车在雨中蠕动。几分钟后，房间里就坐上了六七位高级银行主管，包括银行信用卡分部的负责人。

我先讲述了拖沓恶习会给大家带来的问题。在个人财务领域，我说，它造成我们忽视储蓄的重要性——信贷随手可得，这一诱惑使我们的壁橱里堆满了自己并不真正需要的东西。不一会儿就可以看出来，我的话引起了在场每一个人的共鸣。

接着，我开始讲述美国人是如何陷入可怕的对信用卡的过度依赖，是如何被债务活活吃掉，又是如何挣扎着寻找摆脱这一困境的出路。遭受打击最重的群体之一是美国的老人，实际上，1992—2004年，年龄55岁以上的美国老人的负债率增长比美国其他年龄段的人群都更快，他们中有人甚至用信用卡来填补医疗保险费，有些人还可能失去他们的房产。

我开始感到自己就像电影《风云人物》中的乔治·贝利在乞求免除贷款债务一样。主管们开始发言，多数人都讲到了他们的亲戚、配偶和朋友（当然没有他们自己）所遭遇过的信用债务麻烦。我们做了详细的讨论。

既然铺垫已经做好，我便开始讲解使用"自我控制信用卡"帮助消费者减少消费增加储蓄这一构想。一开始，我觉得这些银行家有点儿吃惊，难道我不知道银行和信用卡机构每年从卡本身获得的利息就有170亿美元吗？老天啊！他们可能放弃吗？

不过，我也不会那么天真。我向银行家们解释说自我控制信用卡这一构想背后有着巨大的商机，"你们看，"我说，"信用卡生意面临你死我活的竞争，你们每年发出60亿封定向邮件，但是各个公司提供的信用卡大同小异。"他们虽然不情愿，但都承认我说的是事实。"不过，假如有一家信用卡公司从其中站出来，"我继续说，"加入消费者的一边——为陷入信贷恐慌的消费者充当辩护人，会怎么样呢？假如有一家公司有胆量提供一种信用卡，它能帮助消费者控制信贷，或者更进一步，把一部分钱转入定期储蓄，又会怎么样？"我环视了房间，"我敢打赌，成千上万的消费者会把其他公司的信用卡一剪两半作废——转而申请你们的！"

一阵兴奋的热浪席卷整个房间。银行家们点着头，互相交谈。他们一一和我握手，对我说，不久后一定还要约我再来谈一次。

不过，他们约我再谈的事情从此便石沉大海，杳无音信了（可能他们担心失去每年170亿美元的利息，或者是过去的拖沓恶习依然故我）。但是，我想设计一种有自我控制功能的信用卡的想法没有变——可能将来某一天，有人会迈出第一步。

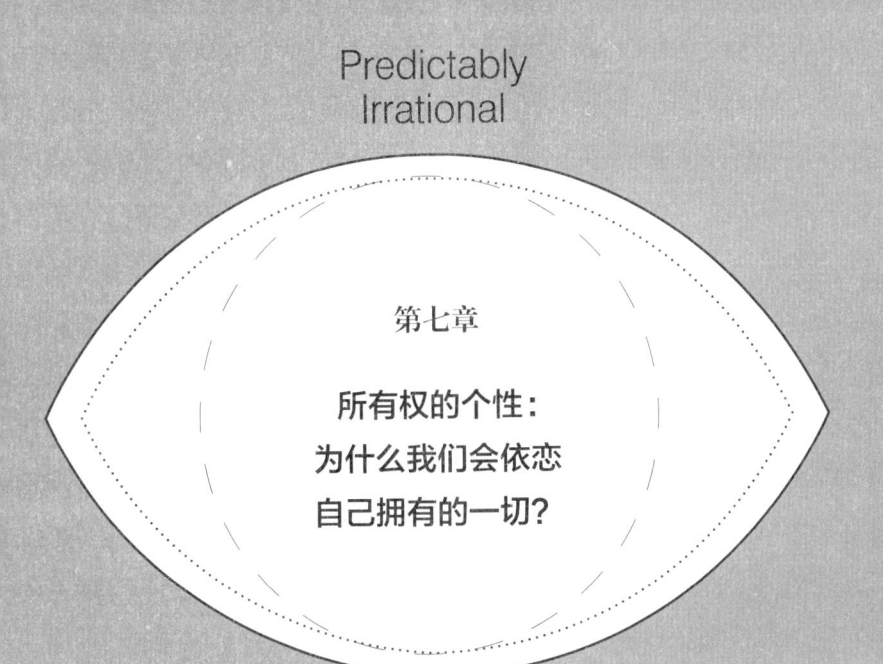

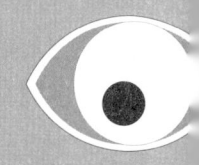

Predictably
Irrational

第七章

**所有权的个性：
为什么我们会依恋
自己拥有的一切？**

为什么卖主的估价总比买主高?

在杜克大学,篮球在人们心目中的地位介于狂热的业余爱好与虔诚的宗教活动之间。学校的篮球馆狭小陈旧,吸音效果也差——比赛时,观众席上的助威呐喊声此起彼伏,混杂回荡,成为滚滚巨雷,足以使人们的肾上腺素激增。球馆狭小,自然使人们有机会与球员亲密接触,却没有足够的座位来容纳翘首以待的球迷。不过,话说回来了,杜克人喜欢的就是这股劲儿。校方也根本没有把狭小拥挤的篮球馆翻修扩建的打算。为了合理分配球票,多年来逐渐形成了一套复杂的选择程序,把真正的铁杆球迷与一般大众区分开来。

尽管春季学期还没开学,想看球赛的学生就已经在篮球馆外的草地上搭起了帐篷。每个帐篷住10个学生。最先到的把帐篷搭在离球馆入口最近处,晚到的依次排在后面。这一不断增长的群体被称作"克日泽斯维斯基城",表达了学生们对新赛季本队胜利的热情期盼以及对主教练"克大爷"麦克·克日泽斯维斯基的衷心爱戴。

于是,汽笛声不定时地响起,这时很容易就知道一个人是不是铁杆球迷,血管里流的是不是正宗杜克球迷的"蓝血"了。汽笛一拉响,倒计时开始,5分钟内,以帐篷为单位,每个帐篷中至少要有一个人到篮球协会那里签到登记。如果5分钟内哪个帐篷没有人去登记，全帐篷的人就被淘汰出局，到最后面重新排队。这一过程要持续到春季学期结束，到球赛开始前48小时达到白热化的顶点。

到了赛前48小时，"帐篷签到"改为"个人登记"。在这一阶段，帐篷就不再是一个整体，而仅仅是一个共同居住的场所了：汽笛一响，每个人都必须亲自去篮球协会登记。如果错过一次"个人登记"，那就要失掉本轮资格回到最后重新排队。汽笛声在普通比赛阶段只会隔一段时间响一次，但到了大赛阶段（例如与北卡罗来纳大学教堂山分校的比赛以及美国锦标赛期间），白天黑夜24小时随时都能听到汽笛鸣叫。

但上面说的还算不上是这一宗教仪式般的现象中最奇特的部分。最奇特的程序是在真正的顶级赛事期间，例如美国比赛的冠军争夺战，这时即使排在最前面的学生也不一定能拿到票。与一般赛事不同，他们每个人只能得到一个摇签号码。一段时间之后，他们得拥挤到学生中心的一张中签名单前面看了之后，才会知道究竟花落谁家，哪些人能最终拿到决赛球票。

1994年春，我和济夫·卡蒙（英士国际商学院教授）漫步在杜克校园，经过帐篷营地时，耳边响起了汽笛声。眼前的一切触动了我们，这不就是一次活生生的实验吗？住帐篷的那些学生都眼巴巴地盼望能看到篮球赛。他们长时间住在帐篷里等的就是这个特别的机会。但是，摇签一结束，几人欢乐几人愁——一部分人拿到了票，另一些人则是无功而返。

问题是这样的：那些得到球票的学生会比那些没有得到球票的学生更珍视自己的门票吗？我们假定得到球票的学生会更加珍视，那么我们假定的出发点就是"敝帚自珍",一旦我们拥有某物,不管是一辆汽车还是一把小提琴,一只猫还是一把棒球拍,我们对它的估价就会比别人高。

我们先想一下,为什么房屋的卖主对它的估价要比买主高?为什么汽车卖方的期望价格要比买方的高?在许多交易中,为什么物品所有人索要的价格比买方想出的价格要高?有句老话,"你的天花板是别人的地板"。你如果是所有者,你就在天花板上;你如果是买方,你就在地板上。

当然了,总有例外。例如,我有个朋友带着满满一箱子唱片去甩卖,仅仅因为他不愿意再带着它们搬来搬去。过来的第一个人出价25美元(其实他连唱片名都没看),我的朋友就接受了。那个人很可能第二天转手卖了10倍的价钱。真的,如果我们老是高估我们所拥有的东西,就不会有所谓的路边古董奇遇了。("这个牛角火药筒你想出多少钱买?5美元?我告诉你,你淘到的可是个国宝啊!")

把这个例外的提醒先放到一边,我们仍然相信,在大多数情况下,一旦拥有了某物,它在我们心目中就更值钱了。这样说对吗?那些得到球票的杜克大学学生——他们可以预想站在拥挤的看台,球员们在场内飞奔。他们对球票的估价比那些没得到票的要高吗?要得出答案,只有一个好办法:让他们自己说球票到底值多少钱。

在这次实验中,我和济夫将会从那些持有球票的学生手里买票,再卖给那些没得到票的。不错,我们要当一回票贩子。

实验

那天晚上,我们弄到一份名单,上面既有中签得到票的学生,也有没得到票的，之后，我们开始打电话。第一个电话打给了威廉，化学专业四年级学生。威廉很忙，上个星期，他一直待在帐篷里，落下一大堆功课要赶，还有很多邮件要回。他很不开心，因为他好不容易排到了前面，但运气不好，没中签，还是没得到票。

"你好，威廉。"我说，"我知道你没拿到四强赛的球票。"

"是啊。"

"我们可以卖给你一张。"

"太棒了。"

"你愿意出多少钱？"

"100美元怎么样？"

"太少了。"我哈哈大笑，"你得出高一些。"

"150美元？"他回价。

"恐怕还不行。"我坚持说，"你最高能出多少？"

威廉考虑了一下："175美元。"

"就这些了？"

"就这么多了，多一分也不行。"

"好吧，我们把你排进去，这个价格行的话就通知你。"我说，"顺便问一下，175美元你是怎么算出来的？"

威廉说，他估计用这175美元，可以到一家运动酒吧免费看比赛实况电视转播，喝几瓶啤酒，买点儿吃的，剩下的还可以再买几张CD和几双鞋。看比赛当然令人兴奋，但175美元也是一大笔钱啊。

我们下一个电话打给了约瑟夫。约瑟夫在帐篷里住了一星期，同样落下了功课，但他一点儿也不在乎——他中签了，得到了一张票。过几天,他就能去看杜克队员们争夺全美冠军了!

"你好,约瑟夫。"我说,"我们给你提供一个机会——把你的票卖掉。你最低要多少?"

"我没有最低价。"

"无论什么东西都是有价格的。"我回答,尽力模仿电影明星阿尔·帕西诺娓娓动听的嗓音。

他一张口,要价3 000美元。

"别这样。"我说,"这太高了。要合理一点儿,你得把价格降下来。"

"那好吧。"他说,"2 400美元。"

"你肯定吗?"我问。

"再低我绝对不干了。"

"好吧。如果我能找到买主愿意出这个价,就给你打电话。对了,"我补充说,"你是怎么得出这个价格的?"

"杜克篮球赛是我大学生活的很大一部分。"他非常激动。他接着解释说,球赛将成为他的杜克时光中特别的记忆,他将来可以把这一美好回忆与他的儿子、孙子分享。"这怎么可能用价格来衡量呢?"他问道,"这种记忆,你能够标得出价格来吗?"

除了威廉和约瑟夫之外,我们还给其他100多个学生打了电话。总体上,那些没拿到票的学生愿意出170美元左右一张购买球票。他们愿意出的价格,就像威廉的情况,是通过这些钱的替代用途(例如到运动酒吧喝饮料、买东西吃)而推算出来的。另一方面,那些得到票的,出价大约2 400美元的人,例如约瑟夫,他们的根据是,这种亲身经历多么重要,它产生的记忆终生难忘。

真正令人奇怪的是,在我们打电话联系的人中,竟然没有一个卖方愿意以买方可以接受的价格出让球票。我们面对的是什么呢?这是一群球迷,在摇签之前都热切期望得到一张球票;然后,忽然一下子,摇签结果一出来,他们就被分成了两帮——有票者和无票者。它形成的是一道情感断层,横亘在两群人之间,有的人正憧憬着球赛的光辉,另一些人则在想象能用省下的买球票的钱干点儿什么别的。而且这一断层是经过实验检验的——卖方平均叫价(大约2 400美元)是买方平均出价(大约175美元)的14倍之多。

从理性的角度,有票者与无票者对球赛的看法应该是一致的。无论如何,人们都能够预测到赛场上的气氛,以及他们将从这一经历中得到的享受,这种预期不应因摇签的结果而产生变化。那么,一次偶然的摇签怎么就突然完全地改变了学生们对球赛,连同对球票价值的看法呢?

人类本性中的三大非理性怪癖

所有权涉及我们生活的方方面面,并且以一种奇怪的方式塑造着我们所做的事情。亚当·斯密写道:"每个人……都以交换为生,或者在某种程度上成为商人,社会本身也随之成长为真正的商业社会。"这一思想是值得敬畏的。我们大部分的生活故事,都可以用我们特定的所有物的增加与减少来讲述——我们得到什么,失去什么。例如,我们购买衣物和食品,汽车和房屋。我们也出卖东西——房屋和汽车,并且在我们的工作过程中,出卖我们的时间。

既然我们生命的一大部分都贡献给了所有权,能对此做出最恰当的决定不是很好吗?例如,确切了解我们会怎样享受我们的新家、新汽车、新式沙发、阿玛尼西装,我们就能做出准确决定去拥有它们,那不是很好吗?不幸的是,事情很少是这样的。我们大都在黑暗中摸索。为什么呢?我们人类本性中有三大非理性的怪癖。

第一种怪癖,正如我们在篮球票案例中所看到的,我们对已经拥有的东西迷恋到不能自拔。假如你想卖掉你的大众家庭旅行车,你会首先做什么?甚至你还没有把"出售"标志贴到车窗上,就已经在回忆开着它走过的路程。那时,你当然比现在年轻多了,孩子们也还没长成大姑娘、小伙子。一股怀旧的热流涌遍了你的全身,你对车子更加难以割舍。当然,你不仅对大众旅行车是这样,对其他一切也是如此。这种迷恋来得很快。

我的两个朋友从中国领养了一个孩子,他们给我讲的这个故事就很值得注意。他们和另外12对夫妻一起去中国,到达福利院后,院长把每对夫妻带到一个单独的房间里,分别抱来一个女孩给他们看。第二天,这十几对夫妻再见面时,他们都称赞院长的智慧:不知道是什么原因,她似乎确切地知道哪对夫妻想要哪个女孩。他们说,院长的分配特别合乎人意。我那两个朋友也有这种感觉,但他们知道其实院长只是随机分配,并没有事先刻意安排。事实上,让这些夫妻感觉分配完美的不是那个中国女院长的才能,而是大自然的力量,它让我们对自己拥有的一切,立即产生依恋。

第二种怪癖,是我们总是把注意力集中到自己会失去什么上,而不是会得到什么上。因此,当我们给心爱的大众旅行车定价时,想到更多的是自己会失去什么（能干的老伙计），而不是会得到什么（收到的钱可以买别的东西）。这就是我们给它标上的价格，高得根本不现实的原因。同样，那些得到球票的学生只注意到自己会失去看球的经历，而不去想卖掉球票可以赚钱，用赚来的钱可以买到其他的享受。我们对于损失有一种强烈的恐惧，就如我之后在书中还要解释的那样，这一情绪有时是我们做出错误决定的原因。你是否知道，为什么我们不愿意卖掉一些钟爱的零零碎碎的东西，即使别人想买，我们也会漫天要价？为什么我们只要一想到这些值钱的东西要归别人了，就会情不自禁地感到悲伤？

第三种怪癖，是我们经常假定别人看待交易的角度和我们一样。我们期望买我们大众旅行车的人也和我们有同样的情绪和回忆，或者期望买我们房子的人同样喜欢透过厨房格子窗照进来的阳光。不幸的是，大众旅行车的买主更可能注意到车子从一挡换二挡时排气管里冒出的烟，你的房子的新主人可能更容易注意到墙角的一道黑霉斑。要想到交易的对方竟然和自己用完全不同的角度看待一切，无论是买方还是卖方，都是很困难的。

宜家效应与虚拟所有权

所有权还包含我称之为"独特个性"的东西。其一，我们在某种事物上投入的劳动越多，对它的感情就越深。想一想你上一次组装的家具，仔细琢磨着哪一块要装到哪里，哪一颗螺丝钉要上到哪个孔里，想到这一切，留恋的感觉就油然而生。

事实上，我可以充分肯定地说，所有权的自豪感源于一个人组装家具、安装高分辨率电视与环绕立体音响、安装软件，或者给婴儿洗澡、擦干、扑粉、换尿布、小心放进婴儿床等动作，这种种动作所带来的自豪感与实现它们的难易程度是成比例的，难度越大，感受越强。我和我的朋友、同事，哈佛大学教授麦克·诺顿把这一现象定义为"宜家效应"。

另一种独特个性是我们在实际拥有所有权之前就对某物产生了拥有的感觉。想想你上一次参加网上拍卖时的情景。假如你星期一上午第一次出价，竞拍一块手表，这时你出价是最高的。当天夜里你再到网站上查询，你的出价还是排在第一，第二天夜里还是如此。你开始想着这块奢华的手表，想象你已经把它戴到自己的手上，想象它所获得的周围人的称赞。然后，你在拍卖结束前又一次登录网站。这时有个家伙已经排到你上面！有人会拍走"你"的手表！于是，你不管先前计划好要出多少钱，都会跟着抬高出价。这种"部分所有权"感，是不是导致我们在网上拍卖中，拍价螺旋上升的原因？是不是拍卖的时间拖得越久，虚拟所有权对竞拍者的支配就越紧，他们花的钱就会越多？几年前，我和芝加哥大学教授詹姆斯·海曼、叶西姆·奥尔亨做了一个实验，探索拍卖的过程如何逐渐影响竞拍者并鼓励他们加价到底。正如我们所猜测的，那些出价最高，参与时间最长的竞拍者，也是虚拟所有权感最强烈的人。当然，他们处在一种非常脆弱的地位：一旦他们将自己当作所有者，就会强迫自己一再出高价防止失去这一地位。

如何治疗所有权依恋症？

当然，"虚拟所有权"是广告业的主要动因。我们看到幸福的小两口驾驶宝马敞篷车奔驰在加州海岸大道上，我们会想象自己也在其中。我们从户外服装的顶级品牌巴塔哥尼亚运动衣图册上看到一件化纤羊毛混纺套头衫——我们开始想着它已经是自己的了。人家已经把圈套设好了，我们还高高兴兴地往里钻。我们甚至在一无所有时就已经把自己当成所有者了。

还有一种方式可以吸引我们成为所有者。有些公司经常开展"试用"促销。举例来说，假如我们已经装了有线电视的基本月租项目，并被引诱进了"数字黄金套餐"的特价"试看"中（每月59美元，正常价格是89美元），不管怎样，我们都可以告诉自己，我们可以随时回到基本月租或者降到"白银套餐"。

然而，一旦我们试看了"黄金套餐"，我们就自认为已经拥有了它。我们真的会有自制力再降回基本月租，甚至"白银套餐"吗？我怀疑。刚开始，我们可能认为自己可以很容易地回到基本服务，可一旦我们习惯于享受数字图像，就会把对它的所有权融入我们对世界、对自己的观点中，很快把它合理化而忘记了付出的代价。更进一步，我们对损失的惧怕，失去效果优良、画面清晰的"黄金套餐"图像，还有那么多频道，让人真的难以忍受。换言之，在我们购买"数字黄金套餐"之前，可能还不确定89美元的全价到底值不值；可一旦我们试用了它，所有权的情绪就涌了上来，一个月多花几十美元不要紧，失去"数字黄金套餐"可真是太痛苦了。我们以为自己能够回头，但实际上，它比我们预期的要困难得多。

商家同样的把戏还有一个例子，那就是"30天不满意保证全额退款"。如果我们拿不定主意是否买一套新沙发，这种允许让我们改变主意的"保证"实际上会促进我们最终把它买下来。我们可能认识不到，一旦沙发到了家里，我们的观念就会改变，我们会把它当成"我们的"沙发，而把退还沙发看成一种损失。我们起初会认为把它拉回家不过试用几天，但实际上，我们真的已经把它当成自己的了，沙发在我们心里所点燃的情绪，是当初我们无论如何也没预料到的。

所有权不仅局限于物质。它对人的观点、看法也同样适用。一旦拥有了一种观念——不论是有关政治还是体育，我们会怎样呢？我们或许对它会过度热爱、依恋，我们对它的珍视程度超过了其固有价值。司空见惯的是，我们对它难以割舍——一想到要失去它，我们就惶惶不可终日。那么它给我们留下的是什么呢？它转变为一种意识形态——僵化而且顽固的意识形态。

对于"所有权依恋症"，我们还没听说有什么有效的治疗方法。正如亚当·斯密所说，它已经被编织进了我们的生活之中。但是，认识到这一点就会有益处。我们可以抵制周围随处可见的，那些让我们改善生活质量的诱惑——买更大的房子、买第二辆汽车、买洗碗机、买剪草机，诸如此类。不过，一旦要我们把拥有的东西出让，降低生活档次，心里可就太难受了。就如我前面所说，所有权直接改变了我们观察的角度。冷不丁退回到拥有之前的状态无异于遭受损失，我们难以忍受。于是，我们在生活节节向上时，还想当然地认为如果需要随时可以倒退回去，实际上这是不可能的。例如，从住大房子降低档次回到小房子，就是一种损失的体验。由此造成的心理上的痛苦，我们愿意做出一切牺牲来避免——甚至就房子来说，被每月的按揭还款弄得倾家荡产也在所不惜。

我自己的方法是，用"非拥有心态"来看待每一桩交易（特别是大笔的），把自己和感兴趣的物件适当拉开距离。有了这样的努力，我不敢说能像印度托钵僧人那样，奉行对物质世界无欲无求的信条，但至少我可以尝试像禅宗弟子那样，对世间万物，尽量待之以平常心。

Predictably
Irrational

第八章

多种选择的困境:
为什么我们希望所有的门都开着?

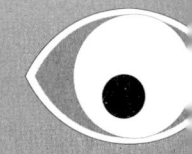

留有余地的"傻瓜游戏"

公元前210年，在中国，项羽带领他的军队渡过漳河，向秦朝的军队发起攻击。夜里，部队在岸边宿营。第二天早晨大家一觉醒来，大吃一惊，他们的渡船已经被人放火烧掉。将士们跳了起来准备战斗，不过，他们很快得知放火烧船是项羽的命令，并且他还下令，让士兵们把行军锅都砸碎。①

项羽对部下说，渡船和饭锅都没有了，他们只有打败敌人才有生路。这种做法尽管没能给项羽在中国历代名将录中增加多少光彩，但当时对他的将士却起到了巨大的动员作用：他们手执长矛，挽弓搭箭，奋勇向前，势不可当，取得九战九胜的战绩，彻底消灭了秦军的主力。

项羽的故事之所以不同寻常，是因为它与人类的正常行为是完

---

① 本章第一段有三处不准确：其一，事情发生在公元前208年（秦二世二年）。其二，根据《史记》记载，项羽率军渡过漳水（位于河北、河南之间）攻打钜鹿（河北平乡）城外的秦军，和长江没有关系。其三，史载项羽公开命令凿穿船底把渡船沉掉，并没有趁黑夜烧船的记载，由此演变而来的成语是"破釜沉舟"，而不是"破釜焚舟"。——译者注

全相悖的。正常情况下，我们必须为自己留有后路。换句话说，如果你是项羽，我们当中的大多数人都会分出一部分兵力去守护渡船，以备万一战败撤退时使用；我们还会留一些人负责伙食，以备战事拖长，需要多打十天半月；我们还要安排人寻找稻草，捣碎了制作纸卷[①]，以备被秦朝军队打败后（尽管当时看来不大可能）拟定受降文书时使用。

在当今世界的背景下，我们仍然竭力为自己保留各种选择余地。我们买的是可扩展式电脑操作系统，以备万一需要在上面安装那些最新的高科技附加功能；我们给等离子电视买保险，万一出现黑屏可以保修；我们让孩子学习各种课程——体操、钢琴、法语、园艺，还有跆拳道，以发掘他们在某个项目中可能迸发出的天才的火花；我们买豪华的运动功能汽车，不是为了到没有高速公路的地方去开，而是为了在我们下了高速公路之后，轮子有足够的高度不至于损伤底盘。

我们可能往往认识不到，无论哪种情况，保留余地的同时，我们也放弃了别的东西。结果是我们的电脑里有很多功能根本用不到，音响系统的保修费又高又多余。说到孩子，我们和他们都投入了太多时间——为了寻找孩子在某一方面的特长，让他们把一大堆活动都体验了一遍。我们为了一些不一定重要的事情疲于奔命，却忘记了在真正重要的事情上下功夫。这种傻瓜游戏得不偿失，但是我们偏偏喜欢玩。

---

① 项羽所在的时代还没有纸，造纸术的发明是在300多年后的东汉。——译者注

第八章　多种选择的困境：为什么我们希望所有的门都开着？

新欢与旧爱，应该选择哪一个？

我在一个学生身上很清楚地看到这一问题，他叫乔，是个非常有才华的小伙子。他马上就要念大学三年级了，已经修完了规定的课程，现在需要选择专业。但是选什么好呢？他醉心于建筑学——每到周末，他都会花一些时间研究波士顿那些用电脑设计的建筑，他希望将来有一天能为自己设计的建筑物感到自豪。同时，他又喜欢计算机科学，特别是这一领域能提供的广阔自由的发展空间。他希望能在一家像谷歌这样令人向往、工资又高的公司工作。他的父母希望他成为计算机科学家——理由是，学建筑何必要上麻省理工学院？不过，他对建筑学还是非常热衷（话说回来，其实麻省理工学院的建筑系也是不错的）。

乔一边说，一边不安地揉搓着双手。计算机专业和建筑专业的课程设置完全不同。计算机专业的课程包括算法、人工智能、计算机系统设计、电路与电子、信号系统、计算结构，还有软件设计的实验室操作等。建筑学专业的课程就不一样了，需要学建筑设计室操作、视觉艺术基础、建筑技术基础、计算机辅助设计基础、建筑史和建筑理论基础，还有建筑设计室操作的其他有关课程。

该如何选择呢？乔一旦学计算机课程，再想转学建筑就非常麻烦；选了建筑再转学计算机也同样困难。另一方面，如果他想两个专业同时学，就有可能发生在麻省理工学院上了4年学，到头来连一个学位也拿不到，必须还要再学一年的情况（得他的父母出学费才能完成学业）。他最终取得了计算机科学学位，但找的第一份工作却是这两种兴趣的完美结合——为海军设计核潜艇。

达娜是我的另一个学生,遇到的是类似的问题——关于两个男朋友的事。她最近遇到一个男孩,想把自己的全部浓情爱意都献给她,希望和她建立长久的关系。不过她还在与现任男朋友交往,虽然两人之间的热度在减退,但再努力一下,假以时日,也可以把关系保持下去。很明显,她觉得新欢胜过旧爱——但她又难以割舍过去的那段感情。同时,她的这种犹豫不决使新男友越来越焦虑不安。"你真的想清楚了吗?"我问她,"如果将来有一天你突然发现,你爱的还是现任男友,但那时已经晚了,你还愿意冒这个风险吗?"她摇了摇头,"不。"接着哭了起来。①

多种选择余地给我们造成了哪些困难?我们为什么非要给自己保留那么多的选择,即使这些选择要付出非常高的代价?我们为什么不能一心一意,全力以赴地做事呢?②

让每个人都疲于奔命的"三扇门"

为了找到这些问题的答案,我和耶鲁大学教授申吉英(音)设计了一系列实验,希望借以抓住乔和达娜所面临困境的实质。在实验中,我们筛除生活中的一些复杂因素,把问题简化为:人们是否具有保留选择余地的倾向? 我们以计算机游戏为基础进行实验,以求得出

---

① 我经常感到奇怪,人们对我非常信任,愿意向我敞开心扉。我觉得部分原因是我脸上的疤痕,人们很容易猜测到我可能遭受过的种种磨难。另外,我还相信人们能凭直觉认识到我对人类心理的独特洞察力,愿意寻求我的忠告。不管是哪一种情形,我都从他们的讲述中受益匪浅。

② 婚姻制度是一种可以强迫个人放弃选择余地的社会措施;但是就我们所知,它有时也无能为力。

明确的答案。我们把它称为"房门游戏"。游戏地点我们选在了一个阴暗、可怕的地方——一个连项羽的军队也不愿意进入的山洞。

实验

麻省理工学院东校园宿舍素有"鬼屋"之称。那里住的是黑客、硬件狂人、怪人,还有与社会格格不入的异类(不骗你,要在麻省理工学院成为异类,可要大大下一番功夫才行)。可能有一个房间里正放着刺耳的音乐,举办疯狂的派对,甚至可以裸体出入;而另一个房间则是聚集工科学生的大本营,里面到处是从桥梁到过山车等各种各样的模型(在这里,你随时按一个"比萨急送"的按钮,很快就会有外卖人员把比萨饼送到你面前)。还有一个大厅,完全被粉刷成黑色,卫生间墙上挂着各色壁饰、壁画,你点一下画中的棕榈树或者桑巴舞演员,大厅里马上就会响起通过网上音乐服务器下载的乐曲(当然是合法下载的)。

几年前的一天下午,金,我的研究助手,夹着笔记本电脑,在东校园宿舍的各条走廊里游荡。他在每个宿舍门口都会问一下,是否有人想参与一个小实验赚点儿钱。如果里面的人同意,金就进去找个地方(有时要费很大的事)把电脑放下。

程序启动后,电脑屏幕上出现了三个房门:第一个是红色的,第二个是蓝色的,第三个是绿色的。金告诉参与者,他们可以点击任何一扇门进入房间。进入房间后,每点击一下就可以赢一定数量的钱,每次点击的分值从1美分到10美分,参与者在该房间里每点一下鼠标就可以赢到相应数目的钱,电脑屏幕上也会随之显示出他们赢到的钱数。

要想多赢钱,就必须找到给钱最多的房间,并且在该房间里尽量增加点击次数。但是,这并没那么简单。每换一个房间,你就得用掉一次点击机会(每人限点 100 次)。一方面,变换房间有可能帮助你找到赢钱最多的一个;另一方面,不断在房间与房间之间拼命地找来找去,也会用掉本来可以赢钱的点击次数。

小提琴爱好者艾伯特("黑色天神克罗特斯崇拜者大厅"居民)是最早的参与者之一。他属于好斗一族,想要在赢钱数目上胜过所有其他对手。他首先点开了红色房门,进入方形的红色房间。

进去以后,他点击鼠标,屏幕上显示他得了 3.5 美分;再点击一次,4.1 美分;第三次点击只有 1 美分。他在这个房间里又试点了几次,决定换到绿色房门的房间。他马上用鼠标点击绿色房门进入另一个房间。这个房间的第一次点击是 3.7 美分;再点一次,得了 5.8 美分;第三次是 6.5 美分。屏幕底部显示他赢的钱越来越多。绿色房门的房间看起来比红色房门的房间好,那蓝色房门的房间又会怎样呢?他点开最后一扇房门。三次点击都在 4 美分左右。算了。他赶紧又点开绿色房门(这个房间每次 5 美分左右)并留在那里一直把 100 次点击数用完,他赢的钱也随之增加。最后,艾伯特询问自己的战绩。金笑了笑,说现在他的得分是最高的。

艾伯特证明了我们对人类行为的某些猜测:一般来说,在有明确目标(例如本案中,赢钱就是目标)指引的情况下,我们都会努力追求最大程度的满足。如果用约会来做比喻,艾伯特就是谈了第一个,

又试第二个，甚至还和第三个见了面。但是他在三个都试过以后，还是回到了最好的一个那里，并且一直坚持到游戏的最后。

不过说实在的，艾伯特想得太容易了，以为即使他在其他的约会对象中挑来挑去，原来的那个还会一直耐心地等待他回到自己的怀抱。但是，假如原来的约会对象经过一段时间，另结新欢，不再理他了呢？假如他失去了选择的机会呢？艾伯特会放弃吗？或者他还会死抱着这些选择不放，能抱多久算多久吗？他会放弃一部分铁定到手的收入来保留其他的选择余地吗？

为了弄清这一点，我们对游戏做了调整。这一次，如果 12 次点击后有哪扇门没被点到，这扇门就会永远消失。

实验

山姆住在黑客大厅，他是"消失门"游戏阶段的最早参与者之一。游戏一开始，他首先选择蓝色房门，进入以后，点击了 3 次。他的得分随即显示在电脑屏幕的底部，但他注意到的不仅是分数。随着每一次点击，其他两扇门的尺寸也跟着减少了 1/12，表示如果不被点到，就会继续缩小。如果再有 8 次点不到，就会完全消失。

山姆不打算这样。他移动光标，点击红色房门，使它恢复原来的尺寸。进入红色房门的房间，他点击了 3 次。可是他又注意到绿色房门——再有 4 次不点它就会完全消失。他再一次移动光标，点击绿色房门，使它恢复到原来的大小。

绿色房门的房间的分值似乎最高。那么他是否应该在这里一直待下去？（要记住，每个房间都有各自的分值区间。山姆还不能确定绿色的是否是最高的。蓝色房门的房间可能比这里更高,红色房门的房间也可能更高,也可能两个房间都不如绿的高。)山姆眼里出现焦躁的神色,他迅速把光标从屏幕的一侧移动到另一侧,点开红色房门,但又看到蓝色房门也在不断缩小。他在红色房门的房间里点了几下,又赶紧点开蓝色房门的房间。可是这时,绿色房门却变得更小了,不点不行了——他又赶快移动到绿色房门那里。

山姆在几扇门之间疲于奔命。我的脑海里则出现另一幅典型的画面:家长拖着孩子,一项课程刚刚结束,连气都顾不上喘一口,又马不停蹄地赶往下一项课程。

这难道就是我们现实中有效的生活方式吗——特别是当每个星期我们面前就多出一两扇门的时候?我没法针对你的个人生活给出答案,但是在实验中我们可以清楚地看到,这样东奔西跑不仅令人身心俱疲,而且很不经济。事实上,那些手忙脚乱企图让所有的门都开着的参与者,到头来赢到的钱比其他那些无须处理"消失门"的同学要少很多(大约少15%)。事实是,他们只要选中任何一个房间,哪一个都行,一直点到底,赢的钱就肯定比他们实际上拿到的更多(你可以对照一下自己的生活和职业经历)。

后来,我和吉英对游戏的规则又做了改动,实验结果还是一样。

例如,我们把点击每扇门的成本改为3美分,这样参与者如果点击其他的门,就不仅会失掉一次赢钱的机会(机会成本),还会付出直接的金钱代价。实验参与者的反应一点儿也没变。他们同样带着非理性的冲动,竭力保持所有的选择余地。

第八章　多种选择的困境：为什么我们希望所有的门都开着？

后来，我们把每个房间确切可以赢到多少钱都告诉了参与者。但实验结果还是一样，他们还是一个劲地去设法保住所有的房门。同样，我们曾经让一些参与者在正式实验之前做过数百次点击练习，我们认为他们理所当然会吸取经验，不会把精力用在保住房门上。但是我们错了，一旦看到屏幕上的门在缩小，这些麻省理工学院的大学生，他们被认为是最优秀、最聪明的年轻人，也很难做到心神专注，就像谷仓里东啄一口西刨一爪的母鸡，他们来回在每扇门上点击，自认为能多赢钱，实际上事与愿违，他们把相当一部分该赢到的钱丢掉了。

最后，我们又进行了另外一个实验，这一次，所有的门都带有再生或复活功能。在这种情况下，如果 12 次点击还点不到，这扇门就消失，但不是永久消失。如果在它消失的地方点击一次，它会重新出现。换言之，你可以不用去管这些门，所以无须担心损失。但是，这样就能避免参与者在各扇门上不必要的点击吗？其实并没有。我们非常奇怪，因为他们还是会把点击机会浪费在消失了却"可复活"的门上。尽管这无关紧要，很容易恢复，但一想到可能的损失他们就无法忍受，就要尽一切努力，不让可选择的任何一扇大门关闭。

果断地关上该关的门

我们怎样才能摆脱这种非理性的冲动，不去追逐毫无价值的多余选择呢？哲学家埃里希·弗洛姆在 1941 年写了一本书——《逃避自由》。他说，在现代民主制度下，困扰人们的不是缺乏机会，而是机会太多，令人眼花缭乱。这在今天的社会里表现得更明显。人们不断提醒自己，我们可以做到一切，可以成就自己期望的一切。问题在于是否能实现这一梦想。我们必须尽一切可能全面提高自己；我们必须对生活中的一切加以尝试；必须在有生之年把人生必看的 1 000 种东西全部看遍，就算看了 999 种也不行。随之而来就产生了一个问题，这样做下去，难道不会把自己搞得劳累不堪、心力交瘁吗？弗洛姆描述的这种诱惑，我认为，就是我们看到的那些参与者所遭受的诱惑，他们正在手忙脚乱地从一扇门冲向另一扇门。

在门与门之间奔忙是人类的一种奇怪行为。更加奇怪的是，我们的一种冲动驱使我们去追逐毫无价值的选择——那些几乎消逝的或者对我们不再有价值的机会。例如，我的学生达娜，她很清楚，自己和前男友的关系已成明日黄花。但她为什么还要冒着失去眼前白马王子的风险，继续试图与那个昔日情人重修旧好呢？同样，我们有多少次买下了打折商品，并不是因为真的需要，而是因为担心一旦打折结束，这些东西卖完了，我们就再也找不到这样的价格了？

相反，如果我们认识不到某些事物已经成了消失的房门，需要我们当机立断去珍惜，那么悲哀的另一面就来了。例如，我们在工作上加班加点，却没想到爱子和娇女的童年正在一天天消逝。有些时候，这些"门"正在慢慢地、一点一点地关上，我们甚至察觉不到。例如，我的一个朋友曾对我说起他婚姻生活中最幸福的一年，那时他住在纽约，妻子住在波士顿，只有到了周末才能团聚。在此之前，他们虽然同住在波士顿的家中，但是每到周末，两个人却各自加班忙于自己的工作，没有时间享受彼此的温馨。但因为改变了日程，双方都知道只有周末才属于他们，良辰苦短，时光频催，滴答的钟表声在提醒他们，于是他们把工作先放到一边，充分享受恩爱缠绵的有限时光。

第八章　多种选择的困境：为什么我们希望所有的门都开着？

我并不是在鼓吹用全部时间陪伴孩子而放弃工作，或者为了改善夫妻生活故意选择两地分居（尽管这样做可能有所裨益）。不过，给自己设置一个内在警钟，在一些最重要的"门"即将关闭时提醒我们，难道不是很有好处吗？

那么我们该怎么办呢？我们的实验证明，手忙脚乱地去保持所有选择是傻瓜的游戏。它不仅可能耗尽我们的热情，也可能掏空我们的钱包。我们需要把有些"门"自觉地关上，关掉某些小门当然很容易，从度假计划中划掉某些景点、城市，从女儿的课外活动安排里去掉空手道一项，这些都不难。但大一些的门（或者看起来比较大），关起来就很困难了。比如，通向新职业、新职位的大门关起来就很难，通向我们梦想的大门关起来也很难。我们和某些人的关系之门也是如此——即使它看起来已毫无价值。

我们有种非理性的冲动，要让所有的门都开着。这是我们与生俱来的本性，但这并不意味着不应该去关。想一想电影《乱世佳人》中的一个情节：白瑞德要走的那一幕，斯嘉丽抱住他："我该到哪里去？我该怎么办？"很久以来，白瑞德对斯嘉丽的忍耐到了极限，已经忍无可忍，他回答道："坦率地说，亲爱的，我一点儿也不在乎。"电影根据玛格丽特·米切尔的小说改编，这句台词被奉为电影编剧史上最难忘的经典之作，这不是偶然的。这一扇门狠狠地关上了，一石激起千层浪，引起了广泛的共鸣。它提醒我们大家，无论是大门还是小门，该关的就要关掉。

我们有必要退出一些浪费时间的委员会，不要再给一些朋友寄送节日贺卡，因为他们有了新的生活、新的朋友。我们需要确定是否有时间去看篮球，是否能同时打高尔夫球和壁球，又能和家人在一起。

我们或许应该把其中某些运动放一下。我们有必要把这些门关掉，因为这些事既费时费力还挤占了我们的参与机会，使我们无法顾及那些有价值的选择，并使我们疲惫不堪。

饿死在谷堆间的驴子

假如你把很多门都关了，只剩下两扇。你以为，这样你就容易选择了，但事实往往并非如此。事实上，在吸引力大致相同的两种选择中做取舍是最难的。在这种情形下，问题不仅在于保留选择时间的长短，还在于到头来我们要为自己的犹豫不决付出代价。我用下面的故事来说明。

有一天，一头饿得发昏的驴子到处找草吃，它一头钻进谷仓，发现仓库两头有两堆谷子，大小差不多。驴子站在两堆谷子之间，不知道该去吃哪一堆。时间一小时一小时地过去了，但它就是拿不定主意。因为无法决定吃哪一堆，最后，它在两堆谷子之间饿死了。[①]

这当然只是编出来的故事，它过度贬低了驴子的智商。更好的一个例子是美国国会。美国国会经常在一些问题上陷入僵局，这些问题往往并不是从立法的大处着眼（例如，重修美国国内使用时间过长的高速公路、解决移民问题、加强联邦政府对濒危物种的保护等），而是在一些细节上纠缠不休。通常，在一个通情达理的人看来，在这些细节问题上的党派之争就像两堆谷子之间的驴子一样。不管是否由于这个原因，美国国会还是经常卡在中间。从大处着眼，当机立断，难

[①] 法国逻辑学家、哲学家让·布里丹对亚里士多德行为理论的评论就是受这个故事的启发，他将这种现象称作"布里丹之驴"。

第八章 多种选择的困境：为什么我们希望所有的门都开着？

道不是对大家更好吗？

还有一个例子。我有一个朋友，在两款性能与价格相似的数码相机之间挑来挑去花了三个月。最后他终于买了，但是我问他：三个月里他错过了多少宝贵的拍照机会，选来选去浪费了多少时间，雇人来给他的家人、朋友拍照要多花掉多少钱？他说：花的钱比买这架相机还多。你有过这样的经历吗？

我的朋友（还有那头驴子和美国国会）在集中关注两种选择的细微异同时，偏偏没有考虑迟疑不决的后果。驴子没有考虑自己会被饿死；美国国会没考虑反复辩论关于高速公路立法问题期间失去的生命；我的朋友没考虑他错过了多少珍贵照片，还不算他在百思买花去的时间。更重要的是，他们没有考虑，无论他们做哪种选择，那些细小的差别总会存在。

我的朋友当时不管买了哪一款相机其实都会同样满意，驴子不管吃了哪一堆谷子都不会被饿死，美国国会议员不管通过哪种有细微争议的议案都可以高高兴兴地回家吹嘘自己的成就。换言之，他们本可以更轻松地做出决定。他们甚至可以采取掷硬币猜正反面的方式来做决定（这是比喻，就像驴子的故事一样）。但是我们不会这样做，因为我们就是不愿意把这些门关上。

在两种相似的选择中做出决断应该比较简单，但是事实并非如此。几年前，我本人也遭遇过同样的困惑，当时我在考虑是该继续留在麻省理工学院还是换个地方去斯坦福大学（我最后还是留在了麻省理工学院）。我花了几个星期把两个学校做了详细比较，结果发现它们总体上对我有同等的吸引力。那我该怎么办？到了这一步，我决定进一步做实地考察，掌握更多的信息。于是我去了两个学校，我在两处分别和人们交谈，询问他们对学校的看法。我考察了学校周围的环境，孩子们将来读书的学校，我和苏米仔细分别考虑了这两个地方将如何与我们理想的生活方式接轨。不久，我的脑子渐渐被这件事占据，我的科学研究和工作效率都受到了严重影响。真是讽刺，我寻找的是最适合我工作的地方，而实际上，我却把工作给忽略了。

既然你们花了钱来购买我这本书里的智慧（还不算你们看书的时间以及因此放弃的其他活动机会），我似乎不应甘心承认，我和那头驴子一样，在两堆差不多的谷子之间反复比较，迟疑不决。但事实上，我就是这样的。

对于这种决策过程中的困难，尽管我事先已有一定了解，但是到头来，我也陷入了可预测的非理性之中，和大家没什么两样。

Predictably
Irrational

第九章

预期的效应：
为什么我们可以心想事成？

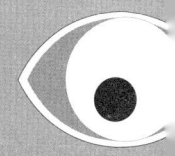

费城老鹰队vs纽约巨人队

假如你是费城老鹰队的球迷,正在和你的朋友一起看美式橄榄球赛——费城老鹰队对纽约巨人队。可惜的是,你的这位朋友偏偏是土生土长的纽约人,又是纽约巨人队的铁杆球迷。你们两个人怎么会成为朋友,你也搞不明白。但是你们俩在同一个宿舍住了一个学期,你开始喜欢他了,尽管你对他的橄榄球欣赏能力不敢恭维。

现在,场上老鹰队落后5分,但球在它的队员手中,双方叫停时间都已用完。比赛到了第四节,时钟显示离比赛结束还剩6秒。球在12英尺线上,老鹰队4个外接手一字摆开准备最后一搏。中锋把球高吊给四分卫,四分卫一下子把球举起,但马上又缩回掩护空挡,4个外接手如同离弦之箭冲向底线,就在计时秒针指向终点的一刹那,四分卫把球高高地传到了底线,老鹰队的一个外接手从底线拐角附近腾空而起,一记漂亮的鱼跃把球抓在手中。

裁判鸣笛,示意底线触地,6分!老鹰队的队员们呼啦啦一下子涌进球场,欢呼胜利。但是先别忙,外接手接球时双脚都在界内吗?从赛场的超大显示屏上看好像是,又好像不是,于是巨人队的教练要求回放录像。你转向你的朋友说:"你看啊!这个球接得太漂亮了！他根本没出界，为什么还要回放录像？"你的朋友咆哮着反驳："明明出界了！我就不信裁判没看见！只有傻瓜才认为他在界内！"

这到底是怎么回事呢？你那个支持巨人队的朋友是在一厢情愿地考虑问题吗？还是在自欺欺人？甚至在说谎？或者是他对球队的忠诚和期待他们赢球的热切希望使他头脑发昏，完全丧失了最基本的判断能力？

一天傍晚，我一边考虑这个问题，一边漫步穿过坎布里奇，来到麻省理工学院的沃克纪念堂。两个好朋友，都是谦谦君子，怎么会对比赛中的同一个高传球，产生截然不同的看法？为什么总有人虽然同时目击了同一事件，但双方为了证明各自的观点做了完全相反的解释？为什么民主党人和共和党人会从截然对立的角度看待一个不识字的小学生，坚持水火不容的立场？为什么夫妻交恶，但是争吵起来总是公说公有理，婆说婆有理？

我的一个朋友，以驻外记者的身份曾经在北爱尔兰的贝尔法斯特住过一段时间。他这样描述他对爱尔兰共和军进行的一次采访。采访中传来消息，梅兹监狱（负责关押大批爱尔兰共和军分子的监狱）的典狱长被暗杀。可以理解，当时在我朋友身边的那些共和军人为此感到高兴，认为这是他们的胜利。但是，英国人完全不这样看。第二天，伦敦各大媒体的标题几乎都火药味十足，主张对爱尔兰共和军实行报复。实际上，英国人把这一事件看作证据——与爱尔兰共和国谈判是徒劳的，对其只能镇压。我生长在以色列，对这种暴力循环并不陌生，世界上的暴力现象也并不少见。人们对暴力冲突已经司空见惯，却很少静下心来想一想这是为什么。为什么会产生这么多暴力冲突？是历史、民族、政治方面的原因，还是我们本性中就存在某些非理性的东西，鼓励我们对抗，引导我们对同一事件根据自己的立场而采取完全不同的观察角度？

添加香醋的百威啤酒

我和哥伦比亚大学教授伦纳德·李、麻省理工学院教授沙恩·弗雷德里克对这些深奥的问题无法做出回答。但是为了探索人类这一基本状况的根源，我们决定设计一系列简单的实验，来研究一下我们已有的印象是如何蒙蔽自己观察问题的视线的。我们最后采用的方法非常简单——不涉及宗教、政治，甚至和体育运动都无关，只用啤酒就够了。

实验

沃克纪念堂前面有两列高大的希腊式柱子，中间是宽阔的台阶，台阶上面是入口。进门后右转，就能看到两个房间，地上是早在电灯发明以前就铺在那里的地毯，加上与之相配的古老家具，空气中弥漫着酒精和炸花生米的味道，让人一进来就感到亲切和惬意。欢迎光临马迪·查尔斯酒吧——麻省理工学院的两家酒吧之一。以后的几周，我和伦纳德、沙恩要在这里开展我们的一系列实验，实验的目的就是要弄清，人们的预期是否会影响他们对后来事物的观点——说得更具体一点儿，酒吧的客人对某种啤酒的预期是否能形成他们对啤酒口味的评判标准。

我来进一步解释一下。马迪·查尔斯酒吧给客人提供的啤酒品种之一是百威；另一种，我们给它起一个昵称——麻省理工学院特酿。"麻省理工学院特酿"是什么酒？它基本上就是百威，只是加了点儿"秘密配料"——每盎司啤酒加两滴意大利香醋（有些麻省理工学院学生不承认百威是"啤酒"，所以，在后来的实验中，我们把它叫作山姆·亚当斯——在波士顿，多数人把这种饮料称作"啤酒"）。

当天晚上7点多，杰弗瑞，计算机专业二年级博士生，很幸运地踏进马迪·查尔斯酒吧的大门。"我可以给你推荐两小杯免费啤酒样品吗？"伦纳德迎上去问道。杰弗瑞有点儿迟疑，但马上表示同意，伦纳德把他带到一张桌子旁边，桌子上摆着两个小啤酒杯，里面是带白色泡沫的饮料，一只杯子上标着"A"，另一只标着"B"。杰弗瑞端起一杯，尝了一口，若有所思地含在口中咂了一会儿，然后拿起第二种尝了一口。"再给你来一大杯，你要哪一种？"伦纳德问。杰弗瑞认真地考虑了一下，既然还有一大杯免费的，他可一定要挑选最喜欢的来享用。

杰弗瑞选择了"B"，然后端着杯子去找他的朋友（最近本校一些学生刚从加州理工学院"借"来一尊大炮，放在酒吧里展示，他们正围着大炮聊得起劲）。杰弗瑞不知道，他刚才品尝的两种饮料就是百威和麻省理工学院特酿——他后来选的是加了意大利香醋的麻省理工学院特酿。

几分钟以后，来自德国的访问学生尼娜，走了进来。"来杯免费啤酒？"伦纳德问。她嫣然一笑，点了点头。这一次，伦纳德做了进一步介绍，他说，啤酒A，是一种市场上的普通啤酒，啤酒B则是加了几滴意大利香醋的调制啤酒。尼娜都做了品尝。

样品酒喝完了（她喝加醋啤酒B时皱了一下眉头），她示意要一大杯啤酒A。伦纳德给她倒了一大杯普通百威，尼娜接过去，便高兴地找她那些正在喝酒的朋友去了。

杰弗瑞和尼娜仅仅是参与实验的几百个学生中的两个。但他们的反应是很有代表性的。事先不告诉他们，多数人在再次选择时，会选择加了醋的麻省理工学院特酿；而如果事先告诉他们所谓特酿只不过是加了醋的百威，他们的反应就截然不同了。加了醋的饮料一入口，他们就皱起了眉头，马上要求换百威。可以看到，如果你直截了当地告诉人们某种东西可能味道不好，结果十有八九他们会跟着你走——他们之所以这样，不是因为体验，而是因为预期。

读到这里，如果你突发奇想，要开个啤酒厂，专门制造添加香醋的啤酒，那么我劝你认真考虑以下两点：第一，如果人们阅读了商品标签上的成分表，或者从其他途径了解到你的配方，他们肯定不会喜欢你的啤酒；第二，意大利香醋实际上价格不菲——即使它能让你的啤酒味道更好一些，但从成本上来说，还是得不偿失，有这些钱，你还不如去投资酿造更高档的啤酒。

特制咖啡味道如何？

啤酒不过是我们实验的开端。麻省理工学院斯隆商学院的工商管理硕士中，爱喝咖啡的也不少。

实验

一个周日,我和哈佛商学院教授埃利·奥非克、伦敦商学院教授马尔科·贝尔蒂尼,在校园里开了一家临时咖啡馆,路过的学生只要答应喝了咖啡之后回答几个问题,就可以免费喝一杯。临时咖啡馆前一下子排起了长队,我们给每个人发一杯咖啡,然后把他们带到一张桌子旁边,上面摆着各种咖啡添加材料——鲜奶、奶油、稀释奶油、白糖,还有红糖。我们还特地准备了各种不常见的调味料——丁香、豆蔻、橘皮、茴香、甜味红辣椒粉,还有小豆蔻——让参与者自由选择。

参与者按各自的爱好往咖啡里加了调料(那些不常见的调味料根本没有人动过),品尝过了之后,每个人填了一张调查表,回答了表里的问题:咖啡味道如何,是否希望学校的餐厅卖这种特制咖啡,如果卖的话,他们能够接受的价格是多少,等等。

在以后的几天里,我们继续送咖啡,但我们会不时改变盛放异常调味料的容器。有时我们把它们放在漂亮的镶金嵌银的玻璃器皿里;有时摆到锃光瓦亮的金属盘子上,旁边还放上精致的小银勺,连器皿上的标贴也印刷得很精美;还有的时候,我们故意把它们放在白色的一次性发泡塑料杯里,品名标贴是随便用毡头墨水笔写的。甚至有时把塑料杯子切掉一段,故意使杯子边缘露出参差不齐的剪切痕迹。

这样做有效果吗?没有。漂亮奇特的容器丝毫没有吸引顾客在咖啡中添加异常调味料(我预料未来几年内,加甜味红辣椒粉的咖啡也不会问世)。但是我们发现了一个有趣的现象,那就是当异常调味料放在漂亮容器里的时候,会有更多顾客对我们说咖啡味道好，建议学校餐厅尽快推出这种特制咖啡，他们愿意付的价格也更高一些。换言之，器皿的档次提高了，咖啡的味道也随之提高。

如果我们事先相信某种东西好，那它一般就会好（我们认为它不好，它也就会不好）。但是，这种影响到底有多深？它只是改变我们的信念，还是连实际体验的心理也一起改变了？换句话说，人们的预知能够改变对味道的辨别结果吗？我们预期某种东西味道好（或者不好），于是它就果真变成那样了吗？

赝品也可以卖出名画的价钱

为了测试这种可能，我和伦纳德、沙恩重新启动啤酒实验，但我们对实验做了一些改变。

实验

我们已经对麻省理工学院特酿做了两种方式的实验——其一是在参与者品尝之前告诉他们酒中加了醋，其二是什么也不告诉他们。假如我们事先不告诉他们加醋的事，直接让他们品尝，之后把加醋的事实告诉他们，他们会喜欢哪一种呢？把他们对事实的知觉放到实际体验之后，能够引发不同的反应吗？

我们先把啤酒放一放，看看另一个例子。假如你听到别人议论，说驾驶某款跑车的感觉棒极了，你就去试驾了一次，然后留下了你对该车的印象；另外一些人没有听到过别人的任何评论，直接去试了车，试车后才听说这款车很火，他们也留下了试驾的印象——你和他们的印象会相同吗？换言之，对车的了解是来自试车之前还是试车之后，对形成印象有影响吗？如果有的话，哪一种更能影响你，是实际体验之前，还是实际体验之后？

这个问题的意义在于，如果提供的信息只是告诉我们某事物的状态，那么，我们是事先把事实真相告诉啤酒品尝者还是事后告诉他们，就与结果没有多大关系了；换言之，如果我们直接告诉他们酒里有醋会影响他们对酒的评价，那么我们在事后告诉他们，也同样会影响他们的评价。说到底，他们都了解到啤酒里加了醋这一负面消息。如果提供的信息只具有告知作用，我们对它的期望也就仅此而已。

从另一方面来说，如果在实验开始之前把酒里加了醋的事告诉参与者能够重塑他们的味觉预期，使之与他们先前获得的这一信息保持一致，那么，事先了解情况的参与者对酒的评价与喝酒后才知道真相的人的评价就会大相径庭。我们可以这样考虑，如果提供的信息能够改变味觉，那么，那些先喝酒然后被告知其中有醋的参与者，与那些处于"盲目"状态（根本不知道酒里有醋）的人对啤酒味道的判断应该是相同的。他们都是在对啤酒味道做出判断之后，才知道酒中有醋的，这时再改变感官知觉已经为时太晚。

那么，先喝过酒再知道其中有醋的参与者，是否与那些预先就知道真相的人同样不喜欢加了醋的啤酒呢？还是和那些根本不了解真相的参与者一样喜欢它呢？你们怎么认为？

实验的结果是：事后知道真相的学生喜欢加了醋的啤酒的人数比事前知道的要多。事实上，事后知道真相的参与者与根本不了解实情的人对加醋啤酒的喜爱程度是一样的。

这说明了什么？我再举一个例子。假如达西阿姨正在举办车库旧货出售，想把她在漫长一生中所收集的很多东西处理掉。一辆车开过来，停下了，出来几个人，很快就围到了斜靠在墙上的一幅油画前面。你可能和他们一样，认为它很像美国早期原始主义画派一幅很不错的代表作。但是你会告诉他们，这不过是达西阿姨几年前从一幅照片上临摹下来的吗？

你为人实在、正直，愿意对他们说实话。但是，你会等他们欣赏完这幅画再告诉他们，还是马上就说呢？根据我们的啤酒实验，你和达西阿姨最好还是等他们欣赏完毕后再如实相告，这样对大家都好。我并非说这样能够引诱顾客出几千美元来买这幅画（事后知道酒里加醋的参与者与那些根本不知情的人同样喜欢加醋啤酒），但这很有可能会让这幅画卖个更好的价钱。

我们还用更极端的方式进行过一次实验。我们事先告诉一组人酒里有醋（"事先"组），对另一组，则是在让其品尝过一小杯啤酒之后再告诉他们（"事后"组）。品尝结束后，我们不是让他们按自己的喜好做选择，而是给他们每个人一大杯纯百威啤酒，桌子上再给他们放上一瓶意大利香醋和一个滴管，还有麻省理工学院特酿的配方（在每盎司啤酒中加两滴香醋）。我们让他们自己决定是否往酒里加醋，加多少，从而观察他们的行动在多大程度上取决于事先或事后知道酒中加醋这一事实。

结果怎么样？"事后"组中决定在大杯中加醋的人数是"事先"组参与者的两倍！对"事后"组的参与者来说，如果第一次品尝加醋啤酒后觉得还不错（很显然他们这样推理），那么再这样尝一次也是没有什么坏处的。①

美食不如美器，预期改变品位

如你所看到的那样，预期可以影响我们生活的方方面面。假设你要订一家饭店给女儿举办婚宴。约瑟芬宴会承包公司自夸它的"美味亚洲式姜汁鸡"和"可口卡拉马塔橄榄酱与希腊羊奶干酪调制的希腊式沙拉"做得最好。另一家轰动厨艺公司主推的则是"多汁梅络蜜饯配制的法国肉酱烤鸡胸肉，以色列药草络垫底"和"新鲜樱桃圣女果与脆嫩青菜杂拌，外带山羊奶酪片黑莓酸辣酱汁围边"。

虽然我们无法得知轰动厨艺公司的菜品是否真的胜过约瑟芬，但是它那种详尽深入的描述可能会引导我们对区区的羊奶干酪拌西红柿沙拉抱有非常大的期望。这当然就增加了我们（还有我们的客人，如果他们看到相同的菜品描述）对它赞誉有加的预期。

这一原则，宴会承包商经常用，对我们大家也都有用。我们可以在菜名前加一点儿带异国情调、时髦的词语（"墨西哥辣椒芒果酱"眼下好像风靡一时，或者用"北美草原水牛肉"代替"牛肉"）。如果蒙上顾客的眼睛让其进行品尝测试，这类配方未必有多大用处；但是事先给我们这种信息，用以改变我们的预期，却能有效地影响我们对味道的判断。

如果你请人吃饭，或者劝说孩子吃从前没吃过的东西，这些技巧也相当有用。出于同样的原因，如果你不告诉客人蛋糕是用商店里

---

① 我们还想测试学生们到底在啤酒里加了多少醋，结果发现他们完全是按照配方中的比例加的。

卖的普通混合粉做的,你调制鸡尾酒的橙汁是转基因产品而不是名牌货,或者,特别是对儿童,不告诉他们果冻胶是从牛蹄子中提炼的,那么大家都会觉得这些东西更加可口(我无意评判这些做法是否道德,只是指出它的后果)。

最后一点,不要低估展示的力量。无论是学习普通的烧烤煎炸,还是在厨艺学校里学习专业烹饪,学会展示盘中食品的艺术同样重要。即使你叫一份外卖,也要把泡沫塑料包装去掉,把饭菜放到像样的盘子里,摆放整齐(尤其是当你和别人在一起的时候)。这样做将使效果大不相同。

这些建议我一直放在心上,因为,除了做一个职业的行为经济学家之外,我还非常想写一本(还没出版)烹饪指南(我想把书名称作"无屑进餐:在厨房水槽上吃饭的艺术")。再提一个建议:如果你想让客人更加愉快,那就花点儿钱置办一套高级酒具吧。

进一步说,你要是真的想讲究饮酒的品位,还可以多留点儿意,去选购那些勃艮第、复敦埃、香槟等酒的专用酒杯。每一种杯子都可以创造出特别适合该酒的气氛和情调,让你最充分地欣赏它的品质(尽管严格控制下的实验结果表明,如果把参与者的眼睛蒙起来,酒杯的形状对酒的气味和味道毫无影响,但人们还是会津津乐道于"喝什么酒必须用什么酒杯"——美食不如美器)。自然,如果你能把这个实验的结果统统忘掉,那么,端着精巧的杯子,细品与之相配的美酒就无比惬意了。

这种预期的影响力并不局限于饮食。如果请朋友看电影,你事先告诉他们评论家对该片评价如何高,他们就会更喜欢这部影片。这一点对创建品牌和提高产品的知名度也至关重要。市场营销做的就是这方面的工作——向消费者提供信息，提高他们对产品的预期和真实快感。但是，市场营销人员所制造的预期真的能改变我们的品位吗？

你更喜欢百事可乐还是可口可乐？

你们肯定还记得有名的"百事挑战"电视广告（最起码听说过）。广告里任意挑选顾客，请他们品尝可口可乐和百事可乐，然后让他们当场说明更喜欢哪一种。这些由百事公司拍摄的广告宣称人们喜爱百事可乐超过可口可乐。同时，可口可乐公司的广告又声称人们对可口可乐的偏爱超过百事可乐。怎么会这样呢？难道这两家公司都在捏造统计数据不成？

答案是两家公司对它们的产品采用了不同的评估方式。据说，可口可乐公司采用的是让消费者根据偏好公开挑选，让他们一眼就看到自己喝的是什么，包括可口可乐著名的红色商标。而百事可乐公司采取的挑战方式则是让参与者蒙起眼睛，分别品尝标有"M"和"Q"的两杯饮料。难道是百事可乐在"盲目"测试中味道较好，而可口可乐在"可见"测试中味道较优？

为了更好地解开可口可乐与百事可乐之间的这个谜团，一组优秀的神经学专家——山姆·麦克卢尔、李健、戴蒙·汤姆林、吉姆·西佩尔特、拉塔内·蒙塔古，还有里德·蒙塔古，对可口可乐和百事可乐分别进行了蒙眼的和不蒙眼的测试。这次测试添加了一种现代手段——功能性磁共振成像机（fMRI）。利用这台设备，研究人员能够在参与者摄入饮料时对他们的大脑活动进行跟踪。

顺便说一下，用功能性磁共振成像机进行饮料测试并不容易，因为要进行大脑扫描,被扫描者必须躺在机器上不动。为了解决这个困难,山姆和他的同事们拉了一根很长的细塑料管送到参与者的嘴里,从另一端注入可口可乐或百事可乐。在注入饮料的同时,通过可视方式告诉参与者这是可口可乐,或者百事可乐,又或是某种不知名的饮料。这样,研究人员就可以在参与者知道他们喝下的是可口可乐还是百事可乐,或者是某种不知名的饮料的情况下,分别观察他们大脑的活动状况。

结果怎么样?与可口可乐和百事可乐的广告相同,他们发现,是否告诉参与者饮料的名称,会造成他们不一样的大脑活动。实验过程是这样的:参与者每喝一口可口可乐或百事可乐,他们与情绪中的强烈感受相关联的大脑中部,即大脑正中前额叶皮层(VMPFC)就会被激活。但是如果参与者知道他喝的是可口可乐,就会发生另外的变化。这时,大脑的额区,前额叶皮层的背外侧部分(DLPFC)与人类大脑高级功能(例如工作记忆、联想,还有高级认知以及与概念有关的区域)也会被激活。百事可乐也有这种情况,但可口可乐更多(自然,那些更偏爱可口可乐的人反应就更加强烈)。

大脑对饮料反应的基本愉快值在两种饮料之间是相似的。但可口可乐相对于百事可乐的优势在于它的品牌——它激活了大脑的高级机制。这些联想因素,而非饮料本身的性质,给可口可乐带来了市场上的优势。

考虑到大脑额区与愉快中心的多种连接方式也是很有意思的。大脑额区的多巴胺链可以投射到愉快中心并把它激活,这可能就是为什么一提到品牌名,人们就更喜欢可口可乐的原因——联想更加强烈,使得大脑中代表这些联想的部分能增加大脑愉快中心的活动。这对所有广告公司来说,当然都是好消息,它说明可口可乐鲜红色的包装,回环式手写体品名,多年来对消费者铺天盖地的信息轰炸(例如,"可口可乐,让一切变得更好"),已经使人们难以分清他们到底是喜爱它的包装,还是喜欢包装里那些棕色冒泡的液体。

预期还可以形成成见。成见,说到底,这是人们希望用来预测体验,对信息进行分类的一种方式。大脑不能在每一种新环境下仅凭片段就开动,它必须建立在从前所收到过的信息基础上。由于这一原因,成见并不是从本质上就有害的。它为我们不断地理解周围复杂的环境提供了捷径。这就是为什么我们看到老年人用电脑,马上就会想到他们可能需要帮助,看到哈佛的学生就会想到他们一定很聪明的原因。① 但是,因为成见给我们提供了对某一群体成员特定的预期,因而它也可能对我们的认识与行为产生不利影响。

偏见与第三方

有关成见的研究表明,如果我们对某一人群抱有成见,不仅会令我们对他们产生不同的反应,而且当他们认识到强加给他们的标记时,他们自己的反应也不同(从心理学的角度来说,他们被这一标记"启动"了)。例如,亚裔美国人的标记之一是他们在数学和科学方面特别有天赋。关于女性的一个常见标记是她们数学不行。这就是说,亚裔美国女性可能受这两种看法的影响。

---

① 麻省理工学院书店里卖一种很不错的T恤衫,上面印着"哈佛:麻省理工学院不是人人都能考上的"字样。

实验

事实上也是这样。在一次出色的实验中,玛格丽特·申、托德·皮廷斯基和纳利尼·安巴迪请了一些亚裔美国妇女参加一次数学测验。他们先把她们分成两组:第一组的试题与她们的性别有关,例如问她们对男女同宿舍的做法是否赞成等,因此把她们的思维启动到与性别有关的问题上;第二组试题与民族有关,例如她们会说什么语言,她们在自己家里说什么语言,她们的家庭来到美国的历史等,由此把她们的思维启动到与民族有关的问题上。

两个组的成绩与上面讲过的有关女性与亚裔的两种成见吻合。提醒她们是女性的那一组的成绩比提示她们是亚裔美国人的那一组差。这一结果表明:尽管我们的成见会影响自己的行为,但成见的激活取决于我们当时的心理状态和自我认知。

或许更令人震惊的是,成见可能影响该群体以外的成员的行为。在一项引人注目的实验中,约翰·巴尔、马克·陈和拉腊·伯罗斯让一些参与者做造句练习,重新排列单词顺序,组成句子(我们在第四章里谈到过这种实验)。其中一部分参与者拿到的是诸如"野心""粗野""烦躁"以及"冒失"等词汇,另一些拿到的则是像"荣誉""体谅""礼貌"以及"敏感"之类的单词。选择这两类词汇的目的就是要通过造句练习,启动两组参与者对"粗野"与"礼貌"的联想(这在社会心理学研究中是一种常用的技术手段,效果非常好)。

参与者们在完成造句练习后,又去了另一间实验室,我们事先告诉他们这是实验的第二阶段。他们进来以后,发现实验主持人正在屋里给另一个实验参与者解释什么问题,很显然,无论主持人怎么反复讲解,后者就是听不懂(这个"参与者"实际上是由实验的另一名主持人假扮的)。你们猜一下,这些人等了多长时间才开口打断那两个人的谈话,询问让他们到这里来的原因。

等候时间的长短取决于刚才他们造句时所用的词汇。那组用礼貌类词汇的人耐心地等了大约9分钟才开口发问,而另一组用粗野类词汇造句的参与者只等了5分钟就打断了那两个人的谈话。

另一项实验用启动老年人的概念来测试参与者的心理状态,用的词汇是"佛罗里达""宾戈游戏"和"古老"一类词汇。参与者们完成了造句任务,离开了实验室,以为活儿干完了。事实上,老鼠拉木锨,大头还在后面呢。实验主持人真正感兴趣的是这些参与者要花多少时间才能走出大楼那长长的一段走廊。相当肯定,这一组参与者受了老年词汇的影响,与另一组未受到启动的人相比,他们的速度慢了很多。你们要记住,这组受老年词汇影响而"未老先衰"的参与者并不是真正的老年人,他们是纽约大学的青年男女学生!

这些实验教给我们的是:预期不仅是对冒着泡的可口可乐的热烈情绪。预期能让人们在声音嘈杂的房间里交谈,虽然不时会有些词没有听清,但仍然可以正确理解对方说的是什么。同样,有时手机信息上出现一些乱码,我们也照样能读懂它的意思。尽管预期有些时候让我们显得挺傻,但它同时又威力强大,用途颇多。

那么,我们回头来看一下这一章开头那两个足球迷和决定胜负的那个传球吧。两人同时看一场球赛，但观看角度截然不同——一个人认为球和人都在界内，另一个人则认为是犯规。在体育运动中，这类争议并不完全是坏事，实际上，有时还很有意思。问题在于，同样的偏见可能影响我们对世界其他方面的体验。这种偏见化思维，实际上是绝大多数冲突升级的主要根源，不管是以色列与巴勒斯坦、美国与伊拉克、塞尔维亚与克罗地亚，还是印度与巴基斯坦的矛盾，都是如此。

在所有的冲突中，冲突双方的人读过的可能是差不多的历史书，甚至学到的是同一历史事件，但对于是谁挑起的冲突，是谁的责任，谁应该做出让步等问题，双方却很少持有相同看法。在这些问题上，我们植入的观念，比在体育赛事中支持哪个队要强烈得多，于是我们紧紧抓住这些观念不肯放弃。这种观念越强烈，双方在"事实真相"上看法一致的可能性就越小。很明显，这令人忧虑。我们更乐意看到，只要有关各方能够坐到同一张桌子旁边，就会有助于消除分歧，就有可能很快达成一致。但是历史向我们证明，结果远非如此。现在我们终于知道了这些不幸和失败的理由。

但是，我们还有理由抱有希望。在我们的实验里，尝酒前后都不知道加醋，与尝酒之后才知道加醋，都能品出酒的真正味道。这一方法也可以用来解决争端：双方不带偏见地提出各自的认识——只是揭示事实真相，而不去涉及是哪一方采取了什么行动。这种"蒙眼"状态有可能帮助我们更好地认识事情的原委。

即使不可能完全消除固有观念和现有认识，但我们起码可以承认人人都存在偏见。有了这样的共识，我们就可能接受，冲突的解决一般需要中立的第三方来制定法则。我们被固有的信念所禁锢，它使我们对某些事实视而不见，我们需要一个未曾被我们的预期所影响的第三方。当然，接受第三方的意见并不容易，有时甚至不可能；但是一旦这成为可能，当事双方都可能受益匪浅。为了这个理由，我们必须坚持下去，不断加以尝试。

Predictably
Irrational

第十章

**价格的魔力：
为什么我们喜欢买贵的东西？**

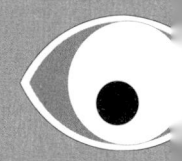

神奇的安慰疗法

如果你生活在20世纪50年代，胸口疼痛，心脏病专家很可能建议你接受一种叫作胸廓动脉结扎的手术，来治疗心绞痛。在这种手术中，医生给病人全身麻醉，从胸骨处切开胸腔，把胸腔内的动脉结扎起来。这样一来，问题就解决了！心包膈动脉的压力增大，心肌血流得到改善。

很明显，这种手术很成功，到20世纪50年代已经整整流行了20年。但是1955年的一天，西雅图的心脏病医生伦纳德·科布和几个同事对此产生了怀疑。这种疗法真的有效吗？真的起作用吗？科布决定采用一种非常大胆的方法来求证这种疗法的有效性：他要对1/2的病人实施真手术，对另外1/2的病人实施假手术。然后，他要看一看哪些病人的疼痛减轻了，哪些病人的健康状况真的改善了。换言之，对病人进行手术像切鱼片一样，硬生生一直切了25年，心脏科的医生们终于要对这种手术做一次科学的、严格控制下的检测，以判定它的有效程度究竟如何。

为了进行上面所说的这一测试，科布医生按照传统的方式给一部分病人实施了手术，对另外一些人则实施了安慰性手术。真正实施手术时，就像前面提到的那样，实施麻醉，切开病人胸腔，结扎胸腔动脉。施行安慰手术的，手术医生则只是实施麻醉，用手术刀把病人胸部肌肉划开两道，然后缝合，留两道细微的缝合痕迹，仅此而已。

结果令人惊异无比。做过胸腔动脉结扎的和没有真正做过手术的两组病人都说疼痛减轻了。两组病人的手术效果都持续了大约三个月——然后又开始抱怨胸口疼痛复发。同时，心电图显示，做过真正手术的病人与做过安慰性手术病人的状况没有区别。换言之，传统的手术治疗好像起到了短期减轻疼痛的作用，但安慰手术也是这样。到头来，两种手术疗法都没有产生长期疗效。

近年来，医生们又对另一种医疗方法做了类似的测试，结果也惊人相似。早在1993年，J. B. 莫斯利，一位整形外科医生，对于某种针对膝部关节痛所实施的关节镜手术越来越感到怀疑。这种疗法真的有效吗？莫斯利医生和他的同事们从休斯敦退伍军人医院招募了180名关节炎患者，并把他们分成了三个组。

第一组实施传统疗法：实施麻醉，在膝盖部位切三刀，置入关节镜，切除软骨，矫正异常软组织，用10升盐水清洗整个膝部。第二组的疗法是：麻醉，膝部切三刀，置入关节镜，用盐水清洗膝部，但是不切除软骨。第三组用的是安慰疗法，看起来就像前两组一样，既有麻醉又有切口，手术过程的时间也相同，但是关节内没有置入关节镜，换言之，这只是一次模拟手术。

在手术后的两年里，医生对三个组的病人（就像其他的安慰疗法实验一样，其中也包括志愿者）都做了跟踪测试，以确定疼痛是否减轻及减轻的程度，并且检测了所有参与者恢复正常行走和爬楼梯所需要的时间。效果怎么样？实施全套手术和单独置入关节镜的两组病人非常满意，纷纷表示要向亲戚朋友推荐这种疗法。但奇怪的是，出了一条爆炸性消息，实施安慰疗法的那个组，也同样减轻了疼痛，同样恢复了正常行走，就和真正做过手术的那两组病人一样。针对这一使人惊诧的结果，莫斯利实验小组成员之一的内尔达·雷伊医生写道："对于膝部关节炎患者，实施关节镜置入和软骨组织清理手术的效力，竟然与安慰疗法不相上下。这一事实让我们质疑，在这种手术上花的10亿美元是否应该用到更需要它的地方。"

如果你能预料这一结果会引发原子弹爆炸般的效果，那你可就猜对了。自从这篇研究报告被刊登在2002年7月11日《新英格兰医学》杂志上以后，有些医生就大吵大嚷，声称该报告造假，在不同场合利用各种形式对研究的方法和成果提出质疑。莫斯利医生争辩说，这一研究是经过详尽安排、严格实施的。"作为医生，最重要的不是操刀技术如何精湛，而是手术后患者的康复情况。那些一年到头经常实施关节镜手术的医生，毫无疑问，对安慰疗法的效力感到尴尬。你们可以想象得出，他们会动用一切力量，寻找一切理由来否定我们的研究成果。"

不管你在多大程度上相信这一研究的结果，有一点是清楚的：我们应该给这些特定患者的关节镜手术打个问号，同时加强对各种医疗手段有效性的求证。

在第九章里，我们看到，预期可能会改变人们对体验的认识与品评。在本章中，我们不但将看到信念和预期对人们视觉、味觉及其他感官现象认识与解析的影响，还会看到人们的预期能够改变他们的主观，甚至客观体验，从而对他们施加影响（有时这种影响非常巨大）。

最重要的是，我想探索安慰疗法目前尚未被人们了解的一面，也就是价格在这一现象中的作用。高价的药品是否会比低价的让我们感觉更有效？高价的药品真的从生理学意义上比低价品牌有更好的药效吗？那么，高价的医疗手段，新一代的医疗器械，例如，数字化心脏起搏器和高科技支架，又会怎样呢？价格真的影响疗效吗？如果是这样的话，岂不是表明美国的医疗保健费用支出还要继续飙升？好吧，我们从头道来。

"安慰疗法"的英文单词"placebo"来自拉丁文——"我会让你满意"。这个词在公元14世纪专指丧礼上雇来在死者灵前号丧的假哭者。1785年，它出现在《新医学词典》中，指的是"非正规的边缘医疗方法或药物"。

安慰疗法的效力最早见诸医学文献记录是在1794年，一个名叫杰尔比的意大利医生发现了一桩奇怪的事情：在疼痛的牙齿上抹一种昆虫的分泌物可以止疼，这种止疼效果能够持续一年的时间。杰尔比陆续给牙疼病人使用这种昆虫分泌物，并且对病人的反应做了非常详尽的记录。抹过这种"药"的病人中有68%对他说，一年之内他们的牙没有再疼过。我们没有关于杰尔比医生和昆虫分泌物更详细的资料，但可以相当肯定，他使用的昆虫分泌物与治疗牙疼无关。但问题在于，杰尔比相信它有用，而且他的多数病人也这样认为。

当然了，市场上的安慰剂不仅仅是杰尔比医生的昆虫分泌物。近代以前，几乎所有的药品都是安慰剂。蟾蜍眼睛、蝙蝠翅膀、晒干的狐狸肺、水银、矿泉水、可卡因、电击器等，所有这一切都被当作包治百病的灵丹妙方在市场上兜售过。当年，就在林肯躺在福特剧院大街的对面奄奄一息的垂危时刻，据说他的医生在他的伤口上涂过一种

"木乃伊膏"——将埃及木乃伊磨成粉末制成的膏状体,据说可以治疗癫痫、脓疮、皮疹、骨折、麻痹、偏头痛、溃疡,还有其他各种各样的疾病与创伤。甚至到了1908年,"正宗埃及木乃伊"还被印刷在默克公司的销售宣传册上供人订购——直到今天,世界上可能某些地方仍然在使用它。

木乃伊粉其实还算不上最恐怖的药。17世纪有一个"包治百病"的药方是这样写的:"红发新亡男尸,生前未受伤,无表皮损害,年龄24岁,死亡时间一天之内,以绞刑、轮刑或尖桩处死者为佳……放置于日光和月光下一天一夜,然后切为片状或粗条。撒少许芦荟于其上,以减轻苦味。"

我们可能认为自己与那时的人已经大不相同了,其实不然。安慰疗法对我们仍然具有魔力。例如,多年来医生一直采取切除腹部疤痕组织的方法,认为这样做可以消除慢性腹痛——直到后来,研究人员在严格控制下做了模拟手术,患者同样反映说疼痛消失。恩卡胺、氟卡胺,还有美西律,这些都是医生经常开给心律不齐病人的标示外使用药物(off-label,即用于药品说明书范围之外),但最近有研究发现,它们可能引起心脏停搏。研究人员对6种最常用的抗抑郁剂的疗效进行了测试,结果发现,其中75%的药品用安慰剂代替亦可以取得相同疗效。治疗帕金森的脑部手术也同样如此,医生给几个患者的颅骨上钻了孔,并没有实施全部手术,以检测其疗效,结果发现真假手术的效果相同。这样的事例还有很多。

有人可能争辩说,这些现代医疗手段和药物都是依据最良好的意图发展起来的。这话不假,但过去人们在使用埃及木乃伊粉时也是如此。有些时候,木乃伊粉具有与当时其他所有药品相同(起码不亚于）的疗效。

安慰疗法与安慰剂的作用靠的是暗示的力量，它起作用是因为人们的信任。只要你看见医生，就会感觉好一些了。你服下一片药，就会感觉又好了一些。如果医生是一位有名的专家，或者你吞下的是某种疗效卓著的名药，你的感觉就更好了。不过，暗示是怎样影响我们的呢？

总的来说，有两种机制能够形成预期，使安慰疗法与安慰剂起作用。其一是信念——我们对某种药品、某个手术或有关人员的信赖或信任。有些时候，只要医生或护士来到我们面前安慰鼓励一番，不仅会让我们精神上感觉好一些，还会真的激活我们体内的康复功能。仅仅看到医生对某一治疗方案或手术表现出的热情，就可能使患者未经治疗就产生某种有效的感觉。

第二个机制是条件反射。就像巴甫洛夫著名的条件反射实验（狗一听到铃响就流口水）一样，经过重复的体验，人的体内就能建立起一种期望。假如你每天夜晚都打电话预订比萨饼，那么送外卖的人一按门铃，还没有闻到比萨饼的香味，你的消化液就开始分泌了。或者你正在蜜月中，和你新婚的妻子偎依在沙发里，你眼看着壁炉里噼里啪啦的火苗，耳鬓厮磨的爱欲会促使你的大脑释放内啡肽，为你们下一步的亲热做铺垫，把你的这种幸福感推向爱河深处，温柔乡里。

关于疼痛，良好的预期能够释放荷尔蒙和神经传递素，诸如内啡肽和镇静素，不仅能抑制疼痛，还能产生强烈的快感（内啡肽能激发与可卡因相似的感受体）。例如，我清楚地记得当年躺在烧伤病房里，疼痛难忍，但只要一看到护士走过来，手里的注射器针尖还在滴着止痛剂，我就会长长地松一口气，止痛剂终于来了！我的大脑马上就会开始分泌抑制疼痛的阿片肽，尽管针头还没有扎进我的皮肤。

价格越贵的药越有效吗？

熟悉未必产生轻视，但它的确能产生预期。品牌、包装还有关爱之人所做的承诺，都能使我们感觉舒服一些。但是，价格又怎样呢？某种药品的价格能够影响我们对它的预期吗？

一说到价格偏见，我们很容易想到4 000美元的沙发肯定比400美元的坐得舒服；设计师款的牛仔裤肯定比沃尔玛的普通货缝制得更好，穿着更舒服；高级电动砂轮机肯定比低档货好用；皇朝大饭店的烤鸭（每只19.95美元）肯定比王老五面条铺的烤鸭（每只10.95美元）强得多。但这些隐含的质量差别会影响实际的体验吗？这种影响能进而延伸到主观体验——诸如我们对药物的反应之中吗？

比如说，价格低廉的止痛片就不管用，价格高的就立竿见影吗？冬天感冒，在折扣店买的感冒药就不见效，而大药房的高价药吃了就觉得管用吗？你患哮喘病，普通药品不见效，著名厂家刚上市的新药真的更好吗？换言之，药品也和中国菜、沙发、牛仔裤、工具一样吗？我们能够断定高价格等于高质量，我们的预期可能被直接转换成产品的客观功效吗？

这一问题特别重要。事实上，即使你穿的是低价牛仔裤，别人也不会说什么。只要自制一点儿，我们也能对那些价格昂贵的名牌敬而远之。但是，事关身体健康，你还能够讨价还价吗？普通感冒先放下不说，如果到了性命攸关的时刻，我们还有多少人会锱铢必较呢？不会的——我们会为自己、为孩子、为亲人竭尽全力,花多少钱都在所不惜,一定要选最好的药。

如果我们想选择最好的,那我们会不会感觉价格高的药品比价格低的有效?价格的高低真的能让我们感觉不一样吗?几年前,我和麻省理工学院研究生丽贝卡·韦伯、斯坦福大学教授巴巴·希夫、济夫·卡蒙做了一系列实验,决定将问题弄个明白。

实验

假设你正在参加一项实验,测试一种名叫维拉多尼-RX的新型止痛药的效力(在实际的实验中,我们找了大约100名波士顿成年志愿者,现在我们让你来代替他们)。

早上,你来到麻省理工学院的传媒实验室。塔娅·利里是一位年轻女性,身着整齐利落的职业套装(这与麻省理工学院学生们的着装形成鲜明对照),她热情地接待了你。她说话带着点儿俄罗斯口音,胸前带照片的识别卡标明她是维拉制药公司的代表。塔娅请你花点儿时间阅读一下维拉多尼-RX的简介资料。你向周围扫了一眼,注意到房间的陈设布置就好像医院的办公室:被人翻旧了的《时代》和《新闻周刊》散乱地随意放着;几份维拉多尼-RX的简介资料摊开放在桌面上;旁边有一只用来当作笔筒的杯子,上面印着公司的徽标,徽标设计得很漂亮。"维拉多尼是阿片肽家族一种疗效卓著的新药。"你从简介里读到:"在实验者与被实验者双方都不知情的条件下,临床实验证明,服用维拉多尼的患者中,92%以上的人在服用10分钟内报告疼痛显著减轻,止痛效果可持续8个小时。"价钱呢?简介中说,

2.5美元一粒。

你刚一读完简介,塔娅就把丽贝卡·韦伯叫进来,自己出去了。丽贝卡穿着一件白大褂,脖子上挂着听诊器。她询问了几个有关你本人病史和家族病史的问题,又拿起听诊器检查,听了你的心音,接着测量了你的血压,然后把你固定在一台样子很复杂的机器上。她从机器上拉出带电极片的电线,电极片上面涂了绿色的电极膏,缠到了你的手腕上。她解释说,这是一台电击发生器,用来测量你的疼痛敏感度和疼痛忍耐力。

丽贝卡把手放到你的手腕上,通过电线向电极片输送了几股电流。开头的几下电击,你只感到有点儿不舒服。后来就感觉疼了,疼痛越来越厉害,最后你睁大双眼,心跳加速。她记录了你的反应。然后她又给你施行了一种新的电击。这一次,她操纵电击强度从小到大不断变换频率以随时改变疼痛强度:有时非常疼,有时只是稍微有点儿不舒服。每一次电击过后,她都要求你做记录,记下你感受到的疼痛强度。屏幕上有一道从左到右的显示条(直观疼痛量化显示),从左端的"无疼痛感"到右端的"非常疼痛",你点击鼠标在上面选择。

这一番折磨告一段落,你抬起眼睛向上方看。丽贝卡站在你面前,一只手中是一粒维拉多尼,另一只手里是一杯水。"服药后15分钟,药效达到最高值。"她告诉你。你把药片一口吞下,到房间角落的一把椅子上坐下,翻看那几本过期的《时代》和《新闻周刊》等待药片发挥效力。

15分钟以后,丽贝卡又一次把绿色油膏涂到电极板上,笑容可掬地问:"准备好继续实验了吗?"你有点儿紧张,但还是说:

"没问题，开始吧。"你抬起眼睛看着机器，电击再次开始。和刚才一样，每次电击以后，你都会记录下疼痛的感觉。不过你现在的感觉可大不相同了。一定是维拉多尼–RX的作用！疼痛不再那么剧烈难忍了。你带着对维拉多尼非常高的评价离开了实验室。实际上，你正盼望着你家附近的药店赶快卖这种药呢。

一点儿也不错，多数实验参与者也都得出了这一结论。在服用维拉多尼并接受电击后，几乎所有人都说疼痛减轻。但是，如果所谓的"维拉多尼"只不过是普通的维生素C胶囊，意义就非同一般了。

从这一实验里，可以看到我们的药片发挥了安慰剂的效力。但是，假如我们把维拉多尼的定价改了，比如说，我们把它的价格从每片2.5美元降到10美分，参与者的反应会有不同吗？

下一个测试，我们把药品简介上原来的价格（每片2.5美元）划掉，添上新的折扣价10美分。这样能够改变参与者的反应吗？非常正确。价格是每片2.5美元时，几乎所有的参与者都声称该药能减少疼痛；但是当价格降到10美分后，这样说的人就只剩1/2了。

不仅如此，我们还发现价格与安慰疗效的关系因人而异，近期备受疼痛折磨的人，对价格与安慰疗效的关联有特别深刻的体会。换言之，人们受疼痛折磨越多，对止痛药品的依赖也越大，这种关联感也就越强烈：价格越低，他们感觉受益越少。在药品方面，我们发现的是，一分钱，一分货，你付多少钱，就有多大疗效，价格能够改变体验。

我们从另外一项实验里也不约而同地得到了同样的结论。一个寒冷的冬天，我们在艾奥瓦大学做了一项实验，对一部分学生进行跟踪调查，以了解他们在患了感冒以后，是会花全价买药，还是会到折扣商店买降价药，以及在两处买的药的效果是否有差别。到了学期末，13个参与者说他们买的是全价药，16个说买的是降价药。哪些人买的药更有效？我认为你们应该猜到了：13个花全价买药的学生认为他们比那些从折扣店买药的人痊愈得快多了。你们看，非处方感冒药的疗效取决于你付了多少钱。

从我们的医药实验中可以看到价格是怎样驱动安慰疗效的。那么，价格是否会影响日常消费品呢？我们找到一种绝好的实验物——SoBe（肾上腺素功能饮料），一种号称能"提高运动能力"，并且提供"超常机能"的饮料。

实验

第一次实验，我们把售货柜台摆在大学健身馆入口处，出售SoBe。第一组学生按正常价格付款。第二组学生也付款购买，但付的大约是正常价格的1/2。锻炼结束后，我们问他们与正常运动后相比，现在感觉怎么样，是感觉更轻松一些还是感觉更累？喝过饮料的两个组都说感觉比平常轻松了一些。这种回答似乎有些道理，尤其是考虑到每瓶SoBe中都含有相当比例的咖啡因。

但我们关心的是价格的影响，而非咖啡因的影响。较高价格的SoBe比半价的更能减轻疲劳吗？你们通过维拉多尼的实验就可以想象到，结果是这样的。买较高价格饮料的学生比那些买半价饮料的学生感到更加轻松。

这个实验很有意思，但是它是以参与者对自己状态的印象为基础的，这是他们的主观意见。怎样才能更直接、更客观地对

SoBe进行测试呢?我们想出一个办法:SoBe宣称有"提高大脑活力"的功效。于是,我们决定用一系列单词组合测验来对这一功效进行检验。

测验是这样进行的。1/2 的学生花全价买 SoBe,另外 1/2 则以半价买入(我们要求他们用信用卡付款,实际上是由家长付钱)。喝下饮料后,我们让学生们看了 10 分钟的电影(我们解释说,这是为了让饮料在体内充分发挥效力)。然后我们发给他们每人 15 道单词组合题,要求他们在 30 分钟内把给出的字母组合成单词,越多越好,最多者为胜出。

我们事先已经让一部分没有喝 SoBe 的学生做过摸底测验,并有了平均的成绩标准。这些学生在 15 道题中平均答对 9 道。用这些题来测试喝过 SoBe 的学生,结果会怎样呢?花全价买饮料的学生平均做对了 9 道——与根本没喝过 SoBe 的学生相同。更有意思的是,花半价买饮料的这些人的平均成绩为:答对 6.5 道题。我们从中可以得出什么结论?价格确实决定成绩,在这一案例中,两组学生组词的表现有 28% 的差别。

这样看来,SoBe 一点儿也没有使人的大脑更灵活。这能说明该产品就像银样镴枪头——中看不中用吗?为了得出确切答案,我们另做一项测试。我们在单词组合测验小册子的封面上印了如下信息:"SoBe 显示出改善思维功能的效果,饮用后可以提高,例如组词测验的成绩。"我们还编造了一些数据,说 SoBe 网站声称已有 50 多项研究成果肯定了该产品的功效。

结果怎么样?花全价买饮料的学生的平均成绩仍然比花半价买饮

料的好。但同时，试题封面所印的有关信息也发生了作用。全价组和半价组的学生，读到了这些信息，受到提高成绩的"启动"，他们的成绩要高于试题封面上什么都没印的那两组。这一次，SoBe 真的使人的大脑更灵活了。我们吹嘘说有 50 多项研究结果表明 SoBe 能够改善思维功能，那些付半价买饮料的人平均每人多答对了 0.6 道题，但是同样被我们忽悠了的付全价的学生，竟然平均每人多答对了 3.3 道题！换言之，饮料瓶上的信息（还有试题封面上的）与价格相加的威力，比瓶子里饮料本身的威力要大得多（当然，这一点可能还有争议）。

那么，我们在价格上打了折扣，注定得到的东西就更差吗？如果我们依赖自己非理性的直觉，实际上就是这样。如果我们看到半价商品，我们本能地断定它的质量就比全价的差——事实上，是我们把它看得差了，它也就真的变差了。怎么纠正呢？如果我们定下心来，理性地拿产品与价格做一番比较，就能克服那种无意识的冲动，不再把产品的销售价格与内在质量挂钩了。

我们在一系列实验中对此做了测试，结果是那些能够平静地考虑价格与质量关系的消费者，不大可能认为半价饮料的效果一定就差（那么，他们做起组词测验来也比这样认为的人的成绩要好）。这一结果不但给我们指出如何解决价格与安慰疗法、安慰剂之间关系，还指出了"便宜没好货"的说法其实是对低价的一种无意识的反应。

到现在为止，我们看到了价格怎样驱动安慰疗法、安慰剂、止痛剂和能量饮料的功效。但是还有一点需要考虑：安慰疗法和安慰剂有作用，我们是否就可以心安理得地享用了？或者说，安慰疗法和安慰剂就是有害的——是江湖郎中的骗局，不管人们感觉有用没用，都应该一律摒弃吗？在你回答这个问题之前，我先跟你打个赌。如果你发现了一种安慰剂或安慰疗法，不仅能使你感觉有效，还真的能治好你的病，你以后还会再用它吗？你如果是医生，会怎么办？你明知是安慰剂或安慰疗法，你还会给病人用吗？我再讲个故事来把话说得更明白一些。

安慰疗法的去与留

公元 800 年，教皇利奥三世为罗马帝国的查理曼大帝加冕，建立了神权与政权的直接联系。从那时起，神圣罗马帝国的皇帝，以及后来欧洲各国的国王，都被笼罩上君权神授的光环。由此引申出所谓的"御手触摸"——能治愈百病。整个中世纪，历朝历代的史学家都在编年史中记载，伟大的君主经常驾临他的臣民中间，用触摸的方式为他们治病。例如，英王查理二世（1630—1685 年）在位期间曾为大约 100 000 人实行触摸治疗，记录中甚至有名有姓地记载了几名美洲大陆的殖民者，不远万里从新大陆赶回欧洲，为的就是在查理二世经过的路上接受触摸，治愈疾病。

"御手触摸"真的有效吗？如果经过御手触摸，没有人病情见好，那么这种做法应该就逐步消失了。但从历史记录来看，据说医好有数千人之多。淋巴结核病，那时经常被误诊为麻风病，此病会损毁人的容貌及皮肤，病人必须与外界社会隔离，据说，它就是因为国王之手的触摸才得以绝迹的。莎士比亚在《麦克白》第四场第三幕里写道："得怪病的人们，全身肿胀溃烂，惨不忍睹……（陛下）念着神圣的祈祷词，为他们的痊愈祝福。"御手触摸的传奇一直持续到 17 世纪 20

年代，那时人们不再相信君权出于神授了——而且（我们可以想象）"新的，改进了的"埃及木乃伊膏之类的"先进"疗法使御手触摸相形见绌。

人们一想到诸如御手触摸一类的安慰疗法，一般都会斥之为"仅仅是心理作用"。但是，安慰疗法的力量不是"仅仅"两个字就可以说完的，事实上，它显示了我们大脑对身体的神奇控制方式。大脑如何实行这种神奇的控制，现在还不是很清楚①。当然，其中某些作用肯定与降低压力，改变荷尔蒙分泌，调节免疫系统等有关。我们对大脑与身体的关联了解得越多，过去一些黑白分明的事物反而变得模糊不清。最明显不过的就是安慰疗法和安慰剂了。

现实中，医生一直都在使用安慰疗法和安慰剂。例如，2003年时进行的一项研究表明，医生给患咽喉炎的病人使用抗生素，后来发现其中超过1/3的病例是病毒引起，抗生素对这些患者毫无作用（同时说明了为什么对抗生素产生抵抗的人越来越多，这对我们大家都构成威胁）。但是，你认为医生对病毒性感冒的患者就不再使用抗生素了吗？即使医生知道某些感冒是病毒性的而不是病菌性的，他们也仍然认为患者需要某种安慰。最常见的情况，病人想拿到一张处方，但是如果内科医生用这样的方式来满足病人的心理需要，正确吗？

事实上，医生一直在使用安慰疗法和安慰剂，但这并不代表他们真的想这样做，我猜测，这种做法使他们心里也有些不舒服。职业的训练使他们自认为是科学一族，有问题应该到现代医学的最高技术中寻找答案。他们以白衣天使自诩，而非巫医骗子和江湖郎中。所以即

---

① 我们对安慰疗法（剂）如何止痛有相当准确的了解，因此我们采用这一方面的案例较多，但我们对它的其他功效知之甚少。

便扪心自问，他们也很难承认，他们在行医过程中竟然会使用安慰疗法来增进患者的健康。假如一个医生，不管多么不情愿，但他可以使用一种有效的安慰疗法来救治病人，那么，他应该积极热心地去开这个处方吗？说到底，医生对一种治疗方案是否热心可能会在很大程度上影响实际疗效。

还有另一个问题，有关美国的医疗保健事业。美国的医疗保健投入在国内生产总值中的占比已经是西方国家中最高的了。我们应该如何对待人们感觉高价药品（50美分的阿司匹林）比低价药品（1美分的阿司匹林）更有效这一现实呢？我们是该放任人们的非理性，继续提高医疗保健的成本呢，还是坚持要求人们使用市场上最便宜的普通药物及医疗手段，而不采用那些疗效更好、价钱也更贵的新药呢？我们该如何建构成本与共同负担的医疗机制使其发挥最大效能，如何让需要的群体能买到廉价药品而不降低他们应该享受到的医疗水平？这些都是建构医疗保健制度最关键、最复杂的问题。

安慰疗法和安慰剂也令市场营销人员左右为难。职业道德要求他们创造可预期价值，但如果过度宣传某个产品的客观价值，根据夸大的程度，就可能成了歪曲事实，甚至成了散布谣言。我们看到，对医药、软饮料、大众化妆品和汽车来说，预期价值可能成为真正价值。如果人们从某一产品中获得了比较大的满意度，是否就是营销人员炒作的结果呢？我们对安慰疗法想得越仔细，对信念与现实之间的模糊界限考虑得越多，这些问题就越难回答。

作为一个科学工作者，我认为，对我们的信念和各种医疗方法的疗效所实施的实验都是有价值的。同时，我很清楚上述实验，特别是关于医学上安慰疗法的实验，引发了很多伦理问题。的确，我在这一章开头举出的胸廓动脉结扎手术问题就引起了伦理方面的争议：很多人强烈呼吁，反对给病人实施假手术。

为了弄清楚某一疗法是否应该继续使用，就把它暂停下来，这样很可能牺牲眼下一些患者的健康甚至生命，一想到这里就让人很难接受。例如虽然一个患癌症的孩子正在接受的是安慰疗法，为的是几年以后患同样病症的其他人可能会有更好的治疗方法，但这仍令人难以接受。

同时，如果因此而停止安慰疗法的实验，同样令人难以接受。这种疗法可能会让成千上万的人接受无作用（有风险）的手术。在美国，各个步骤都经过科学测试的外科手术很少。因此，我们实际上并不了解很多手术是否真能治愈疾病，或者像从前的一些手术一样，是因为安慰疗效才取得效果。由此，我们会经常想，是否应该先更仔细地研究某些疗法和手术，在真正弄清楚它们之前不要行动。我讲一个亲身经历的事情，关于一种治疗方法，我觉得我是受了虚假宣传的引诱，但实际上，我不过是经历了一次痛苦的体验。

应该让烧伤病人穿紧身衣吗？

那时我在医院里住了漫长的两个月，我的专业理疗师告诉我了一个令人兴奋的消息。有一种叫作"Jobst"的高科技理疗紧身套装，是专门为我这样的严重烧伤病人设计制造的，它的质地像丝绸一样柔滑，会对我仅存的少许皮肤施加压力，增进皮肤生长。她告诉我全世界一共有两个生产厂家，一家在爱尔兰，另一家在美国。我可以量身定做。她还告诉我，这套紧身服包括裤子、上衣、手套，还有面罩，因为尺寸完全合身，所以能一直紧贴我的皮肤，活动的时候，它会轻轻地按摩我的皮肤，使皮肤上的红斑和过度生长的疤痕逐渐消失。

我是多么兴奋！我的理疗医师舒拉告诉我，这套紧身服有多么奇妙，还有不同的颜色，我立即想象我从头到脚都包在紧身服里面，像电影里的蝙蝠侠，但舒拉马上给我泼了点儿冷水，说其实只有两种颜色，棕褐色的是专门给白人的，黑色的是给黑人的。她还说，过去曾有人穿这样的紧身服去银行，被人们误以为是抢银行的强盗，打电话报警。现在你再订紧身服，工厂会在胸部印上特别的说明，用以解释你的身份。

她的话并没有扫我的兴，相反更增加了我的兴趣。我暗自发笑，想到穿上它走在大街上，人们都不认识我，那有多好。除了我的眼睛和嘴巴，别人什么也看不到，他们也看不到我的伤疤了。

我想象着这套丝绸般的紧身衣，认为在它到来之前，一切痛苦我都能忍受。时间一周一周过去，衣服终于送到了。第一次穿，舒拉过来帮忙。我们先穿裤子：她把裤子打开，带着棕褐色的光泽，开始往腿上穿。那种感觉可不像柔滑的丝绸在轻轻地按摩我的伤疤，而是像帆布一样又粗又硬，仿佛要把我的伤疤扯开。但我还是不甘心，还在想着从头到脚全穿上了，会是一种什么感觉。

几分钟以后，事情很明显，从度身定做到紧身衣到货，这期间我的体重增加了（他们每天给我喂 7 000 卡路里的食物和 30 个鸡蛋以增进我康复的速度）。紧身衣不太合身。不管怎样，我已经等了这么长的时间了。最后，又拉又扯，大家一起耐心努力，我终于把它全部穿上了。长袖上衣紧紧地压迫胸部、肩膀和胳臂，面罩紧紧裹在脸上，长裤从脚趾一直向上套到臀腹部，另外还有手套。全身只有脚趾尖、眼睛、耳朵和嘴露在外面，其他部分都被包裹到了棕褐色的紧身衣里面。

紧身衣的压力似乎每一分钟都在增加，里面燥热难忍，伤疤处血液循环不畅，热量使伤疤部位充血，变得又红又痒。胸前解释"我并非强盗"的标志也不顶用，它用的是英文，而不是希伯来文，因而毫无价值。我的美梦没有成真。我费了九牛二虎之力才把它脱下来，理疗师又重新给我量了尺寸，把详细资料寄到爱尔兰，再定做一套更合身的。

新的紧身衣的确合身了，但除此之外也好不到哪里去。我被这种疗法折磨了好几个月——又痒又痛，得拼命挣扎才能穿上，一不小心就会把刚长出来的嫩皮磨破（新皮磨破了之后得很长时间才能长好）。最后，我知道这套紧身衣根本没有效果，起码对我是这样。我身上被它覆盖的部分和未覆盖的部分没有任何区别，我从它那里得到的只有受罪。

你看，让烧伤科病人参加实验，用来测试紧身衣的效果（它的不同材质、不同的压力水平等），这种做法在伦理上是有问题的，若要让某个人参与有关安慰疗法的实验就更加困难了。如果没有充足的理由，让那么多病人多年来忍受某些疗法引起的痛苦，在道义上也说不过去。

如果将这种合成材料紧身衣与其他方法做对比测试，如与某种安慰疗法做对比测试，后者可能更有利于减少我的日常痛苦。它或许还会激发新的实验方式——真的有效的方式。他们没有做这样的实验，代价是让我和其他跟我一样的病人白白遭受痛苦。

我们是否应该继续对安慰疗法、安慰剂进行实验呢？对医学方法和安慰疗法进行测试和实验，牵涉道义上的两难困境，这是客观现实。我们应该对这种实验可能带来的好处与实验的成本和代价加以比较，因此，我们不能，也不应该无休止地对安慰疗法一直实验下去。但就目前来说，我觉得我们的实验还远远不够。

Predictably Irrational

第十一章

**人性的弱点：
为什么我们不诚实？**

考试中你会作弊吗？

2004年，美国全国抢劫案的总涉案金额为52 500万美元，平均每起案件的涉案金额为1 300美元，也就是说，在每起抢劫案中，罪犯得手的钱相对并不多。对比抓捕罪犯和监禁过程中所动用的警力，以及司法、惩戒等投入（还不算这些犯罪所引发的报纸和电视报道的费用），罪犯实际所抢的钱真的不算多。当然，我不是因此就说可以容忍这些以犯罪为职业的行为。他们是盗贼，我们必须加强防范，自我保护。

但是，我们另外考虑一下：每一年，因职场雇员盗窃与舞弊所造成的损失的总金额大约是6 000亿美元，这个数字远远高于抢劫、入室盗窃、偷窃和汽车盗窃金额的总和（职场犯罪2004年的涉案金额约为160亿美元），这比几百万个职业犯罪分子一辈子可能偷到的钱加起来还多，几乎等于通用电气公司股票市值的两倍。问题还不只这些。根据保险行业的报告，每年投保人对财产损失的故意虚报就达240亿美元。同时，美国税务局（IRS）的工作人员估计，每年的税收流失高达3 500亿美元，也就是说他们预计美国纳税人应该缴纳的税款与实际缴纳税款之间的差额为3 500亿美元。零售业有它自己头痛的地方：很多人买了衣服把标签藏在里面穿，穿过了再拿回来全额退货，这致使美国零售业每年在这些二手衣服上的损失就高达160亿美元。

除了这些随时可见的不诚实事例之外，还有像美国国会议员从他们喜欢的说客那里接受免费高尔夫球招待券，医生从他们使用的病理实验室拿回扣，公司主管倒着填股票期权日期以提高自己的收益等大量的令人难以容忍的不正当经济行为，相比之下，普通人骗保险、退衣服等小把戏所拿到的那点儿钱，简直是小巫见大巫。

2001年安然丑闻曝光（事情很明显，安然连续6年荣获《财富》杂志"最具有创造力的公司"称号，但它的业绩很大程度上来源于其在做假账上的"创造力"）。一次吃午饭时，我和多伦多大学教授妮娜·马萨尔、加州大学圣迭戈分校教授奥恩·阿米尔谈到了"诚实"这个话题。我们不理解，为什么某些犯罪，特别是白领犯罪，与其他罪行相比，危害程度会被低估？而这样一个罪犯从早上10点钟喝过咖啡到午饭之间，在短短的一段时间里所造成的经济损失，可能是一个职业入室窃贼一生一世都无法企及的。

经过一番讨论，我们认定不诚实行为可能有两类。

其中的一类，请想象两个开车在加油站周围转悠的家伙。他们一边开车，一边盘算着加油站钱柜里会有多少钱，附近有谁可能来抓他们，如果被抓到，他们会被判几年（同时考虑到，如果在狱中表现好可以减多少刑期）。他们基于这种成本—收益计算决定是否动手抢劫这个加油站。

另外还有第二类不诚实行为，有这种行为的一般是自认为诚实之人——所谓"正人君子"和"良家妇女"，这些人不过是"借用"了会议室的一支钢笔;从自动饮料机里多接了几口汽水;在填写保险理赔单时,把电视机的价格稍稍夸大了一点儿;拿着和娜瓦阿姨吃饭的发票当作业务招待报销(不过,娜瓦阿姨也确实问过最近我的业务情况如何呀)。

我们都知道第二类不诚实行为确实存在,但它到底有多普遍呢?进一步说,如果我们让一部分"诚实"的人在严格控制下进行科学实验,并在实验中引诱他们进行欺骗或偷窃,他们会做吗?他们会动摇自己的信念吗?如果偷窃,他们会偷多少呢?我们决定弄个明白。

实验

哈佛商学院以培养美国顶级商业领袖而闻名。该校在美国人心目中拥有崇高的地位。它坐落于马萨诸塞州坎布里奇的查尔斯河畔,有着雄伟的殖民地时期建筑,还有社会上滚滚而来的捐赠钱财,实际上,《财富》杂志500强企业中的每一家都有20%的最高职位被哈佛商学院的毕业生所占据。[1] 所以,要做这个诚实方面的小实验,还能找到比这里更好的地方吗?

实验其实相当简单。我们请一些哈佛商学院的本科生和研究生进行了一次测验,共有50道多项选择题。这些问题与平常的标准测验差不多:世界上最长的河流是什么?小说《白鲸》的作者是谁?表达"一个系列里平均值"的是哪个词?希腊神话中的爱神是哪一位?给他们回答问题的时间是15分钟。时间到了,要求他们把答案从草稿纸上抄写到答卷纸上,然后把草稿纸和答

---

[1] 哈佛商学院如此宣称。

卷纸一并交给教室一端的监考人。监考人用电脑扫描阅卷,每答对一道题给10美分。这就是第一组测验,够简单吧?

之后,我们换了一种方式让另一组学生参加相同的测验,但做了一些重要变化。我们要求这些学生同样把答案从草稿纸上抄写到答卷纸上,和上一组一样。但这一次,答卷纸上的答案是已经印好的,每道题前面的圆圈,表示正确答案的那个都被标成了灰色。例如,如果学生们在草稿纸上把世界上最长的河流答成密西西比河,他们可以根据答卷纸上的圆圈颜色很清楚地知道,正确答案应该是尼罗河。这时,参与者们即使在草稿纸上填错了,也可以在答卷上填入正确的答案。

他们把答案抄完后,对照正确答案,数一下总共答对了几道,把这个数字写在答卷纸上方,然后把草稿纸和答卷纸一起交给前面的监考人即可。监考人考查他们自称答对了多少(就是他们自己写在答卷纸上的那个数字),每答对一道题给10美分。

学生们会作弊吗——把原来答错的题改成对的?我们无法肯定,但不管怎样,我们决定对第三组增大诱惑。这一次的条件是,学生们和前两组一样,做完题,抄到答卷纸上,但我们要求他们将草稿纸撕掉,只交答卷纸。换言之,即使有作弊的证据也将被销毁。他们会上钩吗?我们也无从预知。

最后一种情况,我们要把对这一组人的诚实考验推到极限。这一次,我们不但要求他们撕掉草稿纸和印有答案的答卷纸,他们甚至无须向监考人报告成绩:他们把草稿纸和答卷纸撕掉了,只需走到房间前面,那里有个小罐子,我们事先在里面放了满满一罐10美分的硬币,让他们根据自己的成绩,自己决定拿多少,然后大摇大摆走出门去。如果有人想要作弊,这可是他实施"完美犯罪"的机会!

不错,我们在诱惑他们。我们给他们提供了容易作弊的条件。这些被称作"精英中的精英"的美国年轻人,他们上钩了吗?请拭目以待。

第一组入座了,我们解释了规则,发了试卷。他们答了15分钟,把答案抄到了答卷纸上,交上了草稿纸和答卷纸。这些学生属于我们严格控制下的一组。既然他们无法知道答案,也就根本没有作弊的机会。平均下来,他们50道题答对了32.6道。

你能预测其他参与者的表现吗?你已经知道严格控制下的一组平均答对了32.6道题,你认为条件不同的其他三个组会分别报告答对了多少呢?

第1种情况	严格控制下	= 32.6
第2种情况	自我核对	= _____
第3种情况	自我核对+撕草稿纸/答卷纸	= _____
第4种情况	自我核对+撕草稿纸/答卷纸+自由取钱	= _____

第二组怎么样?他们同样回答了问题。但这一次,他们往答卷纸上抄答案时可以看到正确答案。他们会忘掉自己的诚实多拿钱吗?结果是,他们平均答对了36.2道题。他们真的比严格控制下的第一组更聪明吗?我们对此表示怀疑。事实上,我们发现他们有少量作弊(大约平均3.6道题)。

第三组呢?这一次我们加大了赌注。他们不仅能看到正确答案，还撕掉了草稿纸。他们上钩了吗？不错，他们也有作弊的。他们平均答对了35.9道题——比严格控制下的第一组多，和第二组（没有撕掉草稿纸的那一组）差不多。

最后那一组学生，不但撕掉了草稿纸和答卷纸——还可以把手伸进钱罐随意取钱。他们像天使一样，撕掉了草稿和卷子，把手伸进了钱罐，取出他们该拿的钱。根据他们拿的钱算出他们平均答对了36.1道题，比严格控制下的第一组多出不少，但是与有作弊机会的其他两个组大致相当。

这组实验告诉了我们什么？第一个结论是：有了适当的机会，很多平日里诚实的人也会作弊。我们发现，坏了一锅汤的并不只是几条臭鱼，多数人都会作弊，但作弊的程度不高。[①]你先不要忙着抱怨说是哈佛商学院高尚的风气造成了这些不诚实行为，我们在麻省理工学院、普林斯顿大学、加州大学洛杉矶分校都做过相同的实验，结果是一样的。

第二个结论和我们的直觉相反，但更令人过目难忘：在诱惑下作弊，作弊的程度并不像人们通常认为的那样高，这可能与害怕被发现有直接关联。学生们有机会在不撕掉草稿的条件下作弊，他们平均答对的题，从32.6道增加到36.2道。但是，当他们有了进一步的机会撕掉草稿纸和答卷纸——可以完全掩盖小小的"罪行"时，他们的不诚实度并没有随之加深。他们作弊的程度还保持在差不多的水平上。这就是说，即使没有被发现的风险，他们也不会在不诚实的路上走得太远。

---

① 4个组实际答对的题目的数量比例大致相同，可是一旦参与者有了作弊的机会，平均值就提高了。

学生们撕掉了草稿纸和答卷纸,把手伸到钱罐里,然后走开,他们每个人都可以说自己答了满分,或者任意多拿钱(钱罐里大约有100美元),但他们并没有这样做。某种因素——他们自身内部的某种东西,阻止了他们。但这究竟是什么东西呢?说到底,什么是诚实呢?

政府法令能杜绝不诚实吗?

对"什么是诚实"这个问题,伟大的经济学家亚当·斯密有一个脍炙人口的回答:"大自然在为社会创造人类的同时赋予了他两种本质欲望,一种是取悦他的同类,另一种是不愿意得罪他的同类。大自然教导他对同类的幸福感到愉悦,对同类的不幸感到痛苦。"对此他补充说:"多数人的成功……多数情况下要依靠他们的邻居和同伴的帮助与善意,而帮助和善意在没有被人所接受的情况下是难以获得的。因此,'凡事诚实为上'这句古老的谚语,在这种情况下,是千真万确的。"

这听来似乎是工业时代的完美辩解,就像天平两边相等的两个砝码和两只咬合度极高的齿轮一样平衡与和谐。不管这一观点看上去有多么乐观,亚当·斯密的理论仍可以引出一个不那么光明的结论:既然人们会把成本—收益分析法应用于诚实的行为中,他们就可能同样会把成本—收益分析法应用于不诚实的行为中。根据他的观点,人们只会在对他们有用(包括取悦别人的欲望)的情况下诚实。

人们在诚实与不诚实之间的选择真的就像在两辆汽车、两种奶酪、两台电脑之间做选择一样吗?我认为不是。首先,你认为你的朋友可能用成本—收益分析法和你谈新买的手提电脑吗?当然没问题了。但是,你能想象他同样用成本—收益分析法和你讨论如何去偷一台手提电脑吗?当然不会——除非你的朋友是一个职业惯偷。我倒同意(从柏拉图以来)另外一些人的意见,他们认为,诚实是某种更伟大的东西——它在几乎任何一种社会里都被认为是高尚的美德。

西蒙德·弗洛伊德是这样解释的,他说,我们在成长过程中把社会美德内化了。这种内化引导我们发展到超我境界。一般来说,当我们的所作所为符合社会伦理时,超我就感到愉悦;否则就会感到不快。因此我们早上4点钟遇到红灯也会停车,即使我们知道附近并没有人;我们把钱包交还失主心中会感到快乐,即使我们不留下自己的姓名。这些行为刺激我们大脑中的奖赏中心——伏隔核和尾状核,使我们获得满足感。

但是,如果诚实对我们这么重要(最近对美国大约36 000名高中学生的一次调查表明,98%的人认为诚实很重要),如果诚实能使我们感觉良好,为什么我们还经常不诚实呢?

我的感觉是,我们的确看重诚实,想做诚实的人。但问题在于,我们内心的诚实尺度只有在考虑重大越轨行为时才被激活,例如,决定是否要把会议室里一整盒钢笔据为己之时。在面临细微的越轨行为时,例如拿走一两支钢笔,我们甚至不会去想这点儿琐事与诚实有什么关联,因而我们的超我仍然在睡大觉。

没有超我对诚实进行帮助,监督与管理,我们抵御这种越轨行为的防线,就只剩下成本—收益的理性分析了。但是有谁会有意识地权衡从旅馆房间里拿一条毛巾的收益与被抓的成本呢?有谁往报税单上多加几张收据时会考虑成本—收益呢?正如我们从哈佛商学院的实验里所看到的,成本—收益分析,特别是在参考被"抓现行"的可能之后，对不诚实行为的发生并没有太大的影响。

大千世界，就是如此。你只要一翻开报纸，十有八九都能看到关于不诚实和欺诈行为的报道。我们眼睁睁看着信用卡公司以飞涨的利息压榨顾客的血汗钱；航空公司纷纷破产然后向联邦政府求救，乞求拯救它们，还有它们空空如也的养老基金账户；学校保留校园里的自动汽水机（每年从饮料公司收取数百万美元回扣），尽管它们明知这些高糖饮料会造成孩子们超常多动和过度肥胖。正如《纽约时报》有眼光、有才干的记者戴维·凯·约翰逊在2005年的《完全合法：操纵税制的汹涌暗流——肥了超级富豪，骗了全国民众》一文里所说的，涉税的一切活动简直成了侵蚀道德的各种丑恶现象的大全。

我们的社会——已经通过政府对此进行反击，起码是某种程度的反击。2002年通过的《萨班斯-奥克斯利法案》（要求上市公司主要负责人为公司的审计和财务做法律担保）旨在使安然一类的灾难成为过去。美国国会通过法令限制"指定用途拨款"（特指政客们混入联邦大额预算中的为讨好选民而用于地方建设的拨款）。美国证券交易委员会还通过补充规定，要求进一步披露公司高管的薪酬津贴——当我们看到《财富》500强企业高管的加长豪华汽车，就可以相当肯定地知道这个公司高管的年薪。

但是，这样的一些外部措施真的能够堵住所有漏洞，并且杜绝不诚实现象吗？有些批评家认为不能。就拿美国国会的伦理改革来说，法案明文规定院外说客不准给议员及其随员免费提供"大型宴会"餐饮，那么怎么对付院外说客呢？答案是：邀请议员们参加"人数有限"的午餐进行规避。同样，新的伦理法案禁止院外说客给议员提供"带有固定机翼"的飞行工具，那好办啊，用直升机搭一程怎么样呢？

我听说的最好笑的应对新法规的方法叫作"牙签规则"。它明文规定院外说客不准给众议员们提供"坐着享用"的餐饭，但他们照样可以送上一切（想来是冷盘）美味，让这些立法大人站着用手或用牙签享用。

海鲜业主们为华盛顿的立法大人们已经筹办好备有意大利面条加牡蛎的站立式餐会（餐会名为："让世界成为你的大牡蛎"），上述法规能改变他们的计划吗？当然不会！海鲜业的院外说客确实取消了意大利面条（黏糊糊的，只能用叉子吃），但他们还是可以让立法大人们饱餐一顿刚撬开壳的新鲜牡蛎（众议员们站着一边用牙签挑着吃，一边赞美它的美味）。

《萨班斯–奥克斯利法案》还被批评说不起作用。有些批评家说它太僵化、缺乏灵活性，批评它含糊不清、前后矛盾、缺乏效率、实施起来代价高昂（尤其是小公司）。"它并没有清除腐败。"卡托研究所所长威廉·阿·尼斯卡宁争辩说，"它只能迫使企业俯首听命，日子更加难过。"

道德准则和就职誓言的力量

有关强制推行诚实的外部措施就先说这些。这些措施在有些情况下可能有效，而在有些情况下则可能没什么作用。有没有更好的办法来纠正不诚实的现象呢？

实验

在回答这个问题之前，我先详细地介绍一个实验，它对这一问题做了充分的证明。几年前,我和妮娜、奥恩带领一些参与者来到加州大学洛杉矶分校的一个实验室,让他们做一个简单的数学测验,一共有20道很容易的试题,每道题都给了一组数字,让他们从中找出相加等于10的两个数(例题如下)。测验的时间是5分钟,答对越多越好,然后让他们抽签。中签的可以按本人的成绩,每答对一道题获得10美元的奖励。

就像我们在哈佛商学院进行的实验一样,让一部分学生直接把试卷交给实验主持人,这是受到严格控制的一组。另外一组人则被要求把自己答对了多少道题写在答卷纸上交给监考人,把试卷撕掉——很明显,这一组人有作弊的机会。有了机会,这些参与者会作弊吗?正如你所预料到的,他们的确作弊了(但是,并不严重)。

在下面给出的数字中,尽快找出两个,二者相加之和必须正好等于10。你用了多长时间?

1.69	1.82	2.91
4.67	4.81	3.05
5.82	5.06	4.28
6.36	5.19	4.57

到这里为止,并没有什么新东西。但是关键的一招是在实验开始之前。在参与者们到达实验室以后,我们要求一部分人提前写出他们高中时读过的10本书的书名,并要求其余的人写出《圣经》十诫的内容,记得多少写多少。① 在做完实验的"回忆"

---

① 你记得《圣经》十诫吗?如果你想自己测验一下,把它写下来与原文做对照。要想知道你记得对不对,不要仅仅凭感觉,动笔写下来。

部分后，我们再让他们去做数学题。

实验的这种设置，就是让一部分人回忆高中时代读过的 10 本书，然后引诱他们作弊；对另一部分人，则是在让其回忆《圣经》十诫以后引诱他们作弊。哪些人的作弊行为更多一些？

在没有作弊机会的条件下，参与者们平均答对了 3.1 道题。[①]

在有作弊机会的条件下，回忆高中时代 10 本书的参与者平均答对了 4.1 道题（或者说比那些没有作弊机会的高出 33%）。

但是更重要的问题是另外一组的结果——学生们先写下《圣经》十诫，然后答题，再撕掉试卷。就像体育比赛解说员所说，这一组才值得看。他们会作弊吗——或者《圣经》十诫会对他们的操守产生影响吗？结果连我们也感到惊讶：回忆过《圣经》十诫的学生完全没有作弊！他们的平均成绩和那些没有作弊机会的一组相同，比那些先回忆高中读过的 10 本书并且有作弊机会的学生少答对一道题。

那天晚上，我走在回家的路上，一直在想这到底是怎么回事。写下 10 本书书名的那一组作弊了，但不严重，就一点点——到了这一点上，他们内心的奖赏机制（伏隔核和超我）摇醒了他们，命令他们赶快停止。

而《圣经》十诫却创造了奇迹！我们根本没有告诉参与者十诫的内容是什么——仅仅是要求他们每个人回想一下（他们没有几个人能

[①] 《圣经》十诫可能提高成绩吗？我们让参与者做了前面的记忆题，然后在严格控制条件下做数学题来寻找答案。结果无论做的是哪一种记忆题，数学题成绩相同。可见，《圣经》十诫不能提高成绩。

把十条完全写出来）。我们希望这个练习能在他们心中唤起诚实的意识。事实证明了这一点。因此，我们弄不明白，这一切的意义究竟在哪里。我们用了好几个星期才得出几个结论。

其中的一个结论是：或许我们可以把《圣经》带回公众的生活中。如果我们只是要减少不诚实的行为，这倒不失为一个好主意。但是，有人会反对，《圣经》意味着对某一宗教的支持，或者就是把宗教与商业和世俗社会混同起来。但是另外一种性质的誓言会解决这个问题。有关《圣经》十诫的实验给我印象最深的是，那些十条中只能记得一两条的学生和那些十条差不多全记得的，都会受到影响。这就是说，鼓励人们诚实的并不是十诫的条文本身，而是出于对某种道德准则的深思。

如果真是这样，我们就可以用非宗教的道德准则来提高大众的诚实水平。例如，像医生、律师和其他一些专业人士宣誓时用的誓言——或者曾经用过的誓言？职业誓言能起这个作用吗？

英文"职业"一词来源于拉丁文"professus"，意思是"被公众认可"。高级职业很久以前起源于宗教，后来又传播、扩大到了医学和法律方面。据说，掌握秘不外传的高深知识的人，不仅垄断了该知识的应用，还负有明智地、诚实地使用该种知识的责任。誓言（口头的，有时是书面的）是对执业者行为自律的提醒，同时演化出一系列必须奉行的规则，让他们按照高级职业的要求担负起应尽的责任。

各行各业中的"灰色地带"

这些誓言沿用了很长时间。但是 20 世纪 60 年代，发生了一场破除现存高级职业规则的强大运动。发起运动的人声称,高级职业是精英们从事的职业,需要被放到太阳光下。对于法律专业来说,文件要更多采用日常文体和通俗词汇来写,法院的审判庭里要允许拍照,允许张贴广告。医疗卫生业和银行业也采取了类似的去精英化措施。这些措施有很大一部分理应是有益的,但是高级职业的公开化也造成某些东西的缺失。严格的专业规范被自由灵活、个人判断、商业规律以及快速致富的欲望所取代,高级职业赖以建立的伦理与价值根基也随之消失了。

例如,加州律师公会1996年所做的一项研究发现,加利福尼亚州大多数律师对工作中的道德沦丧感到厌恶,对法律行业的现状"深感悲观"。2/3的人说今天的律师"因为经济压力不能坚守专业规范与准则",将近80%的人说律师公会"未能适当处罚那些不遵守职业道德的律师",1/2的人说如果能够重新选择职业,他们不会当律师。

马里兰州司法工作专门小组的一项类似研究发现,该州的律师也持有相同的观点。马里兰州的律师说,他们的整个行业堕落得非常厉害,"他们易受刺激,容易发火,爱吵架,好说脏话",或者"漫不经心,不合群,心不在焉,不能集中精力"。当问及弗吉尼亚州的律师,眼下专业规范及操守每况愈下,问题层出不穷,是因为"几个害群之马"还是不良风气弥漫成灾时,多数人说是由于弥漫的不良风气造成的。

佛罗里达州的律师被认为是最差的。2003年,佛罗里达州律师公会报告说,有"为数不少"的律师"只管捞钱,过于精明,玩弄手段,耍滑头,不讲信用;根本不顾事实及公正,为了打赢官司不惜歪曲事实,操纵证人,掩盖真相,高傲自大,目中无人,言语粗鲁"。他们还

"自吹自擂，令人厌恶"。对此我还能再说什么呢？

对医疗卫生业的批评同样不少。这些批评提到医生给病人实施不必要的手术和疗法只是为了多赚钱；推荐病人去他指定的实验室以便拿回扣；不管是否需要，让病人在他们拥有的设备上做检测。制药行业的公众形象又怎样呢？我的一个朋友最近去看病，他说他在候诊室等候的一个小时里，就看到4个医药公司的销售代表旁若无人地自由出入医生的办公室，给医生送午餐、试用品，还有其他礼物。

你可以从任何高级职业群体中看到类似问题的迹象。例如，美国石油地质学家协会的情况又怎么样呢？我看到的是电影《夺宝奇兵》中印第安纳·琼斯那种类型的人物，讨论侏罗纪页岩和三角洲矿床的兴趣比谈论美元的兴趣更高。但是，一旦你深入观察，麻烦就来了。"这里面不讲职业道德的行为程度之深范围之广，远远超出我们多数人的想象。"该协会的一名成员写信给她的同事如是说。

你会问，到底是什么样的不诚实现象，能在石油地质学家这样的人群中蔓延呢？实际上，诸如使用伪造的地震数据、盗窃地图和资料、在出卖土地或者招商投资时夸大其石油的蕴藏量，都是引发不诚实行为的诱因。一个石油地质学家指出："渎职行为经常不是黑白分明的，而是带着少许灰色。"

我们要记住，这样做的不光是石油地质学家，职业道德准则的沦丧随处可见。如果你想要掌握更多的证据，可以考虑一下伦理学家圈内的争论，这些人现在越来越多地被召唤到公开听证会或公开审判场合做证，他们可能被当事的一方或另一方花钱雇用出场，论证诸如应该给病人采取哪一种治疗方案以及未出生胎儿的权利等问题。他们会因为诱惑而趋炎附势吗？很明显会。有篇文章刊登在一家伦理道德刊物上，它的标题就是："道德专家：伦理学家的职业道德问题"。正如我所说的那样，腐败的迹象到处可见。

世界上哪个国家最诚实？

怎么办？假如说，无须借助《圣经》十诫，我们就可以形成在某种世俗保证下签名的习惯，与高级职业宣誓近似，来提醒我们对诚实的承诺，那么，这种简单的誓词能够和《圣经》十诫一样发挥重要作用吗？我们必须搞清楚，于是我们又进行了实验。

实验

我们再一次招募了参与者，这次是在麻省理工学院。实验中，第一组人做了数学测验，把答卷交给坐在房间前面的实验主持人（他计算了答对的数目并按这个数目付给他们钱）。第二组也做了测验，但要求他们把答卷折起来自己保留，到房间前面告诉实验主持人自己答对了几道。主持人根据他们说的付钱，他们离开实验室。

这次实验的新内容出现在第三组。测验开始以前，我们要求参与者们在试卷的上方这样的一则声明后面签名："我知晓并允许本次实验结果进入麻省理工学院道德规范记录。"签名后，他们开始答题。测验结束，他们把试卷放进口袋，走到房间的一头，告诉实验主持人自己答对了几道题，拿走自己的钱。

上述实验结果怎么样呢？严格控制下的一组不可能作弊，参与者平均答对了三道题。第二种情况，参与者可以把答卷放进自己的口袋，他们平均答对了5.5道题。值得注意的是第三种情况——参与者们也把答卷放进了口袋，但他们事先签过道德规范声明。他们在这一条件下，平均答对的题数，也是三道——与严格控制的一组完全相同。这一结果与我们采用《圣经》十诫的那种情况相似，这就是签署道德规范声明的效力。特别要考虑的是，麻省理工学院根本就不存在这样一项道德规范！

由此我们了解学生们会在有机会的情况下作弊，但并不是肆无忌惮。不仅如此，一旦他们获得了有关诚实的提醒，不管是通过《圣经》十诫还是通过签一项简单的声明，他们就会彻底停止作弊。换言之，如果我们一点儿道德规范的意识都没有，就必然会滑向不诚实的一边。但是如果在受到诱惑的瞬间得到有关道德的提醒，我们就可能保持诚实。

目前，美国有些州的律师公会和高级职业组织正在仓促地寻求支撑它们职业伦理规范的方法。有的给大学生和研究生增加道德课程，有的要求举办伦理方面的职业培训班。在法律领域，马里兰州霍华德县巡回法庭大法官丹尼斯·M. 斯维尼发表了他的著作《律师法庭行为守则》，其中写道："这里面的大多数规则，其实在我们很小的时候母亲就说过，她教导我们，懂礼貌有教养的人应该做到这些。既然我们的（还有你们的）母亲有别的重要的事情要做，不能亲临我们州的每一个法庭，那我就把这些规则再对你们说一次。"

这样的普通措施有效吗？我们记得，律师在获得执业资格时宣过誓，医生从业前也宣过誓。但是偶尔宣一次誓，偶尔保证一下要遵守章则远远不够。我们的实验清楚地表明，回想誓词和规则只能在受到诱惑时，或者在诱惑之前的那一刻有效。还有，我们要尽快解决这些问题，拖得越久，越难解决。就像我在第四章里说的，当社会规范与市场规范发生碰撞时，社会规范退出，市场规范取而代之。尽管拿到这里做简单的类推不尽确切，但是诚实问题给了我们一个相关的教训：一旦职业道德（社会规范）衰落，要想重建可就没那么容易了。

诚实为什么重要？一个理由是，我们别忘记美国之所以在当今世界上占据经济强国的地位，就是因为（起码我们认为）在企业管制标准上，它是世界上最诚实的国家之一。

2002年，根据一项调查，美国的诚信度居世界第20位（丹麦、芬兰和新西兰并列第一；海地、伊拉克、缅甸和索马里并列末位、第163位）。但就是在这一调查结果面前，我都怀疑那些与美国做生意的人能否感觉他们得到了公平对待。实际上，2000年美国的全球诚信度排名为第14位，从那以后，公司丑闻此起彼伏，美国各大报纸的商业版面简直是警察局的每日办案记录。我们正在沿着一条光溜溜的下坡路往下滑，而不是向上走，这样下去，从长远来看我们将会付出巨大的代价。

亚当·斯密告诫我们：凡事都应该以诚实为上，特别是做生意。我们只要看一眼与此相反的现实——一个缺乏诚实的社会，就会知道它的重要性。拉丁美洲到处实行的都是家族管理和给亲戚放贷的垄断企业（即使贷款人出现坏账也不中止贷款）。麻省理工学院一个来自伊朗的学生对我说，在他们那里做生意缺乏一个信任平台。因此，没有人会预付货款，也没有人放贷，大家都不敢冒险。人们只从自己家族雇人，家族里还多少有些信任。你想生活在这样的社会里吗？当心，没有了诚实，我们很快就会下滑到那样的程度，快得让你难以想象。

怎样才能让我们的国家保持诚实呢？我们也许可以读《圣经》，读《古兰经》，或者其他反映我们价值的一切。我们可以重建职业道德标准，我们可以在履行准则的保证上签名。另一条途径是：当自己处在某种条件下时，在个人利益与道德标准发生对立时，我们容易向现实"屈服"，以一己之私去看待世界，从而变得不诚实。那么，答案是什么？如果我们认识到自己的弱点，就可以防患于未然，尽力避免这种情形的发生。我们可以禁止医生通过给病人进行不必要的检查项目而从中获利的行为，我们可以禁止公司的会计人员和审计人员兼任该公司的财务顾问，我们可以禁止国会议员给自己制定工资标准等。

不过，有关不诚实的问题还没讲完。下面的第十二章，我将进一步阐述不诚实的其他表现，以及我对于如何同它斗争的一些理解。

Predictably
Irrational

第十二章

企业的特权：
为什么现金可以阻止我们作弊？

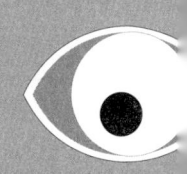

可乐不见了，现金还在

实验

麻省理工学院的很多宿舍楼里都有公共使用的区域，摆放着各种式样的电冰箱供附近房间的学生使用。一天上午11点左右，大多数学生都在上课，我悄悄走进去，在宿舍楼中逐层徜徉游荡，徘徊于这些公用冰箱之间。

每当看到一台公用电冰箱，我就靠近一点点，小心环视一下周围，在确定没有人看见后，我就把冰箱门悄悄打开，偷偷塞进6瓶可口可乐，蹑手蹑脚地迅速逃离现场。走出一段距离以后，我才停下来躲在一个不容易被人发现的地方，赶快把放入可乐的冰箱的位置和放入的时间记录下来。

几天以后，我回去检查我放入的可乐数量，每天详细记录冰箱里剩余可乐数量的变化。你可以预料到，大学宿舍里可乐待在冰箱中的时间不会太长，所有的可乐在72小时内全部不见了。但是我放下的不光是可乐，还放了一个盘子，里面是几张纸币，总共6美元。这些纸币会不会比可乐消失得更快呢？

在回答这个问题以前，我先问你另一个问题。你正在上班，妻子打电话给你，说女儿明天上学需要一支红铅笔，让你带一支回来。于是你就从办公室里给女儿拿了一支红铅笔。做完这件事，你感觉怎样——舒服吗？非常不舒服？有点儿不舒服？还是非常舒服？

我再问你一个问题：假如办公室里没有现成的红铅笔，但是你可以从楼下小铺里花 10 美分买一支。碰巧你办公室里存放零用钱的盒子开着，屋里又没有别人。你会从盒子里拿 10 美分去买一支红铅笔吗？假如你没有零钱，又恰巧需要 10 美分，你会心安理得地从里面拿吗？你觉得这样做可以吗？

我不知道你怎么想，不过我觉得拿一支铅笔比较容易，但是去拿现金就非常困难（我很庆幸现在还不需要面对这一问题，我的女儿还没上学呢）。

实验的结果是：麻省理工学院的学生对于拿现金的态度也不同于拿可乐。正如我所说的，可乐在 72 小时内统统不见了，一瓶也没剩，但是钱就完全不同了：盘子里的纸币 72 小时内没有人动过，直到我从冰箱里取回来。

这是怎么回事呢？

非现金引发的作弊现象

我们看一下周围生活中的不诚实现象，就会发现多数作弊行为离偷拿现金还有一步之遥。企业作弊是在账目上玩花样，公司主管作弊是在股票期权日期上倒签，院外说客作弊是让政客们参加由第三方付款的宴会和娱乐活动，制药公司作弊是给医生夫妇安排豪华度假游。

事实上，这些人很少（个别情况除外）用赤裸裸的现金作弊。这就是我的观点：离现金一步之遥的作弊最容易发生。

你认为导致安然大厦倒塌的"建筑师"肯尼斯·莱、杰夫·斯基林和安德鲁·法斯托会从一个老妇人的钱包里偷钱吗？不错，他们从许许多多老妇人的养老金里拿走了数百万、数千万美元。不过你认为他们会拿着铁棍把一个老妇人打倒，抢走她手中的钱吗？说出来你也许不同意，但我还是认为他们不大可能这样做。

到底是什么因素允许我们在非现金事物上作弊，又是什么阻止我们直接在现金上作弊呢？这种非理性的冲动是怎样起作用的？

因为我们擅长把自己细微的不诚实想法和做法合理化，所以我们通常很难清楚地确定非现金事物对作弊的影响。例如，拿一支铅笔，我们可能推断办公用品是对员工的一部分补助，或者拿一两支铅笔之类的事人人都会干。我们会说，偶尔从公用电冰箱里拿一瓶可乐不算什么，因为有时我们自己的可乐也会被别人拿走。可能斯基林和法斯托等人认为篡改一下安然的账目也没有什么不可以的，因为那只不过是一种权宜措施，以后生意好转，再改回来就行了。谁知道呢？

为了确定不诚实的本质，我们需要设计出一种巧妙的实验方法，以尽量排除例外情况的干扰。我们做了多方考虑。我们用扑克游戏的筹码怎么样？它既不是现金，也不像可口可乐或者铅笔那样有背景和历史沿革。它能帮我们深入了解作弊的过程吗？我们不敢确定，但采用筹码好像有些道理。于是，几年前，我和妮娜、奥恩决定试试看。

实验

实验是这样的：麻省理工学院的餐厅里，学生们刚吃完午饭，我们进去问是否有人自愿参加一个5分钟的小实验。我们解释说，他们只需要做20道非常简单的数学题（找出两个相加等于10的数字）。他们每答对一道题就可以得到50美分的奖励。

各组实验的开头大致相同，但是以三种不同形式结束。第一组参与者做完试题，把答卷纸交给实验主持人，主持人当面计算他们的成绩，每答对一道给50美分。第二组参与者则要求他们撕掉答卷纸，放进口袋或者背包，直接告诉主持人自己做对了几道。实验到此与第十一章里关于诚实的测验基本相同。

但是最后一组参与者得到的指示与其他两组有很大的不同。我们要求他们和第二组一样，撕掉答卷纸，直接告诉主持人答对了几道题。但这一次，主持人给他们的不是现金，而是扑克游戏筹码。之后，学生们需要走上12英尺来到房间的另一头，用筹码兑换现金。

你明白我们在干什么了吧？把一个扑克游戏筹码（本身没有任何价值的非现金货币）安插到交易中间，对学生们的诚实产生影响吗？与那些直接拿到现金的学生相比，扑克游戏筹码会降低学生们的诚实度，使他们多报自己的成绩吗？如果多报，会多出多少呢？

我们自己对实验结果也感到吃惊：第一组参与者（他们没有作弊条件）平均答对了3.5道题（这是严格控制的一组）。

第二组的参与者撕掉了答卷纸，根据他们自己说的，平均答对了6.2道题。既然我们可以断定撕掉答卷纸不可能使他们变得更聪明，那么就可以把他们平均多答对的2.7道题归结为作弊的结果。

但是说到厚颜无耻不诚实的冠军，可就非第三组参与者莫属了。

第十二章 企业的特权:为什么现金可以阻止我们作弊?

他们的脑瓜不比前两组更聪明,根据他们自己报告的成绩,这一组平均答对了 9.4 道题——比严格控制的那组高出 5.9 道,比只是撕掉答卷低的那组高出 3.2 道!

这就是说,在一般情况下,如果有机会,学生们会平均作弊 2.7 道题。但是在非现金条件下,有同样的作弊机会,他们会平均作弊 5.9 道题,作弊的概率比前者高出两倍还多。现金条件下的作弊和离现金一步之遥条件下的作弊,竟然有如此大的差别!

如果你感到惊讶,听我往下说。在参与我们诚实实验的(第十一章里描写的那些)总共 2 000 个参与者中,只有 4 个人声称 20 道题全部答对。换言之,"完全作弊"的概率是 4/2 000。①

但是在安插进非现金货币(扑克游戏筹码)的实验里,450 个参与者中有 24 人"完全作弊"。这 24 名完全作弊者在现金条件和象征货币条件下的各自分布情况又如何呢?他们全部来自象征货币条件下的那些组(象征货币条件下的参与者共 150 人,完全作弊者 24 人,由此可以折算在全部参与者中的概率为 320/2 000)。也就是说,象征货币不仅能给人们的某些道德约束"松绑",还能使相当一部分人"松绑"得非常彻底,甚至到肆意作弊、毫无顾忌的地步。

作弊到了这种程度当然是坏事,但恐怕还不只如此。别忘了在我们的实验里,把扑克游戏筹码换成现金只不过是几秒钟的事。如果将筹码转换成现金需要几天、几个星期或者几个月(例如,股票期权),不诚实的概率又会是多少?作弊的人是否更多,程度更严重呢?

---

① 从理论上说,某些人是有可能全部答对的。但是,我们的实验中没有人声称答对第 14、15、16、17、18 或 19 道题,那么这 4 个人完全答对 20 道题的可能性就是极小极小的。出于这一考虑,我们猜想他们作弊了。

我们了解到，只要有机会，人们就会作弊。但奇怪的是，我们多数人对此并无察觉。我们在另一个实验里让学生们预测，人们是否用现金时作弊多，用象征货币时作弊少，他们说不对，在这两种情况下，作弊程度应该相同。他们解释说，归根结底，象征货币代表的是钱，而且把它兑换成现金也就是几秒钟的事。因此，他们预测，参与者们会把筹码与现金同等对待。

但是，他们大错特错了！他们没看到只要离开现金一步远，我们就会多么快地给自己的不诚实行为找出合理的借口。当然了，他们的盲区也是我们的盲区。可能这也就是为什么作弊现象层出不穷，屡禁不止的原因。可能这也就是安然前 CEO 杰夫·斯基林、世通（WorldCom）前 CEO 伯尼克·埃伯斯，以及最近几年被起诉的一大批公司高管听任他们本人和他们的公司沿着这条下坡路一直滑下去的原因。

诚实与不诚实的临界点

当然，人人都是脆弱的。

想一下屡见不鲜的保险造假现象，据估计，投保人在报告他们的家庭财产和汽车损失时，总是会编造理由多报大约 10%（当然，保险公司一旦发现多报，便会立即提高你的保费，以牙还牙）。与此对照，凭空捏造诈保骗保的案例并不是很多。通常，很多失主会把丢的 27 英寸电视机当作 32 英寸来报，把丢的 32 英寸电视机的当作 36 英寸来报，诸如此类。同时，这些人不大可能直接去偷保险公司的钱（尽管这种诱惑有时是存在的），但是他们在报告丢失的东西时，仅仅把尺寸和价值夸大一点儿，道德上的负担就会更容易承受一些。

还有另外一些有意思的做法。你听说过"商店当衣橱"这种行为吗？这是指买一件衣服，把它穿到店家承诺保退的前一天，回商店退货，全额拿回货款，但是商家拿回去的衣服，却又无法按原价再卖了。消费者把商店当衣橱，他们不是直接从商店偷钱，而是在购买与退货的边缘上跳舞，牵涉多次界限不清的交易。这种做法带来一个非常清楚的后果——服装业估计每年因为"商店当衣橱"行为的损失高达160亿美元（大约等于每年入室盗窃和汽车盗窃两项犯罪的涉案总值）。

企业费用报销，情况又怎样呢？人们因公出差，他们应该了解各项报销的规定，但费用报销离现金也是只有一步或几步之遥。在一项研究里，我和尼娜发现，从人们为开销举出正当理由的能力来看，费用报销情况各有不同。例如，花5美元为一个漂亮的异性买个杯子很明显是不行的，但是在酒吧里给她买一杯8美元的饮料就很容易找出正当理由。问题不在于东西的价格，或者害怕被查出，而在于人们是否能够把这笔开销理所当然地纳入合法的业务费用中。

对业务费用开支的另外一些调查也发现了相似的借口。在一项研究中，我们发现，当人们把开支收据通过公司主管的助理上报审核时，他们离不诚实就只有一步之遥，他们很容易在里面夹进一些有问题的收据。在另一项研究里，我们发现家住纽约的商界人员，在旧金山机场（或者其他离家较远的地方）给孩子买礼物并将其纳入报销费用的行为，比在纽约机场买或从机场回家的路上买，更觉得心安理得。这一切在逻辑上都说不通，但是交换介质一旦变成非货币的，我们为自己行为做出合理化解释的能力就会突飞猛进。

几年前，我本人也亲身经历过不诚实行为。有人非法进入了我的Skype（很棒的在线电话软件）账户，并假冒我的名义从我的贝宝（Paypal）账户里盗用了几百美元电话费。

我认为做这件事的人并不是毫无良知的罪犯。从一个罪犯的角度来看，既然他有智慧、有能力盗用Skype，那么闯进我的账户行窃就纯属浪费才能和时间，他完全可以进入亚马逊、戴尔，或者某个信用卡账户，用同样的时间获取更多的价值。我更愿意把他想象成一个聪明的孩子，闯入我的账户，想利用软件随便"免费"打电话找人闲聊，直到后来我设法重新控制了账户。他可能仅仅把这件事当作对自己科技能力的测试，或者他是我的学生，我给过他低分，他决定用这样的方式羞辱我，小小地报复一下。

这个孩子会在没有人发觉的情况下从我的钱包里拿钱吗？有可能，不过我猜他不会。但是Skype的某些设计和我的账户设置方式"帮助"他这样做了，而且不会令他感到道德上的负担：第一，他偷的是通话时间，而不是钱；第二，他从这一交易中没有得到有形的物品；第三，他偷的是网络上的Skype，而不是直接从我手中偷；第四，他可能想象，这一天下来，最终要替他承担费用的是Skype，而不是我；第五，通话费是通过我的贝宝自动转付的。于是，我们在这一过程中离现金又远了一步，在最终由谁付通话费这一问题上更加模糊不清（如果你还是不明白，我就说得更清楚一点儿，从那以后我就取消了与贝宝的直接联网）。

这个人偷了我的东西吗？当然偷了，但是很多因素使这一偷窃行为变得界限不清。我觉得他不会认为自己是不诚实的人。他偷钱了吗？没有。有人受到伤害了吗？也没有。但是，这种考虑问题的方法令人担心。如果说我在Skype上遇到的问题确实是因其非货币的性质所致，那么存在风险的事情还有很多，程度还会更大，包括内容相当广泛的网上服务，可能还有贷记卡和借记卡服务。所有的电子交易都不通过有形的货币实现，这更容易使人们不诚实（对自己的不道德行为，人们无须扪心自问），有的甚至干脆不承认有这回事。

我从这些实验中还得到了另外一种不好的印象。在我们的实验中，参与者都是聪明、有爱心、正直的人，他们在绝大多数情况下，甚至是对于非现金的货币例如扑克筹码，也能把持住界限的人。他们中大多数人的意识中都有一个临界点，劝诫他们停止作弊，他们也就停下了。因此，我们从实验中看到的不诚实现象或许已接近人类不诚实的底线：所谓的"好人"——那些讲道德并且自认为有操守的人所不想逾越的不诚实界限。

一个可怕的想法是，如果说我们关于非货币的实验所用的媒介不是立即可以兑换现金的扑克筹码，或者参与者不那么在乎自己是否诚实，或者他们的行为不那么容易观察，就很可能出现更多、更严重的不诚实行为。换言之，现实世界中实际发生的欺骗现象比我们在实验中所观察到的要严重很多。

假设有一家公司或者一个部门的领导者是电影《华尔街》中戈登·盖科那样的人物，他宣称"贪欲就是美德"并用非货币工具鼓励不诚实的行为，那么你就会亲眼见证这样一个无赖是怎样改变人们的心志的。这些人原本诚实而且想诚实处世，但同时也想保住自己的职位，在事业上有所成就。在这样的状态下，非货币的货币就可能使他们迷失方向，引导他们绕过自己的意识临界点，自由自在、毫无顾忌地去捞取不诚实所带来的利益。

对现实的观察令人担心。我们希望自己周围都是心地善良、遵守道德的人，但我们必须现实一些。即使是好人也难免被自己的思维所蒙蔽，他们可能采取行动，在通往金钱报酬的道路上绕开道德准则。从根本上说，动机带来的刺激可能愚弄我们，不管我们是不是好人，是不是奉行道德准则。

正如作家、记者厄普顿·辛克莱尔曾经指出的："如果一个人只是靠不理解某些事情来挣钱，那么让他理解这些事情是非常困难的。"我们现在可以引申为：如果一个人习惯于与非现金货币打交道，那么让他理解诚实就非常困难。

"最终解释权"也是一种不诚实的表现吗？

不诚实问题不仅涉及个人，最近几年我们看到，整个商界的诚实水平都在下降。我不是指像安然和世通这样严重的不诚实案件，我指的是例如从冰箱里随便拿取别人可乐之类细小的不诚实行为。换言之，有些企业尽管没有偷窃盘子里的现金，但它们偷的是离现金只有一步之遥的东西。

我的一个朋友是一家航空公司的长飞里程会员，他一直仔细地积攒着自己的飞行里程。最近他去这家公司，想用自己的里程积分换一张免费度假机票，但该公司的人却说，他想订的航班都没有座位了。这就是说，尽管我的这位朋友积攒了 25 000 英里的飞行里程，却都没法使用（他询问了很多日期的航班）。同时，航空公司的代表告诉我的朋友说，如果他有 50 000 英里的积分，就可能还有座位。我的朋友又查了一下，果然如此。

第十二章 企业的特权:为什么现金可以阻止我们作弊?

当然很有可能,在这家公司长飞里程会员须知的小册子里,在某个地方用小字说明了它可以这样做(例如写上"本公司有最终解释权"之类的文字)。但对我的朋友来说,如果他好不容易积攒的 25 000 英里代表的是一大笔钱,比如说 450 美元吧,那么这家航空公司还会公开抢他的这些钱吗?这家航空公司会从他的银行账户里强行支走这些钱吗?不会。就因为离现金有了一步之遥,航空公司就可以把他的这些"钱"偷走,反过来要求他再积攒 25 000 英里飞行里程。

再举一个例子,看看银行的信用卡利息是什么情况,我们考虑一下所谓的双循环计息方式。这一花招有大同小异的几种形式,但基本思路就是,如果你不把欠款一次付清,发卡行不仅会提高你刚产生的消费金额的利息,还要追溯到以前,提高你以前的消费金额的利息。最近美国参议院银行委员会在调查这一问题时,发现听证时有很多证据证实了银行的不诚实行为。例如,俄亥俄州有一个人用信用卡消费了 3 200 美元,不久他发现由于罚款、手续费和利息,他的欠款额竟然高达 10 700 美元。

收取这笔高额利息和高额手续费的并不是电影《锅炉房》里的那些股票贩子,而是在美国享有盛誉的大银行——它们刊登各种各样的广告让你相信,银行和你是"一家人"。你的家人会从你的钱包里偷钱吗?不会的。但是这些银行通过离现金一步之遥的交易,干的俨然就是盗窃的勾当。

使用这种方式来进行观察,很明显,每天早上只要一打开报纸,你准能再找到几条和上述例子相似的案例。

现金时代的终结与舞弊行为的泛滥

我们再回到最初观察到的现象：现金这种东西难道不奇怪吗？与现金打交道，我们就能受到启发，检点自己的行为，好像刚签过一项荣辱契约似的。事实上，你看看一美元的纸币，似乎它的设计就令人想到一份契约：它上面用醒目的字体印着"美利坚合众国"，加上这几个字下面的阴影，形成了三维图像；还有乔治·华盛顿的头像（我们都知道他从来不说谎）；翻过来，它的背面就更加庄严了，上面印着"上帝与我们同在"。就这样，它把我们一步一步地带上那神奇的金字塔，它的顶端，就是时时刻刻注视一切的全能之眼！它正在注视着我们。除此以外，事实上，钱作为一种锱铢分明的交易单位也增加了它的神圣感。

我们再看看非货币交易的发生范围。要找理由总是很方便。我们可以从办公室拿一支铅笔，从公用冰箱拿一罐可乐——甚至可以倒填股票期权的日期——然后编出理由为这一切做解释。我们可以做着不诚实的事，还自认为是谦谦君子，我们听任自己行窃，而自己的良知却在睡大觉。

怎么解决这个问题？例如，我们可以把办公用品橱里的每件东西都标上价钱，或者在股票期权书上详细标明每段时期确切的货币价值。但是在更大范围内，我们必须唤醒人们认清非货币财物与自己作弊倾向的关系。我们要认识到，一旦没有现金的直接提醒，我们就可能作弊，而且所达到的程度连我们自己都想象不到。我们必须唤醒自己，认识到这一切（不管是作为具体的个人、企业，还是作为一个国家），而且是越快越好，越早越好。

第十二章 企业的特权：为什么现金可以阻止我们作弊？

为什么？使用现金的时代就要结束了。现金是银行利润的一个负担——它们想废除现金。另一方面，电子支付工具利润可观。美国全国信用卡的利润从1996年的90亿美元上升到2004年记录的270亿美元。到2010年，银行分析家说，新增的电子交易额会高达500亿美元，几乎是2004年Visa（维萨）卡和万事达卡两家交易额总数的两倍。问题是：怎样把人们在看不到现金时的作弊倾向，控制到如同他们实际看到现金时的自控范围内——从现在起，我们该怎么办，因为现金已经开始渐渐离我们而去了。

臭名昭著的银行抢劫犯威利·萨顿曾经说，他抢银行是因为那里有钱。按照这个逻辑，他今天应该把这句话用小号字标在信用卡公司的牌子上或者用铅笔写在没有座位的航班信息上。那些地方没有现金，但那里肯定有钱。

Predictably
Irrational

第十三章

**啤酒与免费午餐:
什么是行为经济学,
哪里有免费午餐?**

个人需求与群体属性的矛盾

弗兰克林大街是北卡罗来纳大学教堂山分校校门外的主要街道。卡罗来纳啤酒屋就是这条大街上一个颇受欢迎的酒吧。大街很漂亮,两旁的建筑都用砖砌成,古木成荫,饭店、酒吧和咖啡馆到处可见。这样一个小镇子,餐饮业竟然如此兴盛,你简直难以想象。

一进卡罗来纳啤酒屋的大门,你就会发现这是一座老房子,没有吊顶,房梁都露在外面,屋里有几个不锈钢的大啤酒桶,盛满了啤酒,足够客人们享用。大厅里到处摆着桌子,桌子之间有半封闭的隔断。最喜欢光顾这里的是大学生,还有年龄大一点儿的老顾客,他们聚在这里品味各种牌子的优质啤酒,享受美味的食物。

我到麻省理工学院上班后不久,便和哥伦比亚大学教授乔纳森·莱瓦夫一同思考起人们在轻松愉快的酒吧里可能遇到的一些问题。首先,点酒的顺序会影响同桌其他人最终点哪一种酒吗?换言之,顾客点什么酒会受其他人的影响吗?其次,如果受到了影响,这一影响的趋向是同一化选择还是个性化选择呢?也就是说,同在一桌的顾客是有意点和别人相同的啤酒还是不同的啤酒呢?最后,我们还想弄清楚受别人影响而点酒的人感觉怎样——对啤酒的味觉享受是更好还是更差?

在本书中,我详细叙述了一些实验,希望你们觉得新奇,受到启发。如果你们感觉是这样,那是因为这些实验驳斥了"我们本质上是理性的"这一假定。我举了一个又一个的例子,说明我们与莎士比亚所描写的"人是多么神奇的一件杰作"大相径庭。实际上,我们的理性并不完美,才能并不广大,头脑还相当迟钝(说实在的,我认为莎士比亚了解得十分清楚,哈姆雷特的话里不无讽刺的意味)。

在这最后一章里,我再讲一个实验,举一个可预测的非理性的例子,然后进一步说明一般经济学关于人类行为的观点,拿它与行为经济学的观点相对照,最后得出一些结论。我们先从实验开始。

实验

我们在卡罗来纳啤酒屋里想到了许许多多的问题,足以装满盛啤酒的大桶。为了对其中连酒带泡的那一大堆问题追根寻底,我和乔纳森决定跳进去弄个明白——当然,这只是打个比方。我们先找到啤酒屋的经理,请求他允许我们给顾客免费提供样品啤酒,这些样品由我们自己买单(你们可以想象,后来我们到麻省理工学院去报销,要说服财务部门认同我们花的这 1 400 美元是合理的实验费用,有多么困难)。经理当然很高兴地答应了。说到底,他既可以卖给我们啤酒,他的顾客又能喝到免费的样品酒,这样一来,顾客们自然就更愿意多到啤酒屋来了。

他把工作围裙发给我们,只给我们做了一条规定:顾客一坐下,我们就必须走上去,在一分钟之内请他们点完样品啤酒。如果做不到,我们就必须给正式的服务生做手势,让他们过来招呼

第十三章 啤酒与免费午餐:什么是行为经济学,哪里有免费午餐?

客人。这个规定很合理,经理不知道我们是否能够胜任服务生这个岗位,他不想让客人们等太久。我们就这样上班了。

4位客人一落座,我就走上前去。他们好像是大学生,聚在一起举办4人派对。其中两个男孩穿的大概是自己最好的裤子,女孩则在化妆上费了很大的心思,足以使伊丽莎白·泰勒相形见绌。我打过招呼,请他们选择样品啤酒,并做了介绍:

库伯莱琥珀麦芽啤酒:红色中度麦芽酒,酒花与麦芽配比适当,带传统麦芽啤酒的果香。

富兰克林大街窖藏:波希米亚金黄色窖藏啤酒,带柔和麦芽香和清爽酒花味道。

淡色印度麦芽啤酒:酒花味道浓郁,从英国经非洲到印度长途航行仍旧保持醇厚风味。发酵后多级添加酒花,具有鲜花的芳香。

夏日小麦芽啤酒:巴伐利亚风味麦芽啤酒,用50%的小麦酿制,酒精度低、富含气泡,正宗德国酵母发酵,酒花味较轻,具有独特的香蕉与丁香的浓郁回味,适宜夏季饮用。

您选哪一种?

对几种啤酒做过介绍之后,我请男士中的一位——一头金发的那位先点。他点了淡色印度麦芽啤酒。下一个是发型比较夸张的那个女孩,她点的是富兰克林大街窖藏。然后我问另一个女孩,她要了库伯莱琥珀麦芽啤酒。最后一位是她的男友,选的是夏日小麦啤酒。拿着他们的酒单,我赶紧来到吧台,高大英俊的吧台服务生鲍勃,计算机专业大四学生,站在那里朝我笑。他看出我要得比较急,就优先给我打酒。然后我端着托盘,上面是4杯每杯两盎司的样品酒,送到4人派对的那张桌子上,摆到他们每个人的面前。

和样品酒一起,我给他们发了4张用啤酒屋的信笺纸印的调查表,询问他们是否喜欢自己选的啤酒、喜欢的程度,及对所选的牌子是否后悔。我取回调查表,从远处继续观察这4个人,看他们是否会尝别人杯子里的酒。结果他们都没尝别人的酒。

我和乔纳森用同样的方式又实验了48桌,然后继续,但是我们对第50桌及以后的实验方案做了调整。这一次,我们先读4种啤酒的简介,然后给他们每人一张酒单,上面印着4种样品酒的名称,请他们标明要哪一种,而不是说出来。这样,我们就把点酒从公开行为变为了私下行为。也就是说,每个实验参与者都听不到别人,包括他可能极力想打动的那个人所点的是哪一种酒,因此也不可能受到别人的影响。

结果怎么样?我们发现人们按顺序公开点酒与私下点酒的结果完全不同。当他们按顺序点酒时,每桌都会点各种不同牌子的酒,从本质上说,是趋向多样化。理解这一点有一个最基本的表现,夏日小麦芽啤酒平常卖得不是很好,但是当其他牌子都被别人选过了之后,实验参与者会觉得自己必须选一种和别人不同的,可能是为了表明他有自己的主见,不愿意跟随他人,于是就要选别人没点过的,结果点了自己原来不想点的,以此来表明自己有个性。

他们对啤酒的享受程度又是怎样呢?很容易推理,如果人们选择别人没选过的啤酒,只是为了显示自己的与众不同,那到头来他喝的很可能就是他原本不想喝或者不喜欢的。事实正是如此。总的来看,公开点酒的人(就像我们在饭馆里点菜时那样),对酒本身的

第十三章 啤酒与免费午餐：什么是行为经济学，哪里有免费午餐？

享受程度，不如私下点酒、无须考虑别人意见的那些人。但是有一个很重要的例外：一群人中第一个公开点酒的人，事实上与那些私下点酒的人一样，因为他（她）没有受到别人选择的影响。因此，我们发现按顺序公开点酒的第一个人对酒的享受度是同桌人中最高的，与那些私下点酒的人相同。

我在卡罗来纳啤酒屋做实验时，碰到了一桩趣事：我身穿服务生工作服，来到一张桌子前面，给刚入座的一男一女读啤酒介绍。突然，我认出了那个男的，他叫里克，是计算机科学专业的研究生，大概在三四年前，我和他在一个关于计算机视觉的项目中共事过。虽然我们在啤酒屋的实验中要求同等对待每桌客人，但当时我真的不便于停下手头的工作和他叙旧，只好若无其事地按服务生的操作规范介绍啤酒。介绍完了，里克叫住我，问我现在怎么样。

"很好，谢谢。"我回答，"您想点哪一种啤酒呢？"

他们两个人都选好了样品啤酒，然后里克又冷不丁地问了一句："丹，你的博士学位拿到了没有？"

"拿到了。"我说，"我拿到一年多了。请稍等，我马上给你们上啤酒。"我一边走向吧台去拿酒，一边想，里克一定认为我真的当了服务生，竟然拿着我的社会科学博士学位来给人端啤酒。等到我把他们的啤酒送到桌上，里克和他的女伴，其实是他妻子，已经填好了简短的调查表。这时里克又想找个话题，他说最近看到了我的一篇论文，他非常喜欢，写得相当不错。我自己也觉得那篇论文不错，但他这样说，可能只不过是为了让我这个啤酒服务生感觉好一点儿罢了。

后来在杜克大学，我们又用葡萄酒样品做了一个实验，参与者是一些工商管理专业的硕士生，实验中我们得以观测一些参与者的人格特质——卡罗来纳啤酒屋的经理对此不大感兴趣。这给我们打开了一扇门，找到一种有趣的现象——我们发现了人们对酒类饮料的选择与同桌其他人不同的倾向，与被称作"独特需求"的人格特质之间的关联。从本质上说，那些注重表现自己独特性的人更可能点别人没点过的酒，以此来证明自己确实与众不同。

这些实验结果显示，人们有时甘愿牺牲消费快感来突出自己在别人心目中的形象。人们在选择食品和饮料时好像有两个目标：要么能给自己带来最大享受，要么希望能在朋友心中留下自己某些正面的人格特质印象。问题在于，一旦他们做出选择，例如，点了菜，他们就必须勉强食用自己本来不喜欢的东西，从而陷入一种后悔莫及的境地。说到底，人，特别是那些独特需求旺盛的人，更有可能牺牲个人需求去换取名声需求。

上述结果非常清楚明确，但我们怀疑，在标新立异不被视为正面人格特质的文化背景下，人们在大庭广众之下点菜点酒时，更倾向于表现出对群体的归属感，着意刻画与别人一致的印象。我们在香港做的实验证明，事实果真如此。在香港，人们也不喜欢在公开场合中当众点的酒菜，而是喜欢自己私下点的。但是，这些参与者在公开点酒点菜时，却仍会跟着群体中的第一个人照葫芦画瓢——这样他们就同样犯了使他们后悔的错误。

"免费午餐"是可以实现的

关于实验，我先讲到这里，你可以看到实验所引发出的生活中的一个简单的小窍门——可以说是免费的午餐。首先，你要去饭馆吃饭，最好是在服务生到来之前先拿定主意，并保持不变。因为如果看别人点什么你再跟着点，就很容易引导你点原本不想点的东西。如果你怕受到别人的影响，一个有效的办法就是在服务生还没过来之前就把你的选择写好放在桌上。这样一来，你便划定了自己点菜的范围，别人点什么，即使是在你前面点，也不大可能改变你既定的选择。当然，最好的办法还是争取第一个点。

也许餐厅方面应该让顾客私下写出他们想点的酒菜，这样就不会受同伴的影响了。外出就餐往往支出不菲，因此让客人以书面的方式点酒点菜，很可能是增进人们外出就餐快感的最经济、最简便的方法。

但是，我从以上实验——事实上是从以前各章所有的实验里，还学到了更重要的一课。传统经济学假定我们都是理性的——我们了解与决定有关的一切信息，我们能够计算各种选择的价值，我们能够正确权衡每一种选择中错综复杂的利弊，我们对事物的认知不会遇到阻碍。

于是，我们假定我们能够做出明智的、合乎逻辑的决定。即使我们偶尔做出错误的决定，但从传统经济学角度来看，我们仍然能够马上从自己的错误中自动地接受教训，或者借助"市场力量"接受教训。以这些假定为基础，经济学家引申出了包罗万象的各种结论，从购买趋势到法律，再到公共政策。

然而，本书（还有其他书）中的实验结果却显示，我们所有人的决策过程远不如传统经济学理论所假定的那么理性。我们的非理性行为既不是任意所致，也不是毫无目的的，它有规律可循，而且可以预测。我们受大脑思维的束缚，对某些错误一犯再犯。因此，对传统经济学进行修正,摆脱天真的心理学(它常常经受不住推理、内省测试,尤其重要的是,禁不起实验检验)难道不是顺理成章的吗?

如果经济学是建立在人们实际行为的基础上,而非他们应该怎样做的基础上,岂不是更有意义?

在很多方面,传统经济学专家和莎士比亚等人关于人类本性的观点是过于乐观的,因为他们都假定我们的推理能力是无限的。基于对同一问题的观察,行为经济学却认识到了人类的不足,人类在很多方面的表现与理想状态相去甚远,因而我们对人类本性的观点是相当不乐观的。一点儿也不错,我们所有人不断地在个人生活、职业生涯、社会活动中做出各种非理性的决定,仅认识到这一点就已经令人感到相当悲观了。但事情总有好的一面,我们犯错误这一事实也说明还有改善我们决定的办法——因此就有机会获得"免费午餐"。

传统经济学与行为经济学的主要不同点之一涉及"免费午餐"这一概念。根据传统经济学的假定,人类的一切决定都是理性的、根据可靠信息做出的,并受到所有产品与服务的价值,以及该决定可能带来的幸福指数的共同驱动。在这一组假定之下,市场上人人力图将收益最大化并尽力把体验最优化。结果是,传统经济学理论断言世界上没有免费午餐——如果有,它的价值早就被人发现并且榨干了。

事实上,行为经济学家相信,人们更容易受到来自周围环境(我们称之为情境效应)中无关的情绪、短视以及其他形式的非理性因素(参见本书各章里的实例)的影响。认识到这一切会带来什么好消息呢?好消息就是,这些错误同时为我们提供了改进的机会。如果我们在决策中总是出现有规律的错误,那么为什么不发展新策略、新工具、新方法来优化我们的决策过程,改善我们全体的福祉呢?这正是

第十三章 啤酒与免费午餐：什么是行为经济学，哪里有免费午餐？

从行为经济学角度对"免费午餐"赋予的意义——这一观念就是：我们可以借助工具、方法和政策，改善我们的决策过程，减少决策失误，以使我们心想事成。

从传统经济学角度来看，为什么美国人不肯充分储蓄为退休生活做准备？这是一个毫无意义的问题。如果我们生活中各个方面的决定都是正确的、根据可靠信息做出的，那么我们储蓄多少也就必然是根据所需来决定的。我们储蓄不多，因为我们根本不在乎将来怎么样，因为我们退休后甘受贫困，因为我们指望被孩子们养活，或者我们指望买彩票中大奖——可能有各种各样的理由。最重要的一点是，从传统经济学的角度来看，我们是否储蓄、储蓄多少，完全是由自己的偏好决定的。

但是行为经济学并不假定人们是理性的，从这一角度看来，我们不肯充分储蓄是完全有理由的。事实上，行为经济学的实验指出，人们不肯为退休生活充分储蓄的原因很多。人们有拖沓的习惯；人们很难理解储蓄的好处和不储蓄的代价（想象一下，如果在以后的20年里，你每月往退休账户里多存1 000美元，将来你的退休生活能有多大程度的改善）；房价的上涨使人们相信他们真的很富有；养成过度消费的习惯容易，改掉这种习惯却非常困难等。这类的原因还有很多很多。

从行为经济学来看，免费午餐的潜力包含在一些新方法、新机制和其他干预手段之中。它能够为人们提供帮助，更好地做他们真正想做的事情，得到他们真正想要的东西。例如，我在第六章里描述的那种有创意的、有自我控制功能的新型信用卡，可以在消费领域里帮助人们更好地约束自我。另一种途径是被称作"明天多储蓄"的机制，几年前由狄克·塞勒和什洛莫·贝纳茨提出并加以实验。

实验

"明天多储蓄"计划是这样操作的：新员工来到公司后，可按公司规定让员工自己决定从他们的薪酬中拿出百分之几投入养老金计划，此外，该计划还要求他们决定如果将来工资有了增长，是否愿意拿出更多的钱投入养老金计划。为了遥远的将来牺牲眼前的消费很难，但是牺牲一点儿未来的消费，从心理上就比较容易承受。未来的工资增长，眼下还看不到，要从里面拿出一点儿就更容易了。

当塞勒和贝纳茨把这个计划拿到一家公司里做实验时，这家公司的员工同意参加，表示愿意从未来增加的工资里拿出几个百分点加入这一计划。结果怎么样了？几年下来，随着员工工资的增长，储蓄率从大约3.5%增加到13.5%左右——员工、员工家庭、公司三方面都从中获益，现在，这家公司的员工人心稳定，满意的人多了，担心的人少了。

免费午餐的基本概念就在这里——让有关各方都能获益，做到"共赢"。要注意的是，这些免费午餐并不一定是没有成本的（使用自我控制的信用卡和实施"明天多储蓄"计划将不可避免地涉及成本）。但只要这些机制换来的利益大于成本，我们就应该把它们当作免费午餐——给各方都带来净效益的机制。

如果让我从本书中叙述的研究结论里浓缩出一个重要的教训，那就是，我们都是棋盘上的小卒子，对棋局里的多种力量认识不多。我

第十三章 啤酒与免费午餐：什么是行为经济学，哪里有免费午餐？

们通常认为自己稳坐在驾驶座上，对自己的决策，对自己生活的方向具有至高无上的操控能力；但是，可惜啊，这只是我们一厢情愿的认识，它反映的是我们的欲望，我们对自身想当然的认识，而不是现实。

本书的每一章里都描述了影响我们行为的一种力量（情绪、相对论、社会规范等）。这些力量对我们的行为施加了巨大的影响，但我们的自然本性使自己大大低估了这种力量。它们能够起作用，不是因为我们缺乏知识，缺少实践，或者我们天生低能。相反，一再受到影响的不仅是新手，还有资深的专家，影响造成的失误也是我们人生的一部分。

用视觉幻象同样可以说明这一点。就像我们不可避免地被视觉幻象所愚弄一样，我们也陷入了自己大脑带入的"决策幻象"之中。问题在于我们的知觉和决策环境是通过眼、耳、味觉和触觉，还有主宰一切思想的大脑，经过过滤才形成的。等到我们对信息做了理解和消化，它就不再是对现实的真实反映了。相反，它只是我们对现实的诠释，但它仍是我们形成决策的基础。从本质上来说，我们被自然赋予的工具所限制，我们决策的方式又受限于这些工具的质量与精确程度。

第二个重要的教训是，尽管非理性司空见惯，但并不是说我们都无可救药了。一旦我们明白了自己的错误决定会发生在什么时间，源自什么地方，就可以提高警惕，强制自己从不同角度、用不同方式重新考虑这些决定，或者用科技手段来克服与生俱来的缺点。企业决策者们也可以在这些方面改变他们的思维方式，考虑怎样制定政策，设计产品和创造免费午餐。

承蒙阅读本书，不胜感激。我希望，你们能获得有关人类行为的一些有趣的见解，对驱使我们生活的原动力有所理解，发现某些改善决策的方法。我还希望能够与你们分享我对理性与非理性研究的热情。在我看来，研究人类行为是一项了不起的事业，因为它帮助我们更好地了解自己，揭开我们日常生活中的许多不解之谜。这一课题非常重要而且令人神往，但研究起来并非易事，我们前面的路还很长，要做的事还很多。正如诺贝尔物理学奖获得者默里·盖尔曼曾经说过的："你想，如果粒子能思考，物理学家该多么难当。"

你的非理性的，
丹·艾瑞里敬上

附录1

关于正文部分章节的补充说明及趣闻逸事

第一章 约会窍门要保密

我在第一章论述相对论时,曾给那些约会的人提出了一些建议。我建议说假如你要去酒吧,应当考虑带个伴儿,外貌、身材比你稍差一点儿。人们的评价行为都具有相对的特质,因此周围的人不但会认为你比你的"诱饵"朋友英俊潇洒,甚至还会觉得你风度翩翩,胜过酒吧里的其他所有人。根据同一逻辑,我还指出了事情的另一面,那就是如果有人请你陪伴他(她),你应该很容易推测出你朋友对你的评价。不过我忘了加一条重要警示,后来幸亏麻省理工学院一位同事的女儿给我指出来了。

苏珊是康奈尔大学的学生,她写信给我,

说看了我说的小窍门很高兴，于是她就照此办理，结果真是妙不可言。当然了，她找到的是合适的"诱饵"朋友，因此改善了社交生活。但是好景不长，几个星期后她又写信给我，说她在一次聚会时，喝多了，也不知出于什么原因，就把拉着朋友当她活动陪衬的事对这位朋友说了。可以想象，这位朋友非常气恼，结果不欢而散。

这个故事的教训是什么？千万别告诉你的朋友你为什么带他（她）出去。他（她）可能会怀疑，不过看在上帝的分儿上，你可千万别去捅破这层窗户纸！

有种魅力仅存在于特定环境中

《怪诞行为学》第1版出版以后，我参加了一次为期6个星期的巡回售书活动。我在各地马不停蹄地奔波，从机场到机场，从城市到城市，从广播电台到广播电台，一天不停地与记者们、读者们见面和座谈，简直抽不出一丁点儿时间进行任何形式的个人交流。所有的座谈都很短，"紧扣正题"，聚焦我的研究主题。尽管遇到很多良师益友，可是我连坐下来和他们好好喝杯咖啡或者啤酒的工夫都没有。

售书快结束的时候，我到了巴塞罗那，在那里，我遇到了一个从美国来的游客乔恩，他和我一样，一句西班牙语也不会说，我们马上成了知己。可以想象，这种互相依赖常常产生于来自同一国家又同处异国的游子之间，他们的视角相同，都观察到自己与周围的当地人存在巨大的差别。最后我和乔恩一起吃晚饭的时候，两个人推心置腹地谈了很多。我和他都谈到了自己久藏心底、从未对别人提及的一些事情。我们之间有一种难以形容的亲近感，就像失散多年的兄弟一样。我们一直谈到很晚才睡。因为第二天就要各奔前程无法再见面，于是我们交换了电子邮箱。然而事实证明,这并非明智之举。

大约 6 个月以后,我和乔恩相约在纽约一起吃午饭。这一次见面却让我想不通为什么他在巴塞罗那对我竟有那么大的吸引力,而且我毫不怀疑,他也有同样的想法。餐桌上的气氛也算融洽、愉快,但上次相遇时的那种亲密感已荡然无存,这令我百思不得其解。

回想起来,我觉得还是相对论在作怪。我第一次遇到乔恩的时候,周围的人都是西班牙人,从文化背景上来说,我们俩都是局外人,所以我们彼此都成为对方退而求其次的最佳伙伴。但是我们一回到美国,回到我们亲近的家人、朋友中间,我们的比较尺度便又回到了"常规"状态。在这样的环境下,很难想象我和乔恩还会希望再次共度黄昏,而不是与家人同享天伦或者与老朋友促膝交谈。

我有何建议?要懂得相对论无处不在,我们对一切事物的观察都必然通过它的镜头,玫瑰色也好,其他色也罢。如果你在其他国家、其他城市遇到某个人,他(她)似乎对你有一种神秘的吸引力,你要明白这种吸引力可能仅限于特定的环境中。有了这样的认识,即使日后吸引力消失,你也不会感到失望。

第三章 轮流做东比 AA 制更能增进友情

我们从实验中了解到人们对免费的东西都过分热衷,人们因此做出的决定往往对自己并非最有利。

举个例子,假如让你在两种信用卡之间做出选择:一种是 12% 的年利率,但是免年费(免费);另一种年利率较低,仅为 9%,但要收取 100 美元的年费。你会选哪一种?多数人会追求免费而对年费过于计较，因而选择利率较高的那一种，但从长远来看，他们将付出更多——他们免不了有时无法按时偿付全款或最低还款额①。

为了避免我们在做决策时陷入圈套，如何识别并抵挡免费的诱惑至关重要，但在有些情况下，我们也可以利用免费得到好处。举一个常见的例子，和朋友去饭店吃饭。饭后服务员送上账单，大家经常七嘴八舌地讨论如何付款。是谁点的菜谁付钱，还是把账单金额均摊，尽管约翰多点了一杯葡萄酒和一个法国式布丁？此时，免费可以帮助我们解决这个问题，同时还会给我们的友情聚餐带来更多的享受。

这个问题的答案是：让一个人来掏钱支付全部餐费，参加聚餐的其他人依次轮流做东。这样做的理由是：我们付款时，无论多少，都会感受到某种程度的心理痛苦，社会科学家称之为"付款痛苦"。也就是说，我们挣钱不容易，付钱时会有一种非快感（负快感），任何情况都是如此。事实证明，"付款痛苦"有两个有趣的特点。第一，最明显的，付款为零时（例如别人付了账单），我们感觉不到付款的痛苦；第二，这一点不那么明显，"付款痛苦"的敏感程度随付款金额的增加而相对下降。也就是说，最开始时，付款越多，我们感到的痛苦越大，但是随着金额的进一步增加，账单上新增的每一美元带给我们的痛苦会逐步减弱（我们称之为"敏感度递减"）。与此相仿，我们在空背包里放进一磅重的东西，会感觉重量增加了很多。但如果背包里原来就装了一台笔记本电脑，还有一些书，我们再放进一磅重的东西，似乎就感觉不出来了。这种"付款痛苦"的敏感度递减就是说，我们付出的第一个一美元带给我们的痛苦最大，第二个一美元的

---

① 如果是信用卡，免年费的诱惑力则会被进一步放大，因为我们多数人对我们未来的财产状况过于乐观，对我们及时付款的能力过于自信。

痛苦就小一些，以此类推，直到最后，比如说第47个一美元，我们感受到的痛苦就好像被小虫子轻轻叮了一口。

所以，如果我们和别人一起用餐，最高兴的情况就是我们一分钱不用拿，其次是我们只付一部分，随着账单金额的增加，每多掏一美元我们的痛苦就会增加一点儿。最佳的解决方法就是让一个人全部付清。

如果你还没有完全信服，那就看看下面的例子：假如4个人聚餐，账单金额总共100美元。如果每个人付25美元，那么每个人都会感受到一定程度的"付款痛苦"。我们用抽象一点儿的方法来分析，先把痛苦量化为可计算的"点"，假定平均付款时，整桌账单的痛苦值为40个点，付出25美元的痛苦值为10个点，但是如果让一个人全付那会怎么样？既然付款痛苦并不是与付款金额同比例增长，那么他（她）付第一个25美元时的痛苦值是10个点，付第二个25美元时的痛苦值就可能是7个点，下一个25美元是5个点，最后一个25美元是4个点。这样计算，全桌账单的付款痛苦值就只有26个点，比原来的痛苦总值减少了14个点。总的来看就是：我们都喜欢免费就餐，如果我们能轮流做东，就能享受到若干次免费就餐，并且大家都能从朋友之间的友好交往中得到更多好处。

"啊哈。"你可能要说，"如果我只吃了一份蔬菜沙拉，我朋友的丈夫却点了一份蔬菜沙拉、一份菲力牛排套餐、两杯最贵的解百纳葡萄酒，还有一份法式布丁，那怎么办？或者到了下一次聚餐时人数变了，还可能有的人到时候干脆玩失踪，根本就不在城里了，那怎么办？到头来岂不是让我一个人垫背，当了冤大头？"

当然了，毫无疑问，这些顾虑降低了"轮流做东"这种方式的经济效益。尽管这样，考虑到这种方法在减轻"付款痛苦"方面会带来巨大好处，我个人还是愿意随时随地奉献出几美元来减轻朋友们的"付款痛苦"，也减轻自己付款的痛苦。

第四章　礼品是最佳的友情润滑剂

如果你混淆了社会规范与市场规范，就会发生令人不快的事情。例如，你和女友约会，两人度过了一个缠绵美妙的夜晚，你把女友送到家门口，这时不要提你为她花了多少钱。如果你想得到一个晚安热吻，这样做有可能适得其反（我当然不建议你进行这样的实验，但是如果你偏偏要试一下，请把结果告诉我）。人们往往容易把市场规范带入社会规范，使两者混淆起来，约会只是这些情景之一，而这样做的危险随处可见。

从某种程度上说，我们大家都明白这一点，因此我们特意做出某些与传统经济学理论相悖的决定。我们拿礼品来举例。从传统经济学角度看，这纯粹是浪费金钱。假设有天晚上你邀请我去你家吃饭，我决定花50美元买一瓶高级波尔多葡萄酒表达谢意。这样做可能引发几个问题：你可能不喜欢波尔多葡萄酒，而喜欢其他东西，比如《怪诞行为学》、电影《公民凯恩》的DVD，或者家用搅拌机。也就是说，在你看来，这瓶价值50美元的葡萄酒可能最多值25美元。换句话说，花上25美元买点儿别的什么东西给你，你就可能获得与收到那瓶50美元的葡萄酒同等的幸福感。

所以，如果送礼是一种理性行为，我去你家吃饭时就会说："感谢你请我吃饭。我本来想花50美元给你买瓶波尔多葡萄酒，但又觉得这可能远不如直接给你 50 美元现金实用。"我点出 5 张 10 美元的钞票递给你说："拿着,随便你怎么花都行。"或者我还可以只给你 40 美元,你我皆大欢喜,还省了我跑商店的麻烦。

尽管你我都知道从经济学角度来看,给现金比送礼效率要高,但我并不认为有多少人会遵循这一理性原则,因为这样做绝不可能增进我们与朋友之间的感情。如果你想表达友爱之情,加强彼此关系,那么送礼就是唯一的选择——即使受赠人不能完全理解你送的礼品的价值和深意。

假设还有另外两个案例。比如在假期里,两个邻居在同一周邀请你参加他们各自举办的聚会,你都接受了。在去邻居 X 家时,你按照非理性的方法送了一瓶价值 50 美元的波尔多酒,而在去另一位邻居 Z 家时,你采取理性方式付了 50 美元的现金。过了一个星期,你想请人帮忙搬一下沙发。你会怀着什么样的心情去找这两个邻居?他们对你的请求又会做何反应?十有八九,邻居 X 会马上就过来帮忙,而邻居 Z 呢?既然你给他付过一次钱了(为你做饭和陪你吃饭的价钱),对于你的请求,他可能会顺理成章地问:"好啊,这次你准备付我多少钱?"事实又一次表明,市场规范内的理性行为,如果用社会规范来衡量,就会变得异乎寻常的非理性。

这就是说,从金钱角度来看礼品的效能很低,但它却是一种非常重要的社会润滑剂。它可以帮助我们结交朋友,建立长远的关系,帮我们渡过人生的风风雨雨。有时候,这种金钱上的浪费,后来却被证明有着不可估量的实际价值。

用礼品比奖金更易培养员工的忠诚度

社会规范的基本原则同样适用于工作场所。从一般意义上说,工作是为了挣钱,但人们也从工作中获得了其他无形的利益。这是实实在在、非常重要的,但人们对此了解不多。

乘飞机时,如果和我坐在同一排的旅客还没戴上耳机,我便会和他搭话,做一些很有意思的交谈。几乎没有例外,我对邻座人的工作有了很多了解——他是干什么的,过去做过什么,将来有什么打算。然而我们却很少谈到对方的家庭状况,喜欢什么音乐、电影,有什么业余爱好。除非邻座的人给我名片,否则我直到下飞机也不知道他(她)的姓名。这其中的原因当然很多,但我猜很重要的一个就是多数人对自己的工作感到非常自豪。固然不是每个人都这样,但我认为对很多人来说,他们从职场中得到的不仅仅是工资,同时也获得了向上的动力和对自我的认知与评价。

这种感情对劳资双方都有利。雇主培养出这种感情,他的雇员就会忠于公司,奋发上进,无论8小时内外,都以解决困难、干好工作为己任。雇员对自己的工作感到自豪,心中就会充满幸福感和成就感。但是与其他场合一样,市场规范有可能破坏社会规范,市场规范也有可能侵蚀、削弱人们从职场上获得的自豪感和成就感(例如,按照学生的考试分数来决定教师的工资)。

假如你是我的雇员,我准备给你发年终奖。我给你两个选择:1 000美元的现金,或者费用全包的巴哈马群岛周末度假(我同样要付1 000美元)。你会选哪个?如果你像我们调查过的大多数人一样,你会选择现金。不管怎么说,你可能已经去过巴哈马,并且不太喜欢那里，或者你可能更想到一个离家近一点儿的地方度周末，省下来的钱还可以买个新的iPod（苹果播放器）。无论是度假还是买东西，你都会认为你对奖金的使用合理，钱花得很值。

这种安排符合金钱效用最大化的原则，但它能不能增强你的工作幸福感或者对公司的忠诚度呢？它能提升老板在你心目中的形象吗？它能起到改善劳资关系的作用吗？我似乎觉得，对劳资双方最好的办法，还是不让你选择，由公司决定直接送你去巴哈马度假。与你拿到1 000美元现金时的精神状态相比，想一想你在巴哈马的阳光沙滩上度过了一个放松的周末，回到公司会感到何等的精神焕发，工作起来会多么精力充沛。怎样才会使你干起活儿来更加尽责，对本职工作更加热爱，对老板更加忠诚呢？什么样的礼物更可能激励你加班加点、夜以继日，为了按时完成任务而废寝忘食？考虑到这一切，毋庸置疑，度假胜过现金。

这一原则不仅仅适用于礼品。许多雇主，为了显示他们如何优待自己的雇员，往往会在雇员的工资单上增加不少明细备注，逐一列出公司在员工的医疗保险、退休保险、工间健身、免费餐饮等福利方面付出的金额。这些项目都是合法的，确实能反映雇主的真实成本，但是把它们逐一向雇员标明，也就相当于把公司里社会规范下紧密依存的劳资关系，转变成了市场规范下的买卖关系。公开列出这些福利项目的等值金额还会削弱雇员的幸福感、上进心和对公司的忠诚，对劳资关系、雇员的自豪感和幸福感，都会带来负面影响。

礼品和员工福利，用资源配置标准来衡量，似乎可有可无，而且无效率可言。不过，要是真正懂得它在创建长远关系和互利互惠、良好向上的感情等方面所起到的重要作用，公司方面应该尽力把福利和礼品保持在社会规范之内。

第六章　如何解决你的电子邮件瘾或短信瘾？

奥斯卡·王尔德说过："我从不把后天的事提前到明天做。"他好像欣然接受并认同拖沓对他生活的影响，不过我们大多数人发现即时满足的诱惑非常强烈，我们计划要节食减肥、增加储蓄、打扫房屋等，但是我们周密的计划在即时满足的诱惑面前常常一触即溃。

如果我们不能自我控制，有时候便会把需要立即做的事情一再拖延。但是，我们缺乏自制力还表现在另一方面，对有些应该放一放的事情我们却不厌其烦地费心处理——比如说，着魔似的一次又一次地检查电子邮箱里的邮件或手机短信。

无休止地检查邮件的危险在电影《七磅》的情节中是致命的，威尔·史密斯扮演的角色一边开车，一边在手机上检查邮件，车子突然转向，迎头撞上了一辆旅行车，造成他妻子和另外6个人的死亡。虽然这是电影，但现实中人们一边开车，一边毫无节制地查阅手机短信的现象却非常普遍，只是很多人恐怕不愿意承认罢了（诚实点儿，这样做过的请举手）。

我希望你还没有对电子邮件或手机短信成瘾到如此地步，但是，我们中有太多人已经对它产生了不健康的依恋。澳大利亚最近的一份报告发现，工人们每星期平均花费14.5个小时（也就是两个多工作日）检查、阅读、整理、删除、回复电子邮件和短信。再加上不断增加的社交网络、新闻，人们花费在虚拟互动以及信息管理上的时间很可能又涨了一倍。

我本人也是如此,对电子邮件有一种爱恨交加的复杂情绪。一方面,我可以利用它与我的同事,以及世界各地的朋友及时交流,它不像邮局信件那样慢得像蜗牛爬,也不受打电话的各种限制。(现在打电话是否太晚了?奥克兰当地时间现在到底是几点?)另一方面,我每天都会收到数以百计的邮件,包括很多我不感兴趣的东西(论坛公告、会议记录等)。不管你喜欢与否,如雪花一般飘来的邮件不期而至,会不断分散你的精力,让你无法安心做事。

为了摆脱这一干扰,我曾经决定白天不开邮箱,但很快发现这行不通。别人期待我和大家一样(随时收发邮件),把它作为唯一的交流手段。由于我没有定时检查邮件,有时直到赶到会场才知道会议已经取消,或者改了时间、地点。我只好认输,现在我查邮件更勤了,一边检查一边把邮件分类:垃圾邮件和无关紧要的邮件随手删掉,将来可能有用或者不必立即回复的邮件暂时存在一起,需要立即回复的邮件归到一类等。

过去,邮局快递每天到办公室来一两次,送来几封信、几份备忘录。现在,电子邮件可不是这样,它一天到晚,从不间断。我的一天常常是这样的:我着手做某一件事,逐步深入状态;后来在某一个难点上卡住了,就决定休息一小会儿,换换脑子,检查一下邮件;20分钟后,我回到原来的工作中,但刚才我是从哪里停下的,考虑的是什么,却记不起来了。等我重新厘清思路,好长一段时间已经过去了,脑子专注的要点也模糊起来。原来休息5分钟就可以搞定的问题,现在花很长时间也解决不了。可悲的是,问题还不只这些。登录智能手机——这是更大的时间陷阱。不久前,我就买了这样一个可爱又容易引人分心的新奇玩意儿——iPhone(苹果手机),无论是在排队等候结账,还是在走向公司的路上,或者是在乘电梯、听别人讲课时(我还没学会我讲课时怎么收邮件),甚至在等红绿灯时,它都能让我实时检查邮件。说实话,智能手机显然把我的邮件瘾提高到了一个更高的水平,一天到晚,我几乎每隔几分钟就要检查一次邮件(商界人士对这类玩意儿引人上瘾的特性颇有体会:他们经常把黑莓手机称作"可卡因快克莓")。

我认为电子邮件成瘾与行为心理学家B. F. 斯金纳所谓的"强化程式"之间存在某种关联——斯金纳用这一词组描述行为(在他的案例中,饥饿的老鼠在斯金纳实验箱里压动杠杆)与奖励(食物丸)之间的关系。详细来说,斯金纳测试了固定比率强化程式与可变比率强化程式的不同。在固定比率强化程式一组,老鼠每压动杠杆达到一定次数——比如100次,就可以得到一次食物(拿人类做同样的比较,一个二手车销售经理每卖出10辆车就可以得到1 000美元奖金)。在可变比率强化程式一组,老鼠每次得到食物所需压动杠杆的次数是任意变化的。有时它压动10次就可以得到食物,而有时它要压上200次(同样,二手车销售经理要卖出不确定的 n 辆车以后才能得到1 000美元奖金)。

因此,在可变比率强化程式下,什么时候得到奖励是不可预期的。从表面上看,人们可能认为固定比率强化程式有更大的激励作用和奖励效果,因为老鼠(或者二手车销售经理)可以学会预测工作的奖励。结果与此相反,斯金纳发现,实际上可变比率强化程式的激励作用更大。最有说服力的结果是,一旦停止奖励,固定比率强化程式一组的老鼠几乎马上就会停止压杠杆,而可变比率强化程式一组的老鼠还会继续压很长的一段时间。

可变比率强化程式在激励人类时，也会起到难以置信的作用。这就是赌博和彩票背后的魔力（更准确地说，是"黑色魔力"）。如果你玩老虎机，事先知道这台机器的中奖概率是每输 9 次赢一次，你玩多少次都是如此，你还会觉得有意思吗？可能一点儿也不会！事实上，赌博的乐趣也恰恰在此，人们不知道大奖什么时候出现，因此会一直玩下去。

食物丸、老虎机与电子邮件有什么关系？如果你仔细想一下，就会发现电子邮件与赌博其实非常相像。最相像之处是，垃圾邮件就等于拉下老虎机杠杆没中奖，但是说不定什么时候我们也能收到一封有用的邮件。我们意外收到的邮件（食物丸）使我们兴奋不已，我们就上了瘾，不断地检查邮件，希望出现更多的意外惊喜。我们不断地压杠杆，一次不行再压一次，直到再次中奖。

这一解释使我更好地认识了我的电子邮件瘾，更重要的是，它提示出了几种摆脱斯金纳实验箱和可变比率强化程式的方法。我发现最有用的方法之一是关闭电子邮件的自动接收功能。我仍然可以接收邮件，但这样电脑就不能随时提示我又收到新邮件了（我心里会想，这其中肯定有我需要的和需要我处理的）。还有，我们还可以利用电脑的功能对收到的邮件设定不同颜色和声音。例如，我将那些抄送我的邮件设定为灰色，存入一个"稍后处理"的文件夹里。同样，如果邮件来自重要的人和单位，需要我立即处理（包括我妻子、学生、系里的同事等），我就将它设定为一种特别好听的提示音。当然，这一系列过滤设置得花费点儿时间，但一旦费点儿事把它设定好，我就减少了奖励的不可预期性，使强化程式更加固定，在最大程度上改善我的生活。至于看到 iPhone 就忍不住去马上检查邮件的问题，我还在想办法解决。

错误的生活决策是我们生命中的"头号杀手"

几年前,我从美国国家公共电台听了记者对德拉尼姐妹的采访,姐妹俩一个活了 104 岁,一个活了 102 岁。我现在仍然记得采访的一部分。她们说自己长寿的秘诀之一是一辈子没有结婚,否则的话,她们早就被丈夫"累死"了。这听起来很有道理,但我本人无法证实这一点(事实证明,结婚对男人更有利)。记不清是姐姐还是妹妹说,另外一个秘诀是不去医院。这好像也有道理,理由如下:如果你身体健康就无须去医院,而且你不去医院,就不可能从医院病人那里受到传染。

她的意思我当然明白。我因为烧伤第一次住院,输血时感染上了肝炎。无论什么时候,染上肝炎都绝对不是好事,对那时的我来说更无疑是雪上加霜。肝炎增加了我手术的风险,耽误了我的治疗,我的身体对很大一部分的移植皮肤产生了排斥反应。后来肝炎勉强得到抑制,但依然时好时坏,而且对我的身体机能造成巨大破坏,因而延长了伤口痊愈时间。

这是 1985 年的事,我的肝炎类型还没有最终确诊;医生只能确定它既不是甲型也不是乙型,到底是什么类型还是个谜,他们只好称之为非甲非乙型肝炎。1993 年,我在读研究生的时候,肝炎又复发了,我到学生医疗中心检查,医生说我患的是丙型肝炎,这是不久前才从现存类型中分离鉴别出来的一种新型肝炎。对我来说,这是好消息。首先,我终于知道自己得的是什么病了;其次,有一种处于实验阶段的新疗法(干扰素疗法),看起来很有希望。面对肝纤维症和肝硬化的危险,以及丙型肝炎可能引起的早死,尽管新药实验有风险,但两害相权取其轻，对我来说，志愿参加该药的实验研究明显利大于弊。

　　干扰素最初由美国食品药物管理局批准用于毛细胞白血病（该病还没有其他有效疗法），就像其他癌症治疗方法一样，干扰素疗法实施起来是特别令人难受的。第一个疗程要求自我注射干扰素，每周三次。医生警告我每次注射后会出现发烧、恶心、头疼，还有呕吐的副作用。他们说的一点儿也不错。以后的 6 个月里，每周的一、三、五，下课后回到宿舍，我就从药品橱里取出注射器，打开冰箱，按规定剂量抽入干扰素，再把针头扎进大腿。然后我就躺进大吊床，这是我那间阁楼一般的学生宿舍中唯一好玩的家具，躺在上面我可以正对电视机屏幕。我在下面可以随手拿到一个桶，因为过一会儿我准会呕吐，呕吐过后，就是发烧、全身发抖，接着就是头疼。再过一阵，我就睡着了，醒来后全身疼痛，和感冒的症状差不多。到了第二天中午，我觉得好一些了，然后去上课。

　　我和其他接受干扰素治疗的病人共同面临的一个基本问题是，延迟满足和自我控制。每到打针那一天，我都面临一次交换权衡：给自己注射，难受上 16 个小时（负面即时效果）；从长远来看，我的病有希望痊愈（正面长远效果）。6 个月的疗程期满，医生告诉我，我是志愿实验病人中唯一自始至终严格按规定坚持到底的。其他人都跳过了多次注射，这毫不奇怪，因为完全按规定做确实太难了（事实上，不能严格遵从治疗方案治疗，是一个非常普遍的问题）。

　　我是怎么做到的？难道我真的有钢铁一般的意志吗？不是。我和其他人一样，在自我控制上也有非常多的困难，但我有个诀窍。我设法控制住其他方面的欲望，尽最大努力使自己能够忍受干扰素注射的痛苦。具体来说，我的办法就是看电影。

我酷爱看电影。如果有时间，我会天天看。在得知自己可能出现的副作用以后，我就下定决心，注射之前不看电影，等到打完针，能看多少就看多少，一直看到我睡着。

每到打针的那一天，我就先去上学路上的那家音像店，挑几部我喜欢的电影录像带。我把录像带放在书包里，急切盼望放学后放给自己看。于是，打完针以后，在开始颤抖和头疼之前，我立刻把录像带放进录像机，一下子跳进吊床躺好，把身体调整到最佳观看角度，再检查一下桶放好了没有，接着按一下遥控器的播放键——小小电影节开始了！这样，我就把前面的注射与后来欣赏一部好电影的体验作为奖励联系起来了。一个小时以后，注射的副作用才开始发作，录像带给我的好心情才有所减弱。

这种安排帮助我的大脑在注射与电影之间建立起紧密的联系，弱化了注射与发烧、颤抖，以及呕吐的关联。这样，我就能够把治疗坚持下来。

在这6个月的治疗过程中，干扰素似乎在起作用，我的肝功能有了很大改善。不幸的是，第一个疗程结束的几个星期后，肝炎再次复发，我不得不开始一个强度更大的疗程。这一次要用一年时间，不仅要使用干扰素，还有一种叫作利巴韦林的口服药。为了强制自己按照要求接受治疗，我和从前一样，再次使用了注射—电影—吊床程式（由于健忘，我这次有幸把上一个干扰素疗程看过的几部电影又欣赏了一遍）。

但是，在这次治疗期间，我还必须到各个大学参加面试，找一份助教的工作。我需要去14个城市，在旅馆过夜、给学术团体做报告，还要与教授和系主任进行一对一的面试。为了避免向未来的同事谈及我正在使用干扰素和利巴韦林的事情，我坚持做一种非常特别的日程安排。我一般会在面试的头一天很早就到达目的地,晚上不参加主人的欢迎晚餐,第二天才去学校,这些我都需要找出借口搪塞过去。我得先到旅馆住下,从随身带来的冷藏盒里取出注射器,给自己打针,再打开旅馆的电视机看几部电影。第二天,我得设法把见面时间推后几个小时,等我感觉好些了,再打起精神参加面试(有时这种安排管用,但有时副作用还没过去,我也只好勉强去面试)。幸运的是,一轮面谈下来,还真的有了意想不到的好消息。我不但得到了一份工作,而且这段时间的注射、口服联合治疗把我肝脏里的肝炎病毒也清除了。此后,我的肝炎就没有复发过。

我从干扰素治疗中得到的经验具有普遍意义:如果某一特定的预期行为将导致即时的负面结果(惩罚),那么这一行为将很难推进,即使最终结果(在我的这一个案例中为增进健康)的预期价值很高也不例外。归根结底,延迟满足这一问题的难点就在这里。毫无疑问,我们都知道经常锻炼、多吃蔬菜对健康有好处,即便我们无法像德拉尼姐妹那么长寿;但是,因为很难在我们的意识里保持一幅我们未来健康状况的生动画面,我们还是会忍不住伸手去拿甜甜圈。

为了克服人类易于犯错误的各种倾向,我认为寻求一些诀窍,用即时、有力、正面的强化因素与那些我们为了长远目标采取的、并非如此愉悦的步骤相匹配,这样做非常有用。就我来说,在副作用出现之前,先开始看电影,这帮助我抑制了治疗过程中的不适感。实际上,我把一切安排得恰到好处。刚打完针,我就按下开始(播放)键。假如当时副作用在先,按键在后,我未必能在那场漫长的拔河比赛中取得完全胜利。谁能说得准呢?假如我等到副作用出现后再开始放电影,我就可能建立一种负面关联,结果现在我可能就不那么喜欢看电影了。

我在杜克大学的一个同事——拉尔夫·基尼,最近在论文中写道,美国的"头号杀手"不是癌症或者心脏病,也不是吸烟或者肥胖。"头号杀手"是我们错误的生活决策——不能明智抉择从而克服自毁的行为。拉尔夫推算,造成我们当中大约 1/2 人早逝的原因,就是生活方式的决策错误。似乎这还没有计算我们做出这些致命决策的概率仍在以惊人的速度上升。

我猜测,再过几十年,真正能够提高我们平均寿命预期和生活质量的,与其说是医疗技术的进步,不如说是人们生活方式决策的改善。既然不注重长远利益是人类的自然倾向,我们就更应该特别仔细地研究一下那些一再重复出错的案例,尽力找出矫正补救这些问题的措施(对一个体重超标的电影迷来说,最好的办法是让他一边在跑步机上运动,一边看电影)。诀窍是针对每一个问题找出合适的行为矫正法。把我们喜欢的事物与不喜欢的,但对我们有好处的事物关联匹配,我们有可能用最终结果来控制欲望,从而解决我们日常生活中的自我控制问题。

第七章 房地产市场低迷,你认为自己的房子会贬值吗?

2007—2008 年,美国的房价如同乔治·W. 布什的支持率一样快速下跌。令人沮丧的消息接踵而来:越来越多的人因为还不上贷款,房屋被银行收回,房地产市场停滞不前,积压的房子越来越多,越来越多的人无法申请到贷款。美国一家为网民提供房产信息和房价评估的名为 Zillow 的网站所做的一项调查结果揭示了这一切对业主的巨大影响：2008年第二季度，大约九成（92%）业主说他们所在地区已经有房屋被收回的情况，他们担心这些被收回的房屋可能造成该地区的房价下跌。不仅如此，大约有4/5（82%）的业主对近期房地产市场回暖不抱希望。

从表面上看，Zillow的调查显示业主们已经注意到了媒体的报道，对当前经济状况有一定了解，知道房地产危机已成现实。但研究同时表明，那些消息似乎很灵通的人士认为他们自己的房屋价值并没有下降很多。约2/3（62%）的业主认为自己的房子升值了或者保持原价，大约1/2（56%）的人计划对房子进行装修，尽管他们已经看到周围房地产市场的暴跌。如何解释他们对自己房屋价值的高估与市场的严峻现实之间的巨大差距呢？

就像我们在第七章中所讨论的那样，所有权能从根本上改变我们的观察力。与我们认为自己的孩子比朋友或邻居的孩子更出类拔萃、与众不同相似（不管我们的孩子是否当之无愧），我们会高估自己所拥有的一切，不管是自己的篮球票还是自己的房子。

但是，拥有房屋与拥有其他一般物品（例如一个咖啡杯或一张棒球票）相比，情况更加复杂、更加微妙——因为我们对自己的房屋投入太多。回想一下，我们从刚刚搬进来起，就不停地忙东忙西，笨手笨脚地敲敲打打。我们把人造板的洗手盆换成花岗石的。我们把墙镂空并安上窗子，让室外的光线透到餐桌上。我们把起居室的墙漆成暗土灰色。我们给卫生间换了瓷砖。我们给房子加了道门廊，还在后院修了个鱼池。我们一点一点地东修西补，直到把它修缮得完全符合自己的品位和情调，直到屋里屋外的一砖一石、一草一木都能充分展示其或高雅时尚或朴实含蓄的风格。邻居们来访，都对我们的洗手盆和采光窗户羡慕不已、啧啧称赞。但是到头来，别人真的和你一样珍视这千辛万苦、满怀深情而来的装修成果吗？也许他们根本就不喜欢呢？

想一想，一幢房子的女主人，她自己的家刚刚装修过，装修得很漂亮。同一条街上不远处还有一幢房子，和她的差不多，正在出售，但是好几个月都没卖出去，或者虽然卖了，但比原来想卖的价格低了很多。她把二者做了个比较。对比之下，她就明白了为什么人家卖房子会如此困难。他们的洗手盆面板是人造板而不是花岗石的，起居室的墙壁不是暗土灰色的，餐桌采光也不如她家的那么好。"难怪这些房子卖不出去，"她心中暗想，"比我们家可差多了。"

我和妻子苏米，也深受这种偏见之害。我们在麻省理工学院工作时，在马萨诸塞州的剑桥市买了幢房子（房子是1890年建的，但我们觉得很新）。我们立即着手装修。我们拆掉了几面内墙让室内显得开阔一些，我们喜欢这样。我们把卫生间重新装修过，在地下室装了桑拿。我们还把花园里的老式马车房改造成办公室—卧室两用房。有时，我们俩会用洗衣篮装上点儿食品、酒，带上点儿衣服，躲到这个"市内桃源"里去度周末。

后来，2007年，我到杜克大学任职，我们搬到了北卡罗来纳州的杜伦。我们预计房价会继续下跌，最好把剑桥的房子尽快卖掉。因为我们不想继续同时为两处房子付取暖费、房产税和银行贷款。

有很多人到剑桥来看那幢经过我们精心装修的房子。他们好像对房子总体结构感到满意，周围环境给人的感觉也不错，但就是没有人肯出价。他们说，房子很不错，但他们似乎不太欣赏开放式的空间设计。相反，他们喜欢有一定私密空间的布局。他们的话我们不大能听进去。一拨一拨来看房子的客人走了以后，我们两个人会埋怨说：

"这些人真没劲,一点儿想象力都没有,品位太低。我们的房子装修得这么好,又开放、又敞亮,肯定会有独具慧眼的买主来买。"

时间一天天过去。我们一直付着双份房贷、双份的取暖费、双份的税金,同时房价还在继续下跌。又有一些人来看房子,但仍然没有人肯出价。最后,还是我们的房产代理琼向我们说出了逆耳的忠告,就像医生告诉病人X光片上有个地方看上去有问题一样。她慢条斯理地说:"我认为,你们要是真的想把它卖掉,必须加上几道墙,把你们改动的地方再改回去。"在此之前,我们一直不肯接受这个现实。这时,尽管我们仍然不服气,仍然坚信我们高于常人的品位,但还是果断地听从她的劝告,花钱找了个承包商把墙砌上。果然过了几个星期,房子就卖出去了。

说到底,买主买的是房子,而不是我们的家,他们脑子里有自己的家。我为此交了昂贵的学费,希望我们都能对装修有个更全面的认识,那就是得考虑,如果有一天我们要卖房子,买主会怎么看。

我们对自己的东西估价过高这一倾向,是人类的一种基本偏见,反映出一种更为普遍的倾向,人们会对那些和自己有关的所有事物一见倾心、高看一眼。好好想一想——你是不是觉得自己车开得比一般人好,退休后也会比别人有钱,不大可能有高胆固醇,也不可能离婚,或者你在计时停车点泊车,计时表超过几分钟也不会被罚?这种正面偏见(心理学家给它起了另外一个名称:"沃比根湖效应")源于收音机上盖瑞森·凯勒的系列流行歌曲《草原一家亲》。歌里唱道:"所有的女人都强壮,所有的男人都英俊,所有的孩子都超出一般聪明。"要让我们对自己孩子和房屋做出真正准确、客观的评价,我认为不大可能。但我们可以认识到自己存在这一偏见,认真听取别人的忠告和建议。

第九章　预期决定了我们对音乐与食品的评价

　　假设现在是晚上 9 点，你走进 95 号州际高速公路边人迹稀少地段的一个卡车休息区。你已经开了 6 个小时的车，感到非常疲倦，而你前面还有很长的一段路要开。你想吃点儿东西，下车待一会儿，于是你走进一处看似餐馆的房子。分隔式就餐区之间的隔板是常见的塑料包衬，有的地方已经破裂，屋里亮着日光灯。桌面上的咖啡印渍让你不由产生几分戒心。但你还是想："没关系，不管店面怎么样，对付着弄个汉堡总可以吧。"菜单很随意地放在纸巾盒后面，盒子是空的。你伸手拿过菜单，却发现这里绝不是一家低档的小饭馆。你惊奇地看到，菜单上印的不是汉堡和鸡肉三明治，而是奶油秘制鹅肝片、黑松露酱配法国卷心叶加茴香果酱、奶油酥饼配盐焗黑胡椒酥皮鸭、正宗法式烤鹌鹑等。

　　当然了，如果你身在曼哈顿，即使在一家小餐厅里看到这样的菜单也不足为奇。可能眼前这家餐馆的大厨厌倦了曼哈顿的灯红酒绿、车水马龙，来到这个穷乡僻壤的无名小店栖身，碰上哪个有口福的家伙撞进来，就给他露上一手。那么，同样是奶油酥饼配盐焗黑胡椒酥皮鸭这道菜，你在曼哈顿吃，与在 95 号州际高速公路边人迹稀少的卡车休息区里吃，有什么本质区别呢？如果你在卡车休息区遇到了这样的法国美味，你能鼓起勇气去试试吗？假设菜单上没标价格，你愿意出多少钱来享用一道开胃小吃或者一道主菜？你吃过以后，是否会觉得和在曼哈顿就餐时一样，让你口齿留香，经久难忘？

以我们在第九章中了解到的内容为基础，答案很简单。环境与预期能够大大地增强我们的愉悦感。我们在这样简陋的环境里不会有很高的预期，因为就餐环境是卡车休息区，我们实际体验到的愉悦就会大打折扣，尽管你在两个地方吃到的奶油鹅肝片是一样的。同样，如果你知道了大部分鹅肥肝是用普通养殖鹅的肝和奶油制成[①]，而不是用什么特别的高级配方秘制，你就会觉得它不如想象中那么令人垂涎三尺了。

几年前，《华盛顿邮报》的有些人对上面说的课题也感到好奇，决定做个实验。他们选的不是食品，而是音乐。要实验的问题是：低俗和污浊编织的预期藩篱是否能遮挡住杰出艺术的光辉？

记者基恩·韦恩加藤找到公认的世界一流小提琴家约夏·贝尔，请他装扮成一位街头艺术家，在上午交通高峰期间，到华盛顿市区一个地铁站演奏世界上最著名的乐曲。人们会注意到他比多数江湖艺人拉得好吗？他们会停下来欣赏吗？他们会顺便投下一两美元吗？如果你经过那里，你会吗？

也许你和那天朗方广场地铁站98%的过路人一样，会匆匆而过，对演奏无暇一顾。实验表明，1 097人中有27人（约2.5%）把钱投进了贝尔打开的史特拉第瓦里小提琴盒里，而停下来听了一分钟以上的只有7人（约0.5%）。贝尔演奏了不到一个小时，挣了大约32美元，对于一个普通街头艺人来说，当然还算不错，但贝尔专业演奏一分钟收入的零头就比这多得多，这32美元对他来说，无疑是不成比例了。

韦恩加藤采访了那天路过车站的一些人。停下来听演奏的人当

[①] 实际上，鹅肥肝基本上是由相同比例的鹅肝与奶油，再添加一些酒和香料制成的。

中，有一个因为前一天晚上看过贝尔演出，所以认出他来；另一个人本身就是个不错的小提琴手；还有一个是地铁站的工作人员，经常听街头艺人演奏，他们多数水平一般，也有个别有才华的，他凭着自己多年养成的辨别能力判断，贝尔拉得比一般人好。除了这7人之外（古典音乐爱好者，特别是贝尔的粉丝们听了可能会很不舒服），没有一个人驻足聆听。许多人甚至都没有正眼看贝尔一眼。面对记者，那些路过的人或者说当时根本没留意，或者说他们那天听到的好像比一般的街头艺人平日演奏的古典音乐好一点儿。但是他们根本没有想到，在朗方广场地铁站演奏的是一位世界级的音乐大师，他那炉火纯青的技巧，华彩庄严的乐曲，多数人从来没有聆听过。

过了一段时间，我见到贝尔，谈及上述经历。我特别想知道那么多人忽视，甚至无视他的演奏，他对此有什么感受。他回答说实际上并不感到特别意外，并且承认预期对我们如何体验音乐有很大影响。贝尔告诉我，适当的环境可以帮助人们更好地欣赏古典音乐——听众需要舒服地坐在铺着天鹅绒的座位里，身边音乐厅里的一切都是为最佳音响效果设计的。女士们穿上了丝绸晚礼服，洒了香水，男士们身着开司米正装，这有助于他们更充分地享受和欣赏价格不菲的音乐演奏。

"如果我们进行一种相反的实验，结果会怎么样？如果我们把一个二流乐手放到卡内基音乐厅，让柏林爱乐乐团为他伴奏，会怎么样呢？人们的预期会非常高，但实际演奏水平却不行。人们是否会辨别出来从而大失所望，破坏他们的体验快感呢？"我问。贝尔考虑了一下说："如果这样，预期会压倒实际体验。"他又说，他可以想到一些具体例子，几个并非一流的小提琴手只是因为非常好的环境而赢得了人们暴风雨般的喝彩和掌声。

贝尔对于车站演出的平静态度仍然使我将信将疑。不管怎么样，时间会医治一切创伤，时间带给我们的好处之一是它帮助我们淡忘或者混淆过去的一些事情，从某种程度上使我们不再为之耿耿于怀。另外，人们来去匆匆没有注意到他的演奏，也在贝尔的意料之中，因此，他没有从小提琴家的角度提出一个哲学上的老问题："假如森林里没有人，大树倒下有没有响声？"

第二天，我有幸坐在蒙特利大礼堂里，聆听约夏·贝尔演奏巴赫的名作《恰空》，约夏·贝尔在地铁站给来往乘客演奏的也是同一首美妙的乐曲。我闭上眼睛，假想当时台上不是一位小提琴大师，而是一个水平一般，15岁的少年，只不过用的是史特拉第瓦里小提琴。我不是行家，但我绝对能听出几处音不太准，琴弦突然发出明显的嘶嘶声。可能嘶嘶声是巴赫曲谱里所要求的效果，还可能是弦乐演奏不可避免的一个小问题，或者因为是在礼堂演奏，效果与标准音乐厅有所不同。我很容易想象到，像我这样一个没受过音乐训练的人，很可能认为这些误差是出自一个二流乐手，尤其是当他站在人来人往的地铁站，而且是在上班高峰时间演奏之时。

演奏结束，人们为贝尔长时间地鼓掌。尽管我觉得演奏很成功，但我还是说不准大家的掌声中有多少是因为贝尔的演奏，有多少是因为人们的预期。我毫不怀疑贝尔（还有其他人）的才华。关键在于我们还没有真正了解，预期对人们有关艺术、文学、戏剧、建筑、美食、美酒——有关任何事物的体验与评价，到底起着什么作用。

我认为预期的作用可能已被我最喜欢的作家之一，杰罗姆·K.杰罗姆，准确地捕捉到了。在他的滑稽小说《三人同舟》中，主人公和两个旅伴正在一家旅馆参加晚会，大家正好讨论到滑稽歌曲。两个年轻人作为局外人，缺乏与在场其他人一样的君子风度，信誓旦旦地对大家说，著名德国喜剧演员斯洛森·伯申所唱的一首歌是最滑稽的，踏破铁鞋无觅处，得来全不费工夫，巧就巧在，伯申本人当时也住在这家旅馆里。能不能把他请出来为大家即兴演唱一下呢？

伯申欣然答应。既然这些人中懂德语的只有那两个年轻人，其他人只好不懂装懂，跟着两人亦步亦趋，看到他们尖声大笑，大家也跟着笑。有几个人还自作聪明，隔一阵就自发地笑上几声，意思是歌词中有些微妙的幽默之处，别人漏笑了，他们却听懂了。

实际上，伯申是著名的悲剧演员，他正在竭尽全力给大家唱一首非常凄惨、悲怆的歌——两个年轻人每隔几个音符就大笑一次，以此来作弄别人，让他们相信德国滑稽歌曲就应该这样欣赏。伯申有些疑惑不解，但他还是非常敬业地继续唱。等到他唱完之后，终于忍无可忍，从钢琴后面跳了起来，对着满屋的听众，用德语劈头盖脸地大骂一顿。

因为不懂德语，而且不了解德国音乐习俗，听众们只好退而求其次，把两个恶作剧的年轻人认作内行，跟着他们瞎笑一气，相信伯申的整个演唱，包括最后的破口大骂，都滑稽透顶，令人捧腹。满屋听众对演出都感到十分满意。

杰罗姆的故事有些夸张，但事实上，我们就是这样在天地间游历。在生活中的许多领域，预期对我们最终体验事物的方式发挥着巨大的影响。想一下蒙娜丽莎这幅画。为什么这幅肖像如此美丽动人，这个女人的微笑如此神秘？你能辨别出利奥纳多·达·芬奇创作这幅画所需要的聪明才智和技巧吗？对我们大多数人来说，这幅画很美，笑容很神秘，但这都是听别人说的。没有专业的知识和完整的信息，我们只能从社会线索中寻求帮助，以求了解在多大程度上是，或者应该是，这幅画本身给我们的印象，其余的则由预期来决定。

伟大的讽刺作家亚历山大·蒲柏曾经写道："不抱有期望的人有福了，因为他永远不会失望。"我认为，蒲柏的忠告似乎是超脱生活的不二法门。很清楚，它也能帮助我们消除负面预期效果。那么，正面预期呢？如果我对约夏·贝尔的演奏不抱预期，听了以后的体验，就不如我对自己说"天哪，我真幸运，能面对面听约夏·贝尔演奏"那样满足、愉悦。贝尔是世界上最好的小提琴家这一认知对我欣赏音乐的快感有不可估量的影响。

事实说明，正面预期会增强我们对周围世界的欣赏，改善我们对世界的观察力。不抱预期的危险在于，到头来，我们什么也得不到。

第十章　维生素泡腾片真的可以治疗感冒吗？

几年前，在飞往加州的飞机上，我邻座的一位妇女从包里取出一个白色长管状容器，打开后取出一片25美分硬币大小的片剂，放进了飞机上提供的一杯水中。我看着杯子，有点儿迷惑不解，水中先是嘶嘶地冒出了淡黄色的小水泡，很快又变成了泡沫。杯中的反应停下了，她把里面的混合液体分两大口咕嘟咕嘟喝了下去。

我有点儿好奇，看到她一副悠闲自在的样子，我就问她喝的是什么。她把容器递给我，竟然是航空泡腾片！

容器上的说明给了我很深的印象。上面说这些片剂能增强免疫系统，帮助人们在乘飞机时抵御周围的细菌。感冒初期或者进入易传染期的人群提前服用，可以防止一直让我头疼、恐惧的感冒，它对我真的再适合不过了。我还看到，与其他药剂不一样，它的发明者是一位小学二年级的老师。小学老师一年到头，日复一日地和孩子们打交道，孩子们身上带着各种细菌；最想发明这种药剂的，除了他们还有谁？老师最容易被学生传染感冒，他们和抗感冒药似乎有着天然的联系。再就是，眼看着片剂在水中呼呼冒泡，再变成泡沫，真是妙不可言。

我的邻座察觉到我对片剂的好奇，就问我是否想来一片试试。我求之不得，马上把片剂放入水杯中，看着它冒泡，变成泡沫，最后把那淡黄色的液体一口喝了下去。我的眼前马上浮现出我上小学二年级时可爱的蕾切尔老师——一想到她，我就觉得杯子里的泡腾片味道更好了。真是立竿见影，我立即觉得舒服多了。从那次飞行后我就再也没有晕过机。这就是证据！从此后，泡腾片成了我旅行的必备之物。

此后的几个月，我一直按照包装说明书的指示使用泡腾片。有时在乘飞机时饮用，但更多是在下了飞机后服用。每次按着礼仪程序一般的步骤服用以后，我马上就会感到状态良好，更有能力战胜乘机过程中周围各种讨厌的航空病。我有99%的把握认为航空泡腾片是一种安慰剂，但是那些小泡泡和那一套礼仪似的服用程序非常奇妙，我确信它能给我带来良好的感觉。一点儿也不错！不仅如此，只要喝下它，我就信心十足，身体健康，不用担心晕机——众所周知，紧张和焦虑会降低免疫力。

几年以后，由于我参加巡回售书活动，需要经常乘飞机，碰巧听到了不幸的消息：维多利亚·耐特-麦克唐纳，那位发明航空泡腾片的加州小学二年级老师，因为被控虚假广告，同意支付2 330万美元的罚金，另外，还要向购买她的产品的顾客全额退款。生产厂必须更正产品及包装上的功效说明。说明书上的"神奇的感冒克星"称号改成了由17种维生素、矿物质和植物构成的一般饮食补充剂。原来宣称的"加强免疫系统"一条还保留在包装上,但标有令人讨厌的剑号(十)提示保留条款。你需要仔细寻找,最后你终于发现它藏在一处不显眼的地方:"此功效未经美国食品药物管理局评估。本产品不用于诊断、治疗及防止任何疾病之目的。"真令人沮丧。

我像一下子掉进了无底深渊,下面的几个月里,我每周最少要乘三次飞机,而航空泡腾片的魔力从我身上突然消失了。我感觉就像刚刚认清了一个人,多年来我一直把他当作好朋友,他却从来没有喜欢过我,还一直在背后说我的坏话。我又想,也许我还可以依旧到药店里去,买上几瓶带原来包装的片剂,上面还印有夸大的治疗疗效,或许还能恢复航空泡腾片对我的魔力。但是,这好像不大可能。我还是抹不去已经知道的一切,原来冒泡的神奇玩意儿根本就不是那么回事。它不过是一堆维生素的混合物,有纯粹生物碱的特别功效。面对这样的大彻大悟,昔年那种美妙无比能增强免疫系统的安慰剂的奇效,我再也享受不到了。

唉!为什么?他们为什么这样对待我?他们为什么抢走了我的安慰剂呢?

附录2

用行为经济学解读美国的次贷危机

很久以来,经济学家坚持认为人类行为和各种社会制度的运作已经在理性经济学模式里得到充分描述,他们认为人类都以自我利益为中心,精于计算,能够在每一项决策中充分权衡成本和收益,以获取最佳的结果。

但是,金融危机接踵而至,从2000年的网络泡沫破裂到2008年次贷危机和紧随其后的金融风暴,都在以触目惊心的现实告诉我们,心理作用与非理性行为在经济运行中所起的作用远远大于理性经济学家(还有我们大家)所愿意承认的程度。

事情起源于质押贷款业务中一些不当的习惯做法,担保债务凭证(简称CDO,大多数是以房地产抵押做担保的股票)使这些问题更加严重。反过来,担保债务凭证又加速了房地产市场泡沫的破裂，造成恶性循环，使房地产进一步贬值。它还把金融服务业不同参与者的一些不当习惯暴露到了光天化日之下。

2008年3月，摩根大通银行以每股两美元的价格收购了贝尔斯登公司，价格如此之低是因为贝尔斯登正在接受与担保债务凭证有关的业务造假调查。7月17日，那些把相当大的赌注压在担保债务凭证和其他以房地产抵押做担保的股票上的大银行和金融机构，披露了几乎5 000亿美元的巨额亏损。最终有26家银行和金融机构因为与担保债务凭证交易有关的不当做法受到调查。

9月7日，美国政府把最大的房地产贷款公司房利美和房地美收归联邦政府管理以避免其破产，因为这两家公司一旦破产将会给金融市场带来更可怕的后果。一周之后，9月14日，美林证券公司被美洲银行收购。第二天，雷曼兄弟公司申请破产保护，引发清偿危机，极可能使经济突然垮塌。又过了一天（9月16日），美联储给保险业巨头美国国际集团提供借款以避免其破产。9月25日，华盛顿互助银行被美国联邦储蓄保险公司查封以后，被迫把旗下的分支银行卖给了摩根大通，又过一天，该银行的控股公司和剩余分支机构根据美国"破产法"第十一条申请破产保护。

9月29日星期一，美国国会否决了小布什总统提出的紧急援助一揽子方案（正式名称为"问题资产救助计划"，TARP），结果美国股市大跌778点。就在美国政府忙于制定另一方案以求下周通过批准的时候，正在与花旗集团以及富国银行（最终被美国银行收购）举行收购谈判的美联银行成为下一个受害者，股市对此的反应是进一步暴跌，损失了22%的市值，成为1929年经济"大萧条"以来华尔街最黑暗的一个星期。

这些银行制度健全，配备了精明非凡（非常理性的）的经济学家，奉行的都是传统模式，却像多米诺骨牌那样，一个接一个地倒了下去。

如果理性经济学的方法不足以保护我们，我们应该怎么办？我们应该采用哪些模式呢？考虑到人类容易出错、心血来潮，以及各种非理性行为，我认为我们的行为模式，特别是关于新政策、新准则的建议，应该以人们实际上是怎样行动的为基础，而不是先假定他们完全理性，再以他们应该怎样行动为基础。

这一观点看起来非常激进，事实上，它却是经济学中一个古老的观点。现代经济学鼻祖亚当·斯密，早在他的辉煌巨著《国富论》（1776年）出版之前，就写出了《道德情操论》（1759年），后者的重要性绝不亚于前者，但是更多是从心理学角度进行研究。在《道德情操论》中，亚当·斯密指出，情绪、感情以及道德伦理也是人类行为的不同侧面，经济学家对此不但不应该忽视（更不用说无视了），还应该把它们当成值得研究的课题。

大约200年前，另一位经济学家约翰·莫里斯·克拉克同样指出："经济学家可能试图忽视心理学，但是他若想忽视人类的本质则是全然不可能的……如果经济学家从心理学家那里借用了有关人的概念，那么，即使他的著作独树一帜，从本质上也有可能仍属于纯粹经济学的范畴。如果他不这样做，也避不开心理学。相反，他将不得不创建自己的心理学，而这种心理学将会是很糟糕的。"

经济学是怎样从欣然接受人类心理现象，转为完全不承认人类行为存在非理性的可能的呢？原因之一，毫无疑问与经济学家对于简单数学模式的痴迷有关。另一个原因就是他们非常想给公司、企业和决策者提供简单的、有形的答案。两者都能成为他们有时忽视非理性因素的很好理由,但这样做却把我们引到了一条危险的路上。

我在想,行为经济学的目标是重新发扬亚当·斯密著作中有关人类行为和心理因素与经济利益关系的论述。总的来说,行为经济学研究人员致力于对传统经济学做出修正,把实实在在的、司空见惯的、经常表现为非理性的各种行为都考虑在内。我们想把经济学从通俗心理学(它常常禁不住推理、内省测试,尤其重要的是,禁不起实验检验)的局限中解放出来,使其向对人类行为的一种包容性更广的研究回归。我们认为只有这样,经济学才会更好地提出合适的意见和建议,帮助人们解决现实世界中的问题:为退休而储蓄、教育子女、安排医疗保险等。

噩梦醒来以后,我们共同面对的是一个陌生的、不同的世界。下面,我想从行为经济学的角度,把我对一些问题所做的思考写出来,与大家分享。是什么把我们带进了目前的经济泥潭之中?我们怎样才能更好地认识刚刚发生的这一切?我们应该怎样考虑未来,采取哪些必要的步骤,避免我们重蹈覆辙?我对下面有些问题的回答没有经过股票市场的实证实验,因为股票市场的性质决定了直接进行实验不太可行。因此,这次回答是我根据心理学、经济学和行为经济学实验得出的一般性结果,以及从我个人经验和专业角度做出的推导和引申,对此,你们应该多问几个为什么,做出自己的判断。

人们的贷款往往超出自己的偿还能力

大量存在风险的抵押贷款是谁造成的?各派政客、经济学家、新闻评论人,以及广大公众的看法不尽相同。有人认为是贷款人不负责任,他们在贷款时根本不考虑贷款数额是否超出自己的偿还能力。还有人认为是贷款人盲目相信那些掠夺成性的放贷人,甚至把他们奉为专家。我认为这两种说法都有一定道理,但同时,形成风险的根本原因是要求人们在某种财务状况下对贷款数额做出完全准确的预算,这本身就很困难。

问题的症结在于,当房地产需求急剧上升时,发放贷款的银行想当然地认为,贷款的客户一定不想让银行把房产收回。为了进一步促使人们按时偿还贷款,抵押贷款合同还包括了各种有关罚金、费用的条款,以防止有人恶意毁约。乍一看上去,这一做法似乎毫无破绽:面对这一系列严厉的惩罚措施(失去房子、不良信用记录、收回抵押的各种费用、律师费,以及可能因欠债不还被债权人起诉等),银行可以放心地认为,人们一定会非常慎重,避免过度举债。

我们这样来想一下:我答应借钱给你,你借多少我给多少,但条件是如果你还不上,我就打断你的两条腿。在这种情况下,难道你不会再三盘算,不敢多借,而且拼老命按时还钱吗?但是,看过黑手党电影的人都知道,这样的交易总会在某个环节上出问题。一切都设计得天衣无缝,到头来却发现,人算不如天算,设计的方案偏偏把最重要的前提条件搞错了,因此功败垂成。拿打断两条腿的案例来说,它假定的前提是:你借钱时一定会盘算好借多少才不会冒被打断腿的风险。而在贷款的案例中,假定的核心是人们能够估算出他们最多能借多少,才不至于冒失去房子的风险。当然,房贷的计算更复杂一些,还要考虑到税金、通货膨胀、房价的变化等。

正如《金发女孩和三只小熊》故事里所说的那样,贷款的数量必须正好,不能太少也不能太多。但是,人们真的能计算出他们"正好"该借的金额吗?

美国房地产市场升温的那一阶段(1998—2007年前后),我有幸在波士顿联邦储备银行任职。我大部分时间在麻省理工学院,每周到银行去一次,我在那里的任务就是与员工中的经济学家举行座谈,设法把行为经济学的一些意识灌输到他们的工作中。一天,我和当地的一位经济学家,我们姑且称他戴夫,讨论银行管理部门是否应该对质押贷款进行某些限制的问题,戴夫极力提倡取消贷款程序中的一切障碍。他认为购房者完全能够针对自己的具体情况决定最合适的贷款额度。

我和苏米几个月前刚搬进新家。我本人刚刚经历了贷款过程,因此看法和戴夫不一样。在进行购房预算时,我请教了我认识的一些专家,包括麻省理工学院的几位财政、金融教授,还有几位投资银行经理,我问的问题似乎非常简单:就我们夫妻俩目前的财产收入状况来说,应该花多少钱买房?按30年分期还款来算,我们应该从银行贷多少钱?

我问的每个人给我的回答都一样——我们每个月还款的总额最多不能超过我们两个人共同收入的38%,这一金额加上利率方面的考虑,就可以推算出我们最多应该贷款的额度。但这并没有回答我的问题,我坚持请他们给我一个确切的答案,专家们却说他们无法帮我推算出我的最佳消费和贷款金额。我又与戴夫谈及这件事,但是他马上劝我打消顾虑。他告诉我,即便人们不能确切地推算出最佳借贷金额,他们也都能算个八九不离十,有些零头上的差错无关紧要。

我对这种笼统的方法不太信服,于是决定自己着手进行一项小小的研究，搞清楚人们是怎样决定贷款数额的。房地产市场一片兴旺，找房子的人很多，要和这些人交流一下他们买房的经验，应该不是难事。我发现一般购房者（我与之讨论的所有人，戴夫除外）的确费了不少脑筋来考虑到底要贷多少款。他们的心思不是放在应该考虑的问题上（我们应该借多少），而是在另一个完全不同的，也是很容易回答的问题上：我们能借到多少钱？他们使用贷款计算器，找一两个热心的房地产代理人谈谈，算一算他们每个月的最大还款能力，一般是收入的38%。以此为基础，推算出银行最多可以贷给他们多少钱，再根据这些数据来决定他们要去寻找什么价位的房子。

上面所说的人们推算房贷的过程，给我们上了有关人类决策带有普遍意义的一堂课。当我们无法对自己所面临的问题给出正确答案时，我们经常会想起另一个相似问题的答案，并把这个答案应用到现在的问题上。这就将最多可以贷多少款的问题转变成了最多可以从银行贷出多少钱的问题，但是，这两个问题完全不是一回事。

认真地想一下。如果你现在想马上买房子，你花多少钱合适？其中贷款应该占多少？如果你自己一时算不出来，但从银行的工作人员和贷款计算器那里知道最多可以用收入的38%来还贷，你肯定认为这个数目很明确地告诉了你应该贷多少钱，是不是？

我和戴夫那次谈话后的几个星期，他接到一个任务，写一篇论述"免本还息"抵押贷款优越性的文章。他对这一类贷款有极大的热情，并建议管理部门大力推广。"你看。"他向我解释说，"免本还息贷款比一般贷款更加灵活，这一点无可争辩。办理这种贷款的人与办理一般贷款的人不同，他们不用付贷款本金，这部分钱他们随便怎么花都行。他们可以用来付信用卡账单或者学费、医疗费。当然，如果他们愿意,也可以随时偿还贷款的本金。"

我点了点头,等待他说下去。"继续。"我说。

"所以最起码,免本还息贷款与一般贷款相比一点儿都不差。但它给了人们更大的灵活性,使得他们可以更好地决定把钱花在哪里。就灵活性本身而言,你每多贷出一美元就是帮助人们多得到一美元的自由,让他们根据具体情况决定怎样做最合适。"

我说,假定人们做出的决定完全合理的话,这一切听起来似乎就会很有道理。接着,我和他谈及我那个小小研究的结果,那个结果令人不快。"如果人们能借到多少就只借多少,"我解释说,"免本还息贷款不会增加贷款人的资金灵活性,它只能增加人们贷款的数量。"

戴夫不服,于是我试图给他举一个更具体的例子:"我们拿你表妹举例,她叫什么来着?"

"迪迪。"他回答道。

"假如按一般贷款来算,迪迪每个月的最大还贷能力是 3 000 美元,她的借款金额不能超出这个限度。现在,你说她可以选择免本还息贷款。她会怎么办?当然,她会按一般贷款条件所能负担得起的金额买一幢房子,每个月可以少还很多钱——余下的钱用来还学生贷款。如果迪迪和其他人一样,把最大还款能力作为起点,去计算她能申请到多少贷款,可以买到什么样的房子,并凭借每个月 3 000 美元的还贷能力买了一幢更大、更豪华的房子,那么她得到的就不是灵活性,这么做反而更容易把她自己套在房地产市场上。"

我认为我的观点戴夫没有听进去多少。但是次贷危机爆发以后,我有机会看到有关"免本还息"贷款的一些数据,看起来它并没有带来资金周转的灵活性,相反,它带来的是贷款额的增加,还贷期的拉长，把贷款人进一步推到了房地产市场的风口浪尖。

在我看来，贷款市场的主要失误之一是，银行方面根本就没考虑到人们算不出自己正确的贷款金额这件事。如果银行最初认识到这一点，就不会听任贷款人自己决定贷多少。相反，因为认识上的这一缺失，银行诱导人们尽量多贷，超出了他们实际的还款能力。不错，银行从资金信用等方面给贷款人的威胁（和打断两条腿相似），但是它们没有帮助贷款人进行正确决策，从而保护银行——也就是银行自己的利益。毫不奇怪，到头来房地产危机爆发，银行及其客户都付出了"断腿"的代价。

现在，我们说尘埃落定，银行最后聪明起来，决定开展实证实验，检验人们怎样才能学会计算合适的贷款金额。假设它们的实验结果和我进行的那个小实验相同（人们能借到多少就借多少），那么银行方面就会认识到，帮助贷款人做出更好的决策其实也符合银行自身的最大利益。它们该怎样做到这一点呢？

很明显，帮助贷款人计算出现实可行的贷款金额并不简单，但我起码知道我们可以做得比现在那些贷款计算器强得多（实事求是地说，我们会做得更好）。我们假设银行决定认真对待，开发一种性能更高的贷款计算器，不仅告诉人们理论上他们最多可以贷多少，还能帮他们计算具体贷多少最合适。如果人们能得益于这种人性化的贷款计算器，我猜他们就有可能更好地做出决策，减少风险，也不至于失去自己的家园。谁能说得准呢？假如10年前就有了这种计算器，今天房地产市场的一大部分悲惨景象或许就有可能避免。

尽管我相信，贷款人有争取正确决策（避免决策错误而带来灾难后果）的愿望，也必须承认即使银行创造出更好的贷款计算器，在房地产市场泡沫的狂热状态下,热心的银行和房地产中介仍然有可能推动人们越来越多地举债。

这时就需要政府管理部门介入了。说到底,法规是帮助人们克服自身不良倾向的、有用的工具。20世纪70年代,管理部门对质押贷款做了严格的限制。它们强制性地规定了贷款人每月还贷金额占收入的比率、必需的首付款金额、贷款人收入的证明文件等。过了一段时间,这些限制放松了很多,这非常危险。最后,银行推出了臭名昭著的"三无"贷款(贷款人无收入、无工作、无财产),把钱贷给那些根本没有资格贷款的人,由此酿成了次贷危机。

知道吗?如果世界上的一切都是完全理性的,那么取消所有市场,包括贷款市场中的一切限制和法规就都是有道理的。但是,恰恰因为我们生活的这个世界并不是完全理性的,而且人类经常不能自然而然地正确决策,所以对可能危及我们自身和他人的能力加以限制是有道理的。这就是法规的真正作用——它给我们画出了安全的界限。它不允许我们酒后开车,强制孩子们去上学,要求医药公司对研制和生产的药品进行临床效果实验,限制公司、企业对环境的污染等。当然,生活中的很多领域没有法规也能合理运作,我们自行其是也不至于造成太大危害。但是,如果我们行为的能力达不到令人满意的水平,或者根本没有这种能力,而且我们的失误可能伤害到自己或者别人(例如开车)——这时,法规就能给我们提供最简便、可行的界限。

保持诚信与获取利益的两难选择

2008年的金融危机使很多人感到与此有关的投资银行经理人根本

就是一帮坏蛋，是他们的欺骗与贪婪造成了这场经济危机。当然，像伯纳德·麦道夫那样的人原本就是想通过欺骗投资者来获取个人利益的。但我个人认为，蓄意欺诈在当前的金融危机中毕竟是个案，而不是普遍现象。

我说这话的意思绝不是说那些银行经理是无辜的局外人，但我确实认为他们的所作所为涉及的原因比较复杂，不能简单地把他们一律当成害群之马。正如在安然事件和市场上其他的破产案例发生以后，重要的是搞清楚银行经理们这样做的原因是什么，以使我们避免重蹈覆辙一样。为此，我们来观察一下人们所熟知的利益冲突问题——这是现代职场中常见的一个薄弱环节。

"理性犯罪理论"产生于芝加哥——一座以阴谋政客、有犯罪组织，以及理性经济学家闻名的城市，由诺贝尔奖得主、经济学家加里·贝克尔率先提出，旨在对罪犯的机会与成本进行理性分析。如同蒂姆·哈福德在他的《谁赚走了你的薪水》[①]一书中所描写的，贝克尔这一理论完全诞生于日常生活。贝克尔参加一个会议，已经迟到了，会场附近的合法停车位很少，他只好先不管什么罚单，就近找个地方把车停下。贝克尔仔细思考他本人在这一环境下的思维过程和行为，认识到他在筹划这一违法行为时，道德不在考虑之列，他进行的纯粹是成本—收益的预测。要么他的车可能被交通稽查员发现而被处罚，要么他已经迟到了，还得到处寻找合法车位。他在二者之间做了权衡，结果，他决定甘冒受罚的风险，对一位经济学家来说，这一违法事件真可谓量身定做——完全理性的"犯罪"。根据理性犯罪理论，

[①] 《谁赚走了你的薪水》，2008年10月由中信出版社出版。——译者注

我们都应该像贝克尔那样做。也就是说，对于普通抢劫犯而言，只要能成功，不管是去抢劫或者写书都无关紧要，最重要的是可以抢到多少钱，被抓到的可能性有多大，会判多重的刑，一切都出自对成本与收益的权衡。

这种理性的成本—收益式的决策步骤，以及具体的犯罪过程，可能对加里·贝克尔的行为做出了准确的描述——正如我们在本书第十一章和第十二章里读到的，简单的成本—收益计算似乎不能准确说明驱动我们大多数人作弊或保持诚实的真正力量。相反，我们实验中所呈现的画面却显示，作弊源于我们企图在两个互相矛盾的目标之间寻求平衡。一方面，我们想对着镜子感觉良好（俗话说，"我不敢对镜自顾"，指的就是问心有愧）。另一方面，我们都是自私的，想从作弊中获取利益。从表面上看，这两种动机似乎是相互矛盾的，但是我们的心理却很容易变通，这就使我们脚踩两只船，"稍微"作弊"一点儿"——从作弊中获得经济上的好处，同时又尽量使自己不感到愧疚。我把这种想象看作人类个体的"要素规避"，或者叫作"是非感模糊"。

我们可以把第十一章和第十二章里描述的实验看作对人们在利益冲突中的挣扎现象的检验。我们把实验参与者放到保持诚实与经济利益两难选择的环境中，他们通常抵挡不住诱惑，会稍微出一点儿轨。同样，我们可以考虑一个医生在面对这样一种情况时的表现：他参加了某医药公司一种新药的研发项目，比如治疗糖尿病，并且可以从这种药品的销售中得到提成。在给糖尿病人治病时，他可以开另一种现有的标准药品，而且他知道那种药很有效。但是，他也可以开新药，从中得到提成。他推测对该病人来说，现有的标准药品的疗效要略好于新药，但是新药可以给自己带来好处。如果病人的病情截然不同，医生大多会建议采取对病人最合适的治疗手段。但是如果存在不确定因素，就像多数病例中的治疗决策一样，医生就非常可能推荐病人使用自己研发的药品，这样做既能给自己带来成就感，又能获得经济上的好处。

这种利益冲突当然不限于医疗行业，生活中各个领域都可能出现。拿体育运动举例，如果你是某支运动队的支持者，关键时刻，裁判做出了偏向对方的判决，那么你就很可能会认为裁判是傻瓜，甚至是坏蛋。力图从有利于自己的角度观察现实不是特定的道德瑕疵，只有"坏人"才这样。这个毛病人人皆有，凡夫俗子概莫能外。如同我们在第九章中所讨论的那样，我们期望什么，就可能把现实涂上我们想看到的颜色。我们的眼睛和大脑按自己的期望对信息实行过滤——我们很擅长说服自己去看自己想看到的东西。

透过利益冲突的镜头观察，2008年金融危机的某些方面就更加清楚了。在我看来，除了个别例外，银行经理们似乎都想准确地评估各种理财产品的相关风险，以便为自己和客户做最佳的投资组合方案。另一方面，他们也确实因为巨大的经济利益刺激，把一些诸如以房地产抵押做担保的股票看作绝妙无比的创新产品。如果你处在他们的位置上，只要你劝说你的客户购买以房地产抵押做担保的股票就可以稳赚1 000万美元，你难道不会尽力促使自己去相信这种投资有多么奇妙吗？如果你不相信理性市场的说教就无法让自己相信它就是这样奇妙，难道你不会立即皈依理性市场吗？就像那些体育运动的支持者一样，银行经理们的利益冲突使他们理所当然地看到市场做出的裁决对他们有利，由于他们这种按照自己的期望来观察世界的能力，他们必然会尽力这样观察，把以房地产抵押做担保的股票看成有史以来人类最杰出的发明。

在利益冲突之上，银行经理们还要面对一种力量，界限不清的作用力。我在本书的第十二章里讲过，实验中那些参与者一旦有机会在距离现金一步之遥的筹码上作弊（其实筹码兑成现金也就差几秒钟），作弊的概率就翻了一番。就像我们实验中的筹码可以使参与者扭曲现实一样，我猜测以房地产抵押做担保的股票和它们的衍生产品，以及其他复杂的理财产品的定价机制所具有的不透明性，使得银行经理们所看到的都是他们想看到的，由此使其在更大程度上变得不诚实了。利益冲突诱使华尔街大鳄把各种复杂的理财工具看作现代世界最伟大的创新，还由于这些理财工具本身所具有的界限模糊的特性，因此更容易对现实进行重新塑造，而这种经过重塑的现实正是华尔街精英乐于看到的。

说到底，就是这么回事。人人都想发财致富，市场被这样一种欲望驱动，人们歪曲现实的能力难以置信，并按自己的想象加以塑造，这就是我们的麻烦所在。股票市场使用了大量界限模糊的金钱符号和象征物，例如，银行经理们经常用"码"这个术语代表10亿，用"杆"代表100万，用"点"表示1%等宏大的计数单位。上面列举的诸多因素加在一起使银行经理们扭曲现实的本能膨胀起来，把造假欺骗提高到了新的水平。

当然，重要的问题是：这一切给我们解决问题留下了什么教训？如果你相信好人、坏人的说法，你只需要弄清楚谁是好人，谁是坏人，然后只雇用那些好人就万事大吉了。但是，如果你相信，正如我们的研究结果所表明的那样，大多数人在面对利益冲突时都有可能造假和作弊，那么，想要最终解决问题就只有靠消除利益冲突了。

同样的道理，我们从来不曾幻想建立一种制度，允许法官从他们审理的案件金额里抽取 5%，我也很明白，我们不想让医生销售他们参与开发的药品，或者让银行经理被自己的奖金左右。只要我们还没有建立起杜绝利益冲突的金融制度，2008 年金融海啸及紧随其后的可怕后果就还会重演。

我们怎样才能把利益冲突从市场上清除呢？我们可以寄希望于政府对市场更有效的监管，但是考虑到建立和实施监管的复杂性和成本，我本人不会屏息而待，指望一蹴而就彻底解决问题。我希望能有一家银行先站出来应对挑战，为其他各家银行做出榜样，公开宣布一套全新的薪酬制度，对经理们实行新的奖励机制，完全透明，还有严格的规章制度防止利益冲突。我相信这样的举措最终对银行本身也很有利。

在等待诚信银行和更好的规章制度出现的同时，我还会更主动地向前一步，对于那些医生、律师、银行经理、会计师、理财顾问，还有其他我可能向其寻求专业指导的专业人士，我会密切观察我与他们之间的关系。我可以问医生，他与给我开的药的生产厂家有没有经济关系，问理财顾问是否会从他推荐的基金公司的经理人那里得到提成，问保险推销员拿的是哪一种佣金——争取与那些不牵涉利益冲突的人开展业务（或者起码有不同的独立评价）。

我认识到这样做既需要时间、成本又高，但我同时还察觉到，一些专家受到利益冲突的强烈驱使而提出的建议往往是片面的、带有偏见的，从长远的观点看来，对专家们的建议言听计从，会付出更高的代价。

金融计划的谬误与蝴蝶效应

有一种被社会科学家称作"计划谬误"的普遍现象,它和人类的一种倾向有关,那就是人们往往对完成一项任务的时间估计不足(这就是道路整修总是没完没了,新建筑总是不能按时完工的原因)。证明计划谬误有个很简单的方法:找一些大学生,问一下他们在最充分的条件下完成一项重大任务,比如学位论文,需要多长时间。

"3个月。"几乎是一致的回答。

接下来,问他们在最差的条件下需要多长时间完成。

"6个月。"他们一般会这样回答。

然后再问另外一组学生,在正常上课、做作业、参加规定的各项活动的情况下,完成学位论文预计需要多少时间。

"3个月。"他们通常这样回答。

考虑到前面的两种回答,你可能以为他们预计完成学位论文的时间接近6个月,或者可能是4.5个月,但实际上,他们并不这样认为。他们的回答总是过于乐观,尽管非常不现实。如果你认为这类判断错误只是大学生才会有,那么再想想你自己,你答应过你的妻子(丈夫),下班后晚上6点到家。你全心全意地想信守诺言,但总是会出一些问题,拖住你不能按时动身。你的客户来了电话,你收到老板的邮件需要立即回复,你的同事到你的办公室对某件事滔滔不绝地大发议论,或者你准备打印些东西,打印机却卡住了。如果平时你每次使用时打印机都会卡上5分钟,你动身回家之前就会把这一点考虑在内。但是,不同的问题在不同的时间冒了出来,而且你根本预测不出到底是哪件倒霉事把你绊住了,我们像过电影似的在脑子里安排好了如何离开办公室（发出最后一封邮件，打印好明天开会用的资料提纲，装好手提包，拿上钥匙，开车回家），却偏偏没把可能出现的中断和波折考虑进去。

事实证明，计划谬误对我们制订预算也有重大影响。当我们考虑大致能买得起什么，买不起什么，应该买什么，不该买什么时，我们就会考虑每月的账单和花销，或多或少地在这个基础上做出决定。但是如果生活中出了岔子，发生了计划之外的情况，比如房顶坏了要翻新，汽车轮胎坏了需要换一套，我们手头却没有钱付，那就可能打乱我们原来的计划。这一类糟糕的事情说不定什么时候就会发生，其中很多我们根本就没有想到。

令人遗憾的是，故事还没有完，因为计划谬误悄无声息地与金融业联合起来，给我们的生活带来了更大的劫难。事实证明，金融业很清楚我们对一些负面事件的观察存在盲区，这就是它到头来总是吃定我们的原因。我们有时碰到困难手头拮据，没有按时缴费或者开了张空头支票，这下麻烦可就大了。为了说明这一点，我来讲一段发生在自己身上的故事，我那一天的倒霉遭遇，以及我从中得到了什么教训。

2006年冬，我出国一个月，就在那个月，我的汽车保险到期了。我回来后发现了这个问题，马上给我的保险代理打电话，要求续保。"不行，不行，不行。"她口气非常坚决，我有些吃惊，"如果你的保单已经过期，就不能通过电话续保。你必须亲自到我们办公室来，重新投保。"

我那时住在新泽西的普林斯顿，离保险公司所在地波士顿的距离大约为250英里（400公里）。我和我的保险代理在电话里争论了一番,还给其他几家保险代理去了电话,但他们的要求是一样的。因为是我造成保险过期,我已经被该行业列入黑名单,在他们眼里,我成了坏人,代理人员必须和我面对面地谈话才能批准新保单。因此我花了6个小时赶到波士顿,中午刚过就到达保险公司办公室——我打算送上一张支票,把保单续期,再搭火车回普林斯顿。你可能以为余下的事很简单,但是,你错了! 事情一点儿也不简单。

到达保险公司后,保险代理人员告诉我的头一件事就是我的保费要增加一大笔钱。希拉,保险代理人,正式通知我,因为我个人造成保险过期,我失去了累计的良好驾驶记录折扣。我现在成了次等人,我适用于和青少年相同的保费率。更糟糕的是,他们不接受我的支票,因为在他们眼里,我的行为已经暴露出我不负责任的真面目。

"那么,信用卡行不行?"我问道,并试着尽量压制我的怒火。

"当然不行。"希拉冷冷地说。她两手藏在办公桌下面。我猜她可能随时按动报警按钮,"对于你,我们只接受现金。"

不知是什么原因,我发现身上还带了几百美元,隔壁就是一家银行。我用两张取款卡的最高限额总共提取了800美元现金,加上我带的钱够付半年的保费。

"这样总行了吧?"我说着,把钱在希拉面前"啪"的一声放下,"我先用这些现金付半年保费,剩下的我明天寄给你。"

她怔住了,盯着我看了一会,好像觉得我这个人理解能力很差(我猜有这种可能)。"你必须用现金把一年的保费付清。"她慢条斯理地说,"否则我们不能给你续保。"接着,她的脸一下子由阴转晴,她的语气轻快了许多,"你很幸运,我们有个办法,专门解决这类问题。有家借贷公司可以为你提供这类情况的短期贷款。申请程序快捷、简单,你只要10分钟就可以办完回家了。"

我还有什么办法呢?我请她帮我申请她说的那种特别贷款。贷款条件包括贷款本身的20.5%的利息外加申请费100美元。这的确令人气恼,但是,要想当天把保险续上我别无选择(当然,几天后我就把这笔可恶的贷款还上了)。

坐在回普林斯顿的火车上,我总结着,这一经历令人愤慨,却又给人以启迪。我得到的教训是,你一旦在金钱方面出了问题,十有八九面临着一连串的罚款,各种烦琐的手续,还有一些经济方面其他的障碍。我还算幸运,麻烦不太大:请了一天假、不得不支付来回车费、贷款申请费、贷款本身的费用,还有增加了的保费——必须现金预付。我在想,如果这件事发生在请不起一天假或处在经济困境边缘的人身上会怎么样?他到哪里去弄钱来支付这些费用和金额被提高了的保险费呢?如果我已经被现有的债务弄得焦头烂额,又没有积蓄之类作为缓冲,这件事无疑要把我推向窘迫极限,使我陷入更大的困境,更加捉襟见肘、压力更大、生活更艰难。我将不得不借高利贷来付汽车保险,进一步借钱来还贷款,着手偿还信用卡的提现,开始偿付特别贷款的申请费和高额利息等。

我后来知道,保险业和银行业大都这样运作——从那些已经身处债务困境的人身上获利。我们可以拿银行慷慨提供给我们的免费支票这一"外快"举例。你可能认为银行让我们免费使用支票是赔钱的,因为它们管理账户需要成本。实际上,它们从客户的过失上赚取了巨大利润:对空头支票和透支退票,以及借记卡消费金额超过账户余额加收高额罚款。实质上,银行用这些罚款来补贴另一些人的"免费支票",这些人的账户金额充足,不可能开空头支票或者透支信用卡。换言之，靠工资生活的"月光族"到头来是在补贴为别人服务的制度——穷人为富人买单，而银行则从中赚得数十亿美元的收益。

到这里，银行赚取暴利的手段（我料想，是道德败坏）还不算完。假想现在是月末，你的账户里只剩20美元了，你那2 000美元的工资今天会自动存入你的账户。你走在大街上花2.95美元买了个圆筒冰激凌，后来花27.99美元买了本《怪诞行为学》，一小时后又享用了一杯2.50美元的意大利拿铁咖啡。这些都是用你的借记卡付的，你的心情不坏——不管怎么说，今天发工资嘛。

当天夜里，零点后的某一时间，银行结清了你当天的收支。银行没有先在收入栏计入你的工资，然后再从支出栏扣减你的三笔消费，与此相反，你出现了透支费用。你可能以为扣了透支费用，事情就了结了，但是银行比这更恶毒。它们使用了一种计算规则，从你最高的一笔支出（书）开始计算。哇！你超出余额透支消费，扣透支费35美元；接下来是冰激凌和咖啡，每一笔都是35美元透支费。在此之后的一刹那，你的工资存进来了，你的账户余额由负变正——但是却少了105美元。

我们都为计划谬误综合征所困扰，银行和保险机构认识到这一点，制定了高额罚款，一旦这类意外的（对我们来说是意料之外的）倒霉事情发生，高额罚款马上就会发生效力。同时，因为我们在签订这些金融或者保险服务合同时不会想到我们会蓄意地漏付保险费、开空头支票、漏付信用卡账单，或者超过借记卡限额透支，因此这些罚款条款，我们经常不去留意，认为与我们无关。但是当"这类事情总是发生"的时候，银行正埋伏好了等着，到头来付出高昂代价的就是我们。

与银行的这些惯用伎俩相比,那些使用次级抵押贷款的人(从定义来说是指经济状况不太好的人)会在信用卡付款时作弊,拒绝偿付房贷,甚至宣告破产,又有什么可奇怪的呢?

有些富裕的人可能会理所当然地认为这类问题与他们无关。但是我们从2008年经济危机中得出的一个主要教训是:我们的经济财富已经连成一体,连接的紧密程度很多人都意识不足。向信用较差的人提供次级房贷的后果,最终几乎吸干了整个社会的经济财富,使所有经济活动,从汽车贷款到零售消费,几乎完全停顿,甚至那些持有丰厚退休基金的人也受到很大打击。到头来,经济成了一个复杂的有机系统,有点儿像混沌理论中的"蝴蝶效应",在一小群人(例如次级房贷的贷款人)中发生的事件会给随后的其他所有人带来巨大的、可怕的影响。

从个人金融的角度,我们该如何战胜计划谬误所带来的挑战呢?首先,当然是人人都要未雨绸缪,认识到下雨天比我们预想中更多、更常见。对那些已经身陷债务危机的人,要做到这一点显然不容易,我也不会天真地认为我们能够根除金融计划谬误。但是,我们能够积蓄一些钱作为缓冲,使我们在经济运行的道路上即使遇到颠簸也能保护自己,这样我们就可以减轻计划谬误的后果,使它不至于造成那么严重的损害。

其次,我认为金融机构那些苛刻的、掠夺穷人的行规,包括对信用卡、汽车质押借款、发薪日借款强制收取高利息等做法,应该加以控制。我们应该把金融服务的成本一视同仁地分摊到所有的客户头上,而不是强迫缺少资源、走投无路的人来负担其中的一大部分,只有这样做才公平,对我们的整体经济也更有利。最重要的是我们必须认识到，有些人本来在经济上就很少得到公平对待，如果还要对他们敲骨吸髓，到头来，我们每个人都会受到伤害。

重建信任才是最佳的救市方案

2008年9月，时任美国财长的亨利·保尔森对美国国会议员和美国公众说，除非他们立即吐出巨额资金（7 000亿美元）购买银行手中的垃圾债券，否则美国经济就会遭受灭顶之灾。这一救市方案一经提出，美国公众的矛头就立刻直指那些把他们所有的投资证券冲到马桶里的银行经理人，恨不得把他们掐死 [这个一揽子救市方案最后定名为"问题资产救助计划"（即《救市法案》），但名称不足以改变街头民众的愤怒情绪]。

我的一个朋友几乎气得发疯，他提出建立"老式的17世纪60年代的股票市场"。"美国国会不但不应该让我们这些纳税人出钱救助这些骗子，"他怒气冲冲地嚷道，"还应该把他们关到木笼子里，把脑袋和手脚露在外面。我敢打赌，所有美国人都愿意出钱拿烂西红柿砸他们！"

像我朋友这样的人不止一个。下面的一段文字是一位匿名的美国国会议员写的，全文发表在一家激进的政治网站"公开左派"上，它很生动地表达出广大公众难以压制的愤怒：

> 我不禁被《救市法案》的条款所吸引，认为诸如那些向美国财政部出售以房地产抵押做担保的股票公司的首席执行官、财务总监和董事长，都应该提供证明，证实他们完成了信用审

核并且合格,等等。这样的条款除了会使这一行业蒙受耻辱之外,没有丝毫实际作用。我认为美国国会的这种条款简直就是幼稚的、名副其实的小孩子把戏。我倒想听听别的意见,看看谁愿意站出来,把那些坏蛋给我抓住,我要痛打他们一顿。

美国的国会议员们不仅没有认真对待这种愤怒,仔细考虑如何重建公众对银行系统和政府的信任,反而雪上加霜,进一步加重了对公众信任的侵蚀。他们在《救市法案》中增加了几条无关痛痒的减税条款,然后强行通过。几个月以后,保尔森透露,7 000亿美元中有大约1/2付给了银行,剩下的钱没有再用来回购垃圾债券,而且美国财政部将来也不打算再买。他没有说明理由、没做解释,甚至连一点儿歉意都没有。到2008年年底发奖金的时候,银行给自己的高管和职员发放了数百万美元的奖金,进一步变本加厉地腐蚀了公众的信任,毫无疑问,他们互相拍着肩膀庆贺又完成了一项重大任务。

为了从更广的层面阐述信任的社会作用,我们有一个叫作"信任游戏"的实验,游戏的环境设置是这样的:你是两个参与者之一,你将和另一个不知名的游戏参与者结成一对。游戏通过互联网进行,你们始终不知道对方的身份。

在游戏开始之前,实验主持人会发给你们每人10美元。你是1号游戏人,你先开始:你必须决定是把钱留下还是送给对方。如果你们双方都决定自己把10美元留下,游戏就此结束,你们可以把钱带回家,发笔小财。但是,如果你决定把钱送给对方——2号游戏人,实验主持人就会把你送出的钱乘以4,于是2号游戏人手中就有了50美元(原来的10美元加上40美元)。现在轮到他做决定了。

他可以决定把钱全留下,即他可以把这50美元全拿回家,而你就会一无所获,或者他也可以决定送给你1/2,那就是你们每人都可以拿25美元回家。

这一游戏涉及两个问题:如果你是2号游戏人,1号游戏人把他的10美元送给了你(给你挣了40美元),你会把50美元全拿走,还是退给对方一部分,或者对半分?如果你是1号游戏人,你会怎么办?你应该首先考虑好2号游戏人会怎样做,他是否值得你信任。轮到对方决定时,他有可能把钱独吞,你的10美元就没了,你是否愿意冒这个险?根据理性经济学理论,问题的答案很简单:2号游戏人绝对不可能退还25美元,因为这样做不符合他的个人经济利益。明白了这一点,那么,1号游戏人在开始时也绝不会把原来的10美元送出来。

简单、自私、理性的预测就是如此。不过,请你多考虑一会儿。如果你是2号游戏人,1号游戏人送给你10美元(实际变成了40美元),你会把50美元全拿走,还是会还给他25美元?或者还给他10美元?你怎样做我拿不准,但事实证明,人们总体上比传统经济学所教导我们的更容易相信别人,也更值得信任。我们对信任游戏的各种变化形式进行了研究,结果是大多数1号游戏人都把钱送给了2号游戏人,2号游戏人收到钱后,多数人也会退还给1号游戏人25美元。

信任游戏很好地显示了信任在人类行为中所起的中心作用,但这还不是问题的全部。一组瑞士研究人员在富于创新和启迪精神的经济学家恩斯特·费尔的带领下,对上述实验做了引申和扩展,不仅包括信任,还包括报复。在瑞士版的同样实验中,如果2号游戏人决定不把50美元和1号游戏人平分,1号游戏人就可以获得一次决定的机会。实验主持人在告诉1号游戏人对方决定自己独吞50美元之后,会再说:"哎,你失掉了10美元,我很抱歉。你听我说,如果你想的话,可以拿你自己的钱来进行一个小小的报复。你自己掏1美元给我,我就从对手那边拿回2美元;如果你掏3美元,我就从他那里扣回6美元;如果你给我7美元,我就扣他14美元,以此类推。你觉得怎么样?"

假设你是1号游戏人,如果2号游戏人背弃了你的信任,你会拿自己的钱来让他吃苦头吗?

实验表明,多数人会利用惩罚贪婪对手的机会来实施报复,而且会严加惩罚。但是,这还不是研究中最精彩的部分。在1号游戏人思考是否实施惩罚时,他们的大脑正处于电子放射断层造影机的扫描之中。大脑的哪一部分与计划和实施报复有关联呢?是大脑纹状体——大脑中与体验奖励相关联的部分。也就是说,有关惩罚背信弃义伙伴的决定与快感和奖励有某种关联。还有,实验证明那些纹状体激活程度越高的人对对方实施的惩罚越重。这一切说明,即使需要付出代价也要报复的这种欲望是有生物学基础的,而且报复是一种快感或者类似快感的感觉。

对信任与报复快感的这一分析也给我们提供了有用的视角,可以用以更广泛地观察非理性和行为经济学。乍一看,报复是一种令人不快的刺激动因:人类到底为什么会发展到能从互相报复中找到乐趣的地步?我们这样想一下:假设你和我生活在2 000年以前的一片古老荒原上,我手里有一个芒果,你也想要。你可能在私下盘算:"丹·艾瑞里是一个完全理性的人。他用了20分钟就找到了这个芒果。如果我把它偷到手,再找个地方躲起来,他要想找到这个丢失的芒果所花的时间就要超过20分钟,于是,丹经过正确的成本—收益分析后，就会决定动身去找另一个芒果。"不过，要是我不理性，而且还是个心狠手辣、睚眦必报的家伙，就会把你追到天涯海角，不但要拿回我的芒果，还要捎带拿走你所有的香蕉，那你怎么办？你还会来偷我的芒果吗？我猜你不会。报复会以一种奇特的方式——加强机制运作，以维护社会秩序。

报复是一种看似毫无意义的人类倾向，也不在理性基本定义的范畴之内，但它却在作为有用的机制运行着。它未必总是对我们有利，但它无论如何确实含有某些有益的逻辑与作用。

既然我们对信任、信任的破坏、报复，还有芒果有了一定了解，我们该怎样着手处理目前股票市场上的信任危机呢？信任游戏与次贷危机之间的相似性一目了然：我们信任银行经理，把我们的退休基金、储蓄和我们的房产都交给他们，但是他们却把50美元（很可能你会在后面加几个0）全部拿走。这样一来，我们就会因他们的背信弃义感到愤怒，我们要让有关机构和银行经理付出代价，就算倾家荡产也在所不惜。

除了报复的感觉之外，这种分析能够帮助我们理解信任是经济活动的基本构成这一理论，一旦信任受到侵蚀就很难恢复。中央银行可以采取宏伟措施注入资金，给银行提供短期贷款，增加流动性，回购以地产抵押做担保的股票，以及其他一切可能的招数。但是，除非中央银行能重新建立起公众的信任，否则这些代价高昂的措施根本就不可能产生理想的效果。

我觉得，美国政府的这种行为不仅无视信任问题，而且使它进一步被侵蚀。例如，《救市法案》最终通过并不是由于它更有说服力，而是因为增加了几个无关痛痒的减税条款。还有，保尔森曾经请求我们信任他，购买垃圾股票确实需要 7 000 亿美元，并且保证他会尽职尽责。我们后来知道购买垃圾股票并不需要这么多钱，也就不可能相信他尽职尽责的保证了。而且我们也别忘了银行经理们本身的所作所为，从办公室豪华装修之类的小事（美林的首席执行官约翰·赛恩花了 100 万美元装修办公室），到更具实质性的公司高管薪酬问题，诸如雷曼兄弟、房利美、房地美、美国国际集团、美联银行、美林证券、华盛顿互助银行，还有贝尔斯登公司——这些企业的首席执行官的薪酬都创下了新的纪录。

我们假想，如果银行高管和政府官员从一开始就认识到信任的重要性，一切会有多么大的改观。如果是这样，他们就会竭尽全力地将问题解释清楚，找出原因，并找到措施来清理这一混乱局面。他们就不会无视公众的愤慨情绪，他们会把它作为决策的向导。他们会在《救市法案》里包含一些建立信任的成分（例如，保证用纳税人的钱救助的银行一定会透明化运作，限制高管的薪酬，并且消除利益冲突）。

亡羊补牢，为时未晚。很显然，美国的国会议员们还没有认识到信任的重要性，但我仍然希望某些银行能够痛下决心弃旧图新——消除利益冲突，做出完全透明的榜样。这样做有可能出于道德考虑，或者更可能是因为其懂得了解决流动性的最好方法是培植信任。让银行家和政府官员学会用这样的方法观察世界需要一定的时间，但是总有一天，他们会认识到，除非他们创建一种崭新的结构，一步步地逐渐重新争取我们的信任，否则我们大家都不可能走出经济困境。

知道"金融市场到底怎么了"对我们很重要

2008年年底,消费者信心降到了自1967年研究人员开始这项调查监测以来的最低水平,这表明经济也处于1967年以来的最差状况,预示着经济的进一步下滑。经济状况令人沮丧是毫无疑问的,我猜测还有其他因素(有些与经济形势没有直接关系)使人们对经济前景感到悲观失望。

上面提到的亨利·保尔森的所作所为给我们传递了一个明白的信息:谁也弄不清楚金融市场到底出了什么问题,我们对自己制造的魔鬼束手无策。我们可能想问保尔森的是:我们的问题到底出在哪里?他要采取的措施会达到什么目标?为什么他后来不再买入垃圾股票?剩余的救市款项他准备如何使用?以及,对后来的全面萧条是否能发生缓解作用?

事实证明,针对问题做出回答,这一举动本身就会起到正面影响。所有动物(包括人类)在处于对外界事物无法认知的环境中时,总是会做出负面反应。当外界对我们做出莫名其妙、无法预测的惩罚,以及我们对身边发生的事情一无所知的时候,就很容易陷入一种被心理学家称为"习得性无助"的状态。

1967年,两位心理学家马丁·塞里格曼和史蒂夫·梅尔,把两只狗(一只作为参照,另一只进行实验)分别放在可预测条件下和不可预测条件下,进行了一系列著名的实验(在此警告:以下描述内容可能引起爱护动物人士的不快)。在参照狗的房间里有一个铃,隔一阵就会响一下。铃响过不久,狗就会受到一阵持续的轻度电击——以它突然感到不舒服为度。幸运的是,它身旁有个按钮,按一下,电击马上停止,这只狗很快就发现了其中奥妙,学会了如何使用按钮。

隔壁的实验狗(科学家们称之为"轭"狗)受到同样的电击,但是电击前不让它听到警告铃声,身边也没有停止电击的按钮。两只狗实际受到的电击强度和次数完全相同,不同在于它们是否有机会对电击做出预测和控制。

当两只狗(最大程度上)适应了各自的条件后,研究人员开始进行下一阶段实验。这一次,两只狗被分别放入两个相同的叫作"穿梭箱"的房间里——一个大间,中间用一道低栅栏隔成两部分。隔一段时间,房间先发出警告灯光,几秒钟后,房间的金属地面会放出电流发生持续的轻度电击。这时,如果它能越过栅栏跳到另一隔间,就会躲过后面的电击。如果它能在警告灯光刚点亮时跳过栅栏,就能完全躲过电击。正如你所预测的那样,参照狗很快就学会了在灯光刚点亮时跳过栅栏。尽管它显得有些急躁(这可以理解),但似乎并没有表现得严重不安。

另外那只"轭"狗怎么样了呢?你可能期待它在受到与"穿梭箱"同样的刺激后也能够躲过电击。但实验结果相当令人沮丧:"轭"狗一动不动地趴在隔间的角落里,发出绝望的低吠声。第一阶段的实验告诉它,电击的时间无法预测,电击也无法逃避,"轭"狗把同一习惯带进了"穿梭箱"房间。实验第一阶段的经验教给它的是,它无从理解因果关系。由此来看,这只可怜的狗在后来的生活中可能会变得总是感到无助,表现出一些与患有慢性抑郁症的病人相似的症状,包括溃疡和免疫系统功能降低。

你可能会认为这个实验只适用于狗,其实不然,当我们无从了解自己所处环境中奖励与惩罚的原因时,实验的原理同样适用于我们。

假设你本人在经济上处于和"轭"狗相同的"房间"里。有一天,人家告诉你投资最好的方法是买高科技股票,过了一会儿,没有任何预兆,哗啦啦,科技股泡沫破裂了。后来,你又听说最好把钱投到房地产市场上,结果和上次一样,没有事先警告,接着,哗啦啦,房价又掉了下来。再后来,忽然间,哗啦啦,油价涨到了历史最高点,人们认为这是伊拉克战争所致,然而过了好几个月,战争还在如火如荼地进行,油价却一个劲地往下掉,哗啦啦,又几乎跌到了冰点。

后来,迄今为止信用卓著的美国金融体出了问题,你眼睁睁地看着那些曾经作为栋梁的巨大金融机构垮了,你的投资损失惨重——哗啦啦!出于某些未经解释的理由,其中有些机构得到了救助,用的是从你收入中挤出来的税金,其他机构却没有得到——哗啦啦。后来,汽车工业的三大巨头也到了破产边缘(这倒没有什么奇怪),但是,它们可没有像政府对银行那么慷慨大方的待遇,尽管它们要求的金额很少,就业人数却比金融业多得多。这一切的救助尝试突如其来,又花费不菲,到头来似乎是心血来潮、别出心裁地给什么人打了个补丁,既没有理由,又没有计划。哗啦啦——砰!

这个经济"穿梭箱"是不是有点儿似曾相识呢?所有这些未做解释、朝三暮四的经济行为摧毁了我们对于周围因果关系的理解和信心,使公众成为经济上的"轭"狗。由此产生的后果是,人们常常会被形形色色不可理喻的冲击搞得不知所措,难怪消费者信心一蹶不振,萧条景象四处弥漫。

那么,作为个人,我们怎样才能从自己的习得性无助状态中解脱出来?得克萨斯大学奥斯汀分校的心理学家詹姆斯·潘尼贝克所做的研究给我们出了一个主意。潘尼贝克的研究反复表明,主动地、有意识地对难解、困惑以至受伤的事件进行正确解读，这一过程可以帮助人们从中摆脱出来。潘尼贝克在很多案例中，要求病人把自己的反思写在日记里，并发现这种做法非常有帮助。这意味着，即使外部事件不可理喻，我们只要尝试从自身所处的环境进行解读，就可以从尝试本身获益。

潘尼贝克的建议很有道理，但是我们多数人却正在反其道而行之。一天24小时，我们从电视、广播、互联网上获得新闻——很大一部分由一闪而过的现场采访音像片段组成，这些东西是用来煽情的，而不是供人思考的。新闻从业人员有一句行话："要想上头条，轰动加血腥。"也就是说，头条新闻总是骇人听闻或者最具有轰动效应的。在我看来，很多新闻主持人都好像是从一个模子里倒出来的，表情庄重、发型不变。听上去，他们都受过标准训练，擅长播报这些信手拈来、能引发轰动的音像片段，每隔几分钟重复一次。他们大肆渲染人们如何艰苦挣扎，如何失去家园，如何付不起房贷和保险，故事催人泪下，把严峻的经济形势用这样一幅图景呈现在我们面前。

并不是说这些故事无关紧要、毫无用处，但它们并不能帮助我们理解周围发生的一切，或者到底是什么原因导致了经济危机。如果我们日复一日、永无休止地沉浸在令人沮丧的、煽情的音像片段之中（想一想我们一遍一遍地耳闻目睹这些东西会学到什么），我们的悲观情绪也会越来越重。要克服这种倾向，我们应该按潘尼贝克的建议改变我们对新闻的消化方式，从被动接受改为主动对信息加以思考，进行正确的解读。

也许有那么一天，新闻工作人员、亨利·保尔森、下一任美联储主席、巴拉克·奥巴马，或者其他政府机构的新领导人会更珍视我们的福祉，能够向我们解释清楚我们到底面临什么问题，他们做出决策的合理依据是什么。这一天来得越早越好，因为我说不上我们还能再经得起多少次这样的打击。

金融市场全球化更容易诱发经济危机

至少在过去10年中，许多人都在大力促进市场全球化，他们认为这是好事。人们一直相信，从多元的、半独立的分散市场转变为统一的大市场可以增加流动性，鼓励金融创新，减少贸易摩擦。结果是——如果你还没注意到，今天的股票市场，无论是日本、英国、德国，还是美国，都是大同小异的。我们看到它们几乎涨跌一致，仅仅是程度不同而已。我们亲眼看到全球化不断加强的后果，应该静下来认真考虑统一的大市场所带来的好处与付出的代价。我怀疑，事实上，统一大市场有可能减少金融创新，危害金融健康，最终无法保护我们免于金融危机。

为了帮助大家认识统一的大市场怎么会变得缺乏效率，让我们认真思考一下迈克尔·克里顿在《失落的世界》中的几段话。电影中一个叫马尔科姆的角色（影片中的混沌理论科学家，由杰夫·戈德布拉姆扮演）在面对信息世界时的慷慨陈词——他指出，把所有人都联系到一起的世界，最后导致的是发明、创新以及进化的终结。

把全世界连接在一起，这个主意就是集体死亡。任何一个生物学家都知道孤立环境中的小物种进化最快。你把1 000只鸟放到大洋中的岛屿上，它们会非常快地进化。你把10 000只鸟放到一片大陆上，进化速度就降下来了。而我们本身这个物种——人类，进化主要是通过行为进行。我们通过行为的创新适应环境。世界上人人都知道创新只在少数人中产生。用三个人组成一个委员会，他们很快就会干成事。有10个人，事情就难办一些。30个人，什么也干不成。300万人，连想也别想。这就是所谓大众传媒的效应——有了它，什么事也别指望。大众传媒把多样性淹没了。它把世界弄得千篇一律——不管是曼谷、东京，还是伦敦：这个路口拐角上是家麦当劳，那个角落是贝纳通，马路对面是盖璞服装店。地区差别消失了，所有的差别都消失了。在大众传媒的世界里，除了排行榜上的十大畅销书、十大流行音像、十大票房电影、十大黄金创意，很少有什么别的。人们担心热带雨林里的多样物种会消失，但是我们最需要的资源——知识多样化呢？它会比树木消失得还快。时至今日，我们还不明白这一点，反倒要把50亿人一块儿弄进信息世界里去。到那个时候，我们这个物种的进化就被完全冻结了，一切都停止下来，死掉了。所有人时时刻刻想的完全一样。大同世界，世界大同……

很显然，马尔科姆是一个极端的角色，他的话也显得过于偏激，不过，即使我们认为把全世界都纳入信息世界也不会使一切陷入停顿，但细想一下也很有道理：世界金融市场连为一体，实际上必定会减少思想的多样性和金融产品的数量，结果减少竞争，降低效率。

我个人认为，马尔科姆的推论不无道理。我猜测把很多市场连接到全球单一的市场旗帜下会减少金融工具的多样性。还有，由于一致性的压力，对于金融行业应该如何运作，住在同一个金融地球村的人都必须接受相同的基本信念（模式）。从这个方面来看，即使是传统的理性经济学理论也会预测到存在较强竞争的多个市场比单一市场有利。说起来有点儿讽刺，在把理性经济学应用于鼓吹促进全球化统一大市场时，它的支持者们强调的是流动性和效率上的好处，但他们忘记了，不同意见、不同方法，还有金融工具的多样化，归根结底，可能是更加重要的经济力量。

当然，全球化如果最终造就的是一个完美无缺的全球市场，那就再美妙不过了。不过，鉴于人类易于犯错误和非理性的程度，我们创造出的任何市场都不可能完美无缺。说到底，我更倾向于若干个多样的、相对独立的市场，每一个市场的效率或许都不是最高的，但是彼此距离远一些，更灵活，反应更灵敏，更有竞争力，更可能与时俱进，能够产生更高效、更健康的金融市场。

高额奖金是把双刃剑：激励与压力

最近，公众对高级管理人员的天文数字薪酬表达了强烈的抗议。公众最根本的愤慨情绪在于，那些人把我们的钱财管理得一塌糊涂，却还拿着那么高的薪水，有失公平。大家认为，银行经理们的才干能力是否配得上他们的回报，很难判定。因为银行经理们的工作失误，引发了重大灾难，而他们居然还能拿到高额奖金，更有甚者，有些奖金还是来自政府的救助款项，这都是纳税人的钱，自然招致千夫所指。

毫不奇怪，银行经理们进行了反击，声称高工资是必需的，那些关键的岗位工作压力大，技术要求高，需要吸引最优秀、最聪明的人才担任，如果对工资封顶，那些有才华、有价值的银行经理就会另谋高就。自由市场的基本法则就是：如果不能招募，并且留住最好的业务人才，这些人才就会流失，我们的经济就只能由剩下的那些不那么称职的人来管理——到头来，就把我们全都带到阴沟里去了。

我们姑且不把它看作自私自利的银行经理与道德上被激怒了的纳税人这两方意识形态之争，更有用的是，问一下我们对高额奖金与工作业绩两者之间的关系了解多少。

为了观察奖金是如何影响工作表现的，我和尤里·格尼齐、乔治·勒文施太因、妮娜·马萨尔进行了几次实验。有一次，我们给实验参与者布置了一系列需要集中精力进行记忆和创新的任务。例如，我们要求他们完成塑料框里的拼图题，推算排列一系列数字的记忆游戏，向固定目标投射网球，还有其他几种类似的活动。我们宣布对成绩特别优异者给予不同数额的奖金（数额从较低、中等到非常高不等）。我们把人平均分成三组：对第一组人，我们许诺的奖金数额很低（与他们的工资水平相比），第二组的奖金数额中等，最后一组的奖金数额非常高。

对了，如果你问到哪里能参加这样的实验，那我告诉你，实验是在印度进行的，那里的生活水平比较低。这样一来，我们给的钱在当地人看来就是相当可观的，同时，这样做也可以将花费控制在我们的实验预算之内。奖金金额最少的是50美分，相当于当时印度农村人口一天的工资；中等奖金是5美元，相当于他们两周的工资；最高奖金是50美元，大约相当于他们5个月的工资。

你认为结果会怎么样？那些实验参与者会按照他们预期奖金数额的不同，努力程度也不同吗？奖金最少的一组表现最差，奖金中等的表现一般，奖金最高的表现最好吗？我们把这个问题交给一群商学院的学生回答，他们很自然地认为，业绩会随奖金数额的增长而增长。在商界，这一假定实际上就是自然法则，这一逻辑推动企业管理人员不断要求更高的薪酬。实验结果表明，许诺奖金最高的一组在每一项任务中的表现都是最差的，中等奖金那一组的表现与最低奖金的一组没有什么不同。

我们把这个实验拿到麻省理工学院去做，结果也一样。实验是这样的：我们让大学生分别完成两项用时4分钟的任务，设置一个非常高的奖金（600美元），一个比较低的奖金（60美元）。两项任务中一项需要认知技能（数目相加），另一项只需要机械性操作（快速点击键盘）。我们发现仅仅需要机械性操作的任务，奖金能起到我们预期的作用：奖金越高，表现越好。但是一旦任务涉及初级的认知技能（如投资或银行的工作），实验结果就和我们在印度实验的结果一样了：预期的奖金越高，实际表现越差。

我们根据实验结果得出的结论是：金钱奖励经常是把双刃剑。它激励人们努力工作，但是如果奖金数额过大，反而会事与愿违地影响实际业绩。如果我们的实验是对现实世界的模拟，那就说明高额奖金不但加大了雇主的成本，而且会妨碍管理人员发挥他们最大的工作能力。

有意思的是，金钱并不是引发更好（或更差）表现的唯一鞭策力量。我们在芝加哥大学对实验做了一些改变：这次我们想要观察一个不同的激励动因——公众形象。我们让实验参与者进行构词游戏，有时关起门来自己做，有时旁边有人观看。假定在公开场合，好胜心会驱使他们更加努力，我们想确定众目睽睽之下他们的表现会受到什么影响，是会提高还是降低他们的能力。我们发现，尽管这些实验对象力图在大家面前表现得更好，但结果却是相反的，他们的成绩比私下解答要差。

我们的结论是：社会压力和金钱一样，也是一把双刃剑。它对人有激励作用，但是在公众的眼皮底下，压力就会增大，到了一定程度，压力就会占上风，抵消并压倒激励的有利作用。

我把上面的实验结果向一些银行管理人员进行介绍，他们非常自信地告诉我，他们本人和他们下属的表现与我们的实验结果绝对不一样（我提出，只要有适当的实验预算，就可以对他们的断言进行实地检验，但他们对此不感兴趣）。我猜测，十有八九，他们低估了我们的实验结果，结论下得太早。我愿意打赌，绝大多数银行经理（即使不是100%）在面对数百万美元的薪酬、争取奖金带来的压力、害怕得不到奖金的顾虑、心思集中于奖金而分散了专注工作的精力等影响时，巨额奖金非常容易产生适得其反的效果。

我并不是断言不论什么情况下，不管工作类型和个人特点，工资给得越少，工作效率越高。我想指出的是，薪酬是一个非常复杂的问题，它牵涉各种各样的经济激励、压力，以及人类心理等其他方面的因素，其中有些我们还知之甚少或者未曾考虑到。或许金钱越多等于业绩越好这种天真又简单的理论并不像人们想得那么现实，起码不是永远有效。如果金钱越多就会带来越好的业绩，我们是不是应该期望那些领取数千万美元薪酬的人业绩也最好？甚至应该永远没有失误？实际上，那些拿着巨额工资和奖金的人，在2008年的金融灾难中一败涂地，这一事实进一步证明高额奖金与优秀业绩之间并没有直接联系。

公众愤怒的情绪此起彼伏。上任之前，巴拉克·奥巴马曾提出过一项关于公司管理人员的"常识性"的指导方针——起码针对那些接受政府救助的公司是这样。这些措施要求管理人员的工资50万美元封顶，高出部分必须以股票方式支付，在还清政府救助资金之前，这些股票不得出售。这毫无疑问使纳税人的情绪有所缓和，但问题在于，它能行得通吗？

我认为不能。为什么？如果我们从零开始计划建立股票市场，并许诺年薪50万美元外加股票奖励，我敢肯定，会有不计其数的合格人才冲着这一薪酬争着到大银行当经理。他们会努力工作，不仅是为了工资，而且会为维持和稳定我们所依赖的金融系统提供重要服务。不幸的是，我们并非从头做起。相反，我们对付的是业已存在的银行经理们，他们拿惯了数百万美元的年薪，外加数百万美元的股票和奖金。多年来，企业高管已经适应了这样的条件，他们为自己制造出各种各样的理由来证明他们拿高额报酬是天经地义的事。说到底，你认识的人里有几个会承认自己工资太高而能力不够？

这是个相对论的问题。与银行经理心目中的"正常"标准相比，50万美元的年薪似乎是有辱尊严、令其不屑一顾的。我猜高管们不会接受这样的条件，即使接受了，他们也会按照他们过去实际的收入金额，耍出各种花招把自己的工资增加到他们认为"合理"和"公平"的水平上。

假如我是奥巴马政府的财政部长，我会试图对那些银行经理，还有造成他们自以为心安理得的那种扭曲的制度，进行彻底改造，弃旧图新，鼓励建立新型银行、实行新的薪酬机制。这些新银行会大力推广一种新观念，银行经理不是贪婪的浑蛋，他们是有道德、有敬业精神的正人君子，在整个经济及国家的正常运行中，发挥着至关重要的中心作用（事实上，他们的确责任重大）。"老银行家们"如果仍然觉得没有几百万美元的工资他们就不肯干活儿，要干得好还需要加几百万美元的奖金，那他们完全可以在新的市场上进行竞争。不过有了架构更理想、工资机制更实际、更透明的新银行，还有谁会去找他们呢？

承认非理性的存在，创造更美好的生活

新古典主义经济学是建立在一些非常牢固的假定之上的，而这些假定，随着时间的推移已经成为"既定事实"。其中最著名的是：一切经济人（消费者、公司企业等）都完全理性，而且所谓的"无形之手"的运作产生了市场效率。对于理性经济学家来说，这些假定似乎都是最基本的、最合乎逻辑且不证自明的法则，无须进行任何实验进行检验。

以这些基本假定为基础，理性经济学家们就建立理想的医疗保险制度、退休金制度，还有金融机构的运行方针原则等提出了各种建议。人们坚信放松或取消管制是明智之举，这一基本信念即来源于此：如果人人都能永远正确决策，"无形之手"和市场力量永远都在产生效率，我们难道还不应该取消一切管制，让金融市场自由运行，发挥它的最大潜力吗？

与此不同，其他领域，从化学到物理学，再到心理学，科学家们所接受到的训练就是不盲目相信"既定事实"。在这些领域里，假定和学说都要经过反复实验和检验。检验中，科学家们一次又一次地学到了，许多普遍接受的真理最后都被证明是错误的，而这就是科学发展的必然。因此，几乎所有的科学家对数据的信任程度都远远高于自己的学说和理论。如果实验观察与理论模式不符，这一模式则必须被

抛弃或修改，不管它在概念上多么美妙，逻辑上多么诱人，演算起来多么便利。

不幸的是，这种健康的科学怀疑主义与实证主义还没有为理性经济学所采纳，该学说中关于人类本质的最初假定被凝固成千古不变的信条。盲目地信奉人类理性和市场力量这一行为，如果仅局限在一部分大学教授和他们的学生范围内，实际上并无大碍。但问题在于，这些经济学家已经说服了全世界的人，包括国家政要、企业商贾，还有平民百姓，不仅要相信经济学对我们周围的一切如何运转提出了重要见解（这可以做到），而且还要相信经济学能够完全解释我们周围的一切（他们做不到）。这一经济学信条的本质就是，只要运用了理性经济学，其他的一切就都不需要了。

我认为，制定政策和建立制度，如果过度依赖我们理性的能力，仍然固执地坚信传统经济学无懈可击，会使我们面临巨大的风险。

我们可以用这样的方式来思考。假如你负责设计高速公路，你是基于所有人都有能力安全驾驶的假定来安排修建，那么这样修出来的理性高速公路会是什么样子？当然，它的两侧不需要多铺出来的路边部分。既然没有人在这里开车，我们何必把水泥和柏油铺在这里？其次，我们不必在车道之间设置分界线，而且车轮一压就会发出"咯噔咯噔"的警告声，因为所有的车辆都应该在车道的正中间直线行驶。我们还应该把车道的宽度尽量缩小，只要能开车就行；我们还应该取消速度限制和前后车距限制，发挥最大的通过能力。毫无疑问，这样设计的公路才最具理性，但是你愿意到这样的路上去开车吗？当然不会。

当我们在有形世界进行规划、设计时，都清楚我们自身的弱点，而且据此来采取对应的措施。我们认识到自己跑得不够快、不够远，就发明了汽车和公共交通。我们知道自己的体能限制，于是就设计了电梯、电灯、暖气、空调等来克服这些不足。能徒步日行千里，一跃跳上高楼大厦，黑夜里双目如炬，还能适应沸点高温和极地严寒，当然再好不过，但我们没有生成这样的万能身躯。于是，我们针对这些不足，付出巨大努力考虑对策，渴望利用技术手段来加以克服。

令我感到奇怪的是，每当到了脑力和认知领域的设计规划时，不知为什么，我们就会以为人类是无所不能的。我们紧紧抓住人类完全理性这一观念不放，认为自己就像精神上的超人，无所不知、无所不能。为什么我们能够坦然承认自己身体能力的局限，却不愿意考虑自己认知能力的不足呢？第一，我们身体能力的局限天天摆在我们眼前，但是认知能力的不足却没那么明显；第二，我们都有一种欲望，想把自己看成无所不能的人，但是在体能方面绝对做不到；第三，我们认识不到自己的认知能力局限，也可能是由于我们对传统经济学的认同度太高。

请别误解我的意思，我高度评价传统经济学，并且认为它对人类的努力奋斗做出了重要、有益的探索。但我同时也认为，它并不完美，所以不加鉴别地全盘接受传统经济学的一切原则是不明智的，甚至是危险的。如果我们试图理解人类行为，并应用这一知识规划来设计我们周围的一切，包括税收、教育制度，还有金融市场等，我们或许还需要另外的工具与学科，包括心理学、社会学，还有哲学等。理性经济学有用，但它只是我们对人类行为总体认识中的一种，仅仅依靠它不可能帮助我们获得最大的和最长远的福祉。

我衷心希望传统经济学与行为经济学之争到头来不要成为意识

形态之战。如果行为经济学家的立场是必须把传统经济学（"无形之手"、积极投资，还有其他一切）和洗澡水一起倒掉的话，我们就不会取得进步。同样，如果传统经济学家继续无视有关人类行为与决策研究所积累起来的数据成果，那或许也是一大遗憾。我认为大家应该以冷静和科学的态度，着眼解决重大的社会问题（诸如如何建立更好的教育制度，如何设计税收制度，如何规划养老和医疗保障制度，还有如何建立更健康的股票市场等）；我们应该探索不同的假设和各种可能的机制，付诸严谨的实验加以检测。

我的理想是，在实施任何重大的公共政策之前，例如"不让一个孩子掉队"、1 300亿美元退税法案，或者7 000亿美元的华尔街《救助法案》等政策，我们应该先成立一个由不同领域专家组成的小组，让他们以各自的知识为基础进行推测，提出取得该政策目标的最佳方案。下一步，我们不是按照小组里呼声或者地位最高的人的意志行事，而是对这些方案分别进行试点研究。也许我们可以找一个比较小的州，例如罗得岛（或者对此类项目感兴趣的其他地方），对不同的方案进行分别实验，看哪一种效果最好，然后我们就会有信心大规模实施最好的那个方案。与其他实验一样，有些地区志愿参加实验，到头来实验结果却不尽如人意，而另一些地方的实验结果则更好。这些实验真正的好处就在于我们可以加以比较，选定较好的、可行的项目，推广开来，在美国境内长期实施。

我认识到这并不是一个美好、简洁的解决方案，因为对公共政策、工商业务，甚至个人生活进行严谨的实验都不是简单易行的，得出的各种解决办法也不会非黑即白。但是面对缤纷复杂的生活和日新月异的世界，我看不到还有别的更好的办法能够真正让人类学会自我改进和发展。

最后，我要这样说，在我的思想中，人类行为毫无疑问是宇宙间最复杂、最诡异又变化莫测的奇迹之一。我们应该学会欣然承认自己身上也有电视动画片《辛普森一家》中荷马·辛普森的影子，不单有缺点，而且还有些无能。当我们在设计学校、制订健康保险计划、规划股票市场、安排我们周围一切的时候，把这些因素考虑在内，我确信我们可以创造一个更加美好的世界。这也正是行为经济学致力达到的目标。

致　谢

几年来，我有幸与一些富有智慧、富有创造力且慷慨大度的人在联合研究项目中共事。本书中叙述的各项研究成果在很大程度上来自他们的巧妙构思和深刻理解，同时我也感到他们缺乏"知人之明"——最明显的是，他们竟然能够同意在这些项目中与我合作。这些人不仅是了不起的科研人员，还是我的亲密朋友，没有他们就不可能有书中的这些成果。当然了，书中叙述如有任何舛误或遗漏，一概由我本人负责。

本书中的很大一部分实验都是我在麻省理工学院进行的，很多实验参与者和实验助理都是该校的学生。实验结果突出显示了他们的（也是我们的）非理性，书中有时对他们略加调侃，但这绝不能与缺乏对他们的爱慕与欣赏混为一谈。这些学生无论在好学上进、求知欲望，还是慷慨大度方面都非同一般。认识你们大家，本人荣幸之至——你们甚至让我在波士顿的严冬里感受到了春天般的温暖。

我还想在这里特别对麻省理工学院院方说一声"谢谢"，你们让我看到了非理性的新高度，生活看上去真的像BBC（英国广播公司）系列喜剧《是，大臣》中的一集。

学会用"非学术"文体写东西真不容易，幸好我在写作过程中得到了多方面的帮助。我要向吉姆·莱文、林赛·埃奇库姆、伊丽莎白·费希尔，以及莱文·格林伯格作家代理公司整个不可思议的团队表达深切的谢意。我还要感谢桑迪·布莱克斯利，她给我提出卓有远见的建议；感谢丽贝卡·韦伯、阿尼亚·亚库贝克、卡利·伯克、布朗宁·弗赖尔、德夫拉·纳尔逊、贾内尔·斯坦利、米哈尔·斯特拉希尔维茨，还有埃伦·霍夫曼，是他们帮助我把一些概念用语言准确地表达出来。我要特别感谢我的写作伙伴——埃里克·卡洛尼厄斯，他提供了很多现实世界中的实例，你们会在书中读到，他那清晰的叙事文体帮助我把一切都表达得再明白不过。我还要特别感谢信任、支持并且帮助我的编辑，哈珀-柯林斯出版社的克莱尔·瓦赫特赫尔。

我写这本书时正在普林斯顿大学高等研究中心访问，我真想象不到世界上还有这么理想的思考和写作的环境。访问期间我还能有机会到中心的厨房待上一阵子，在大厨米歇尔·雷蒙德和亚安·布朗谢的指导下，学习切菜、烘烤、煎炒以及其他烹调方式——我简直找不到比这里更好的地方来拓展我的视野了。

最后，我要感谢我的爱妻苏米，她总是不得不一遍又一遍地听我叙述实验中的故事。我希望你们同意我的说法，这些故事前几遍听的时候挺有意思，但是她这样不厌其烦、心甘情愿地听我絮叨来啰唆去，真的证明了她具有圣徒的修行。苏米，我今天晚上最晚7点15分回家，要不就是8点，也可能是8点30分，我向你保证。